정역사상과 창조의 삶

정역사상과 창조의 삶

초판 1쇄 발행 2021년 10월 10일

지은이 이현중
펴낸이 장길수
펴낸곳 지식과감성#
출판등록 제2012-000081호

교정 오현석
디자인 박예은
편집 박예은
검수 백승은, 이현
마케팅 고은빛, 정연우

주소 서울시 금천구 벚꽃로298 대륭포스트타워6차 1212호
전화 070-4651-3730~4
팩스 070-4325-7006
이메일 ksbookup@naver.com
홈페이지 www.knsbookup.com

ISBN 979-11-392-0142-0(93150)
값 27,000원

- 이 책의 판권은 지은이와 지식과감성#에 있습니다.
- 이 책 내용의 전부 또는 일부를 재사용하려면 반드시 양측의 서면 동의를 받아야 합니다.
- 잘못된 책은 구입하신 곳에서 바꾸어 드립니다.

지식과감성#
홈페이지 바로가기

정역사상과 창조의 삶

이현중 지음

"고통을 만나면 제거하려고 노력하기보단 고통을 바라보는 자신을 보라."
모든 문제는 고정된 자아自我가 있다는 그릇된 견해에 의하여 발생한다.
표층의 나와 내 안의 나가 하나이고, 세계와 하나임을 알면 본래 아무런 문제가 없음을 알게 된다.

시작하는 말

　우리는 삶을 살아가면서 수많은 문제를 만날 뿐만 아니라 그 문제가 원인이 되어 견딜 수 없는 고통을 겪기도 한다. 그때마다 우리는 고통을 제거하여 안락을 얻고자 노력한다.
　그러나 인류의 스승들은 고통을 만나면 고통을 실체로 여기고 제거하려고 하지 말고 고통을 바라보는 자신을 보라고 말한다. 그것은 고통을 제거하기 위해서는 그 뿌리를 뽑아야 함(拔本塞源)을 밝힌 것이다.
　인간과 세계는 고정되지 않아서 끊임없이 변화한다. 그럼에도 불구하고 우리는 감각 지각에 의하여 드러나는 매 순간의 현상이 그대로 실재한다고 착각을 일으킨다.
　변화하는 세계를 고정된 물건적 존재로 착각하는 것은 남과 구분되고, 세계와 구분되는 불변不變의 내가 있다는 의식에 의하여 이루어지는 분별작용의 결과이다.
　그러나 온갖 분별작용을 하는 의식은 실재하지 않는다. 의식은 마음에 의하여 드러나고, 마음도 언어와 명상名相을 넘어선 근원의 작용이기 때문에 그 어떤 것도 고정되지 않는다.

　우리가 일상의 삶을 살아가면서 만나는 모든 문제는 고정된 자아自我가 있다는 그릇된 견해에 의하여 발생한다. 우리가 알고 있는 표층의 나와 내 안의 나가 하나이고, 세계와 하나임을 알면 본래 아무런 문제가 없음을 알게 된다. 그러므로 인류의 스승들은 문제의 답을 찾지 말고, 본래 문제가 없음을 느끼라고 말한다.

우리는 본래 아무런 문제가 없는 세계를 무상無相, 무념無念, 무위無為, 무사無思, 공空, 무지無知와 같은 다양한 개념으로 나타낸다. 무념, 무사, 공, 무지는 그대로 머무는 적연부동寂然不動의 상태가 아니어서 매 순간 다양하게 자신을 드러낸다.

내 안의 나와 하나가 되고, 우주와 하나가 되어 살아가는 사람은 그 어떤 것에도 걸림이 없다. 그는 삶과 세계를 항상 새롭게 창조하면서 끝없이 진화한다. 그럼에도 불구하고 우리들은 내 안의 나를 찾는 견성見性과 사람다운 사람으로서의 성인成人이 되는 견성성불見性成佛을 논한다.

우리가 견성성불을 논하는 순간 그 과정을 중심으로 깨달음과 닦음을 나누고, 상구보리上求菩提와 하화중생下化衆生을 구분한다. 그리고 우리는 견성과 성불이 한순간에 이루는 돈오돈수頓悟頓修를 논하고, 돈오 이후에 일정한 시간의 점수를 통하여 증오성불證悟成佛하는 돈오점수頓悟漸修를 논한다.

중국사상에서는 물건적 관점에서 내 안의 내가 공空할 뿐만 아니라 세계도 공空하지만 고정되지 않아서 끝없이 새롭게 자신을 드러내는 불공不空의 측면이 있다고 말한다. 그러면서도 내 안의 나를 찾아서 하나가 되는 본각本覺과 시각始覺의 합일合一에 의한 구경각究竟覺을 말하고, 견성성불을 논한다.

그러나 한국사상에서는 나와 세계가 공空하면서도 공에 머물지 않아서 끝없이 다양한 현상으로 자신을 드러내는 창조성을 중심으로 인간과 세계를 이해한다. 그것은 한국사상이 시간성을 중심으로 매 순간 시간으로 화化하는 사건의 측면에서 인간과 세계를 이해함을 뜻한다.

한국사상에서는 우리가 알고 있는 일상의 내가 아닌 내 안의 나를 발견하는 것이 아니라 본래 나이기 때문에 내 안의 나를 현상에서 다양하게 드러내는 참 나의 활용, 곧 도道의 실천에 중심을 둔다.

  한국사상에서는 내 안의 나 아닌 나와 표면의 남과 다른 나가 하나인 지금 여기의 나를 중심으로 나의 심층이 고정되지 않아서 무아無我이지만 매 순간 다양한 자아自我로 드러나며, 지금 여기도 고정되지 않아서 정토淨土와 예토穢土가 하나가 된 여기, 과거와 미래가 하나가 된 현재를 중심으로 나와 삶을 이해한다.

  한국사상은 영원한 현재가 중심이다. 현재는 영원한 세계가 끊임없이 새롭게 드러냄을 뜻한다. 현상으로 드러나는 측면에서 세계는 창조적이지만 단순하게 반복적인 것이 아니라 끊임없이 새롭게 드러나기 때문에 항상 진화적이다.

  19세기 말기에 일부一夫 김항金恒에 의하여 저작된 정역正易은 한국사상의 창조적이면서도 진화적인 특성을 잘 드러내고 있다. 정역은 고조선 사상을 계승하여 발전해 온 한국사상이 근대에 이르러 과학과 종교를 바탕으로 서양문물을 수용하여 발전한 근대적 성과라고 할 수 있다.

  우리가 오늘날을 기준으로 역사를 돌아보면 근대는 가장 최근의 과거이다. 그것은 현대를 형성한 근원이 근대라는 과거임을 뜻한다. 따라서 오늘날 우리는 근대로 집약되어 나타나는 과거를 통하여 현대를 이해할 수 있고, 그것을 통하여 미래의 방향을 설정할 수 있다. 그러면 정역의 내용은 무엇인가?

  정역은 역도易道를 밝히고 있는 역학易學 서적일 뿐만 아니라 유불도儒佛道를 포함한 한국사상을 나타내는 동시에 역법曆法을 통하여 과학의 세계를 나타내고 있어서 삼극三極의 도道를 드러내고 있는 도학道學의 전적이다.

통섭의 시대를 살아가는 우리는 인문학적 요소와 과학적 요소 그리고 종교적 요소를 포함하고 있는 정역을 통하여 한국인으로서의 내가 어떤 존재이며, 어떻게 살아갈 것인지를 포함한 삶의 방향과 방법을 찾을 수 있을 것으로 기대한다.

제1부에서는 정역에 관한 기존의 연구 성과에 대한 비판적 고찰을 통하여 오늘날 우리가 어떤 방법과 어떤 주제를 중심으로 정역을 연구해야 할 것인지를 살펴보았다. 그리고 제2부에서는 정역에서 밝히고 있는 세계관이 무엇인지 시간성을 중심으로 도역의 생성을 통하여 살펴보았다.

제3부에서는 정역의 시간관에 대하여 살펴보았다. 정역에서는 영원한 현재를 중심으로 끊임없이 새롭게 생성되는 변화의 시간관을 제시하였다.

제4부에서는 영원한 현재적 시간관을 바탕으로 전개되는 인간관에 대하여 살펴보았다.

중국역학에서는 주역을 근거로 현상적 관점에서 선후천관을 형성하고 그 내용을 복희선천팔괘도伏羲先天八卦圖와 문왕후천팔괘도文王後天八卦圖를 제시하고 그것과 관련하여 인간관을 제기하고 있다. 두 괘는 우리 자신과 별개의 세계인 선천과 후천을 나타내고 있다.

그러나 정역에서는 영원한 현재적 관점에서 지금 여기의 나를 중심으로 선천과 후천을 나타내어 복희팔괘도伏羲八卦圖, 문왕팔괘도文王八卦圖에 정역팔괘도正易八卦圖를 더하여 삼역팔괘도三易八卦圖로 제시하고 있다.

제5부에서는 영원한 현재적 시간관을 바탕으로 전개되는 인간의 삶이 무엇인지를 고찰하였다. 정역에서는 성리性理의 도가 드러난 심법心法의 학學으로서의 도학道學을 제시하고 있다. 도학은 일상의 삶은 성리가 드러난 심법이기 때문에 삶이 그대로 학문, 수도修道이자 제도濟度, 실천임을 나타낸다.

제6부에서는 앞에서 살펴본 내용을 종합하고 그것을 바탕으로 한국사상의 특성이 무엇인지를 정리하였다.

오늘날의 과학에 바탕을 둔 기술은 육신의 편리함을 제공하지만 인간을 물질적 차원에서 벗어나지 못하게 만드는 또 하나의 구속이 될 수 있다. 이와 달리 깨달음을 추구하고, 성인聖人을 추구하는 중국의 전통사상 역시 앎에 빠져서 마음을 벗어나지 못하게 만드는 또 하나의 감옥監獄이 될 수 있다.

오늘날 우리에게 필요한 것은 물질과 정신, 육신과 마음을 하나로 운용하면서도 물질과 정신의 양면에 모두 자유로운 삶이다. 그것은 내 안의 나 아닌 나, 세계와 일체인 도, 본성의 차원에서 출발할 때 비로소 가능해진다.

학자들은 학문적 관점에서 인문학과 과학의 통섭을 추구한다. 그것은 사회적으로는 사회주의와 개인주의, 자유주의와 전체주의, 자본주의와 공산주의와 같은 이념적 편향을 넘어서 어느 것에도 걸림이 없는 자유로운 삶이 필요함을 뜻한다.

오늘날의 우리들은 자유와 평등이 보장되는 모두가 행복한 세상을 꿈꾼다. 그러나 그러한 세상은 특정한 종교나 인문학, 과학과 같은 학문만으로는 이루어지지 않는다.

그것은 우리 자신에게 갖추어진 종교의 근원, 학문의 근원을 바탕으로 그 어떤 종교나 사상, 이념, 학문을 넘어선 하나의 자리에서 출발할 때 비로소 모두가 행복한 삶이 가능함을 의미한다.

내 안의 나를 통하여 드러나는 하나의 자리, 모든 학문과 사상, 종교의 근원을 현대적 개념에 의하여 나타내면 시간성이다. 정역에서는 시간성의 차원에서 드러나는 현상을 시간의 관점에서 영원한 현재로 나타내고 있다.

일부一夫는 인간과 세계로 구분하여 나타내기 이전의 세계를 끊임없이 새롭게 창조하고, 진화하는 생성을 통하여 나타내고 있다. 일부는 세계를 창조적 측면에서 도생역성으로 나타내고, 진화적 측면에서 역생도성으로 나타내었다. 창조의 측면에서는 변화하는 현상이 없지는 않지만 진화의 측면에서는 현상이 있다고 할 수 없다.

창조와 진화의 삶에는 결정된 미래도 없고, 이미 지나간 과거도 없어서 오로지 영원한 현재만이 있을 뿐이다. 영원한 현재의 세계에는 고정된 세계도 없고, 인간도 없어서 인간과 세계가 하나라거나 둘이라고 할 수 없다. 오로지 매 순간 시간성이 사건으로 그리고 물건으로 드러났다가 사라질 뿐이다.

정역에서 밝히고 있는 영원한 현재적 삶은 시간성의 시간화에 의하여 매 순간 새로운 내가 창조되어 나타나고, 시간의 시간성화에 의하여 나타난 내가 사라짐으로써 진화한다.

그것은 고정된 시간성이나 시간, 사건, 물건이 있는 것이 아니라 매 순간 시간성이 사건으로 화하여 물건으로 나타났다가 사라짐을 뜻한다.

시간성은 창조성, 변화성, 불공성不空性을 나타내는 개념이다. 그러므로 시간성이 시종始終의 사건으로 그리고 다시 본말의 물건으로 나타났다가 사라지기 때문에 시간성의 차원에서 세계는 평등하고, 시간의 차원에서 세계는 활발발活潑潑하고, 자유로우며, 물건의 차원에서 세계는 중도中道에 의하여 함께 살아가는 공체共體, 공심共心의 공식共食, 공용共用, 공생共生하는 중용中庸이다.

우리 자신과 세계는 고정되지 않아서 하나의 상태에 머물지 않는다. 그렇기 때문에 지금 여기의 내가 어떤 마음으로 살아가느냐에 따라서 그 사람의 세계가 전개되고, 그 안에서 남과 다른 그 자신의 삶이 이루어지며, 삶의 질도 고통과 안락 그리고 자유로운 삶의 어느 하나로 전개된다.

우리가 내 안의 나 아닌 나를 중심으로 살아가면 일체가 분별이 없는 무심無心, 무상無相의 생멸이 없는 고요한 세계에 머물게 되어 근심, 걱정, 두려움이 없는 삶을 산다.

그러나 우리의 마음이 분별하는 의식에 머물면 그 사람은 인과因果, 생사生死, 선악善惡, 시비是非의 분별에 갇혀서 언제나 대립과 투쟁이 연속되는 고통의 삶을 산다.

영원한 현재적 삶은 내 안의 나와 마음 그리고 표면의 나의 어느 하나에 얽매이지 않는 자유로운 삶이다. 영원한 현재적 삶은 내 안의 나 아닌 나가 중심이 되는 삶이지만 내 안의 나에 머물지 않아서 끊임없이 새로운 자아로 드러나면서도 자아에도 얽매이지 않는다.

영원한 현재는 지금 여기의 나를 중심으로 영원과 끊임없이 새롭게 나타내는 시간으로서의 현재, 곧 영원의 현현顯現, 영원의 나타남으로서의 현재, 지금을 나타낸다.

영원한 현재는 지금 여기의 나이다. 지금 여기의 나는 내 안의 나 아닌 나가 매 순간 새롭게 드러남이기 때문에 나와 남이 둘이 아닌 하나의 몸인 공체共體이며, 나의 마음과 남의 마음이 둘이 아닌 하나의 마음인 공심共心이고, 서로가 서로를 먹고 살아가고, 서로가 서로를 살리는 공식共食이고, 서로가 서로를 끊임없이 발전하고, 진화하게 하는 공용共用이며, 서로가 서로를 끊임없이 새롭게 하고, 창조하는 공생共生이다.

지금 여기의 나의 삶은 끊임없이 생멸, 유무有無, 선악, 시비, 미추美醜와 같은 분별로 나타나지만 분별 가운데 분별이 없는 평등의 세계이며, 끊임없이 유무로 드러나면서도 드러남이 없는 활궁의 세계이고, 유무를 넘어선 중도에 의하여 드러나는 유무의 세계로서의 중용의 삶이다.

중용의 삶은 서로가 서로를 채워서 완전하게 하는 공식共食의 삶이며, 서로가 서로를 끊임없이 진화하게 하는 공용共用의 삶이고, 서로가 서로를 새롭게 창조하는 공생共生의 삶이며, 둘로 나타나지만 항상 하나가 되어 살아가는 공체共體의 삶이고, 수많은 다양한 마음으로 나타나는 하나의 마음인 공심共心의 삶이다.

영원한 현재의 삶, 중용의 삶, 자유로운 삶은 정역에서 제시한 도학道學의 삶이며, 고조선에서 시작하여 오늘에 이르기까지 한국사상을 일관하는 홍익인간弘益人間의 삶이다.

개인의 자유와 사회적 평등의 대립이 없으며, 인과에 갇힌 윤회와 그것을 벗어난 해탈이 둘이 아니어서 끊임없이 새롭게 창조하면서 진화하는 삶이 정역에서 제시한 도학의 삶이다.

우리는 때로는 내 안의 나 아닌 나를 중심으로 무아無我를 말하고, 신神을 말하며, 성인, 대인을 말하고, 이와 비교하여 표면의 드러난 나를 중심으로 소인, 중생을 말하기도 한다.

 그러나 우리를 나타내는 그 어떤 개념이나 세계를 나타내는 그 어떤 개념도 지금 여기의 우리를 떠나서 성립되는 것은 없다. 우리가 생사의 한계에 갇힌 소인이나 중생을 언급하고 그들의 구속된 삶, 고통의 삶을 말하여 어서 빨리 벗어나라고 하는 것도 좋다. 그리고 대인, 성인, 부처가 되어 고통을 벗어난 안락한 삶을 살아가라고 권하는 것도 좋다.

 그러나 그 어떤 말이나 개념, 이론도 나 자신이 아니며, 나의 삶이 아니고, 세계가 아니다. 단지 나와 세계 그리고 우리의 삶에 대하여 말하는 일종의 지도와 같은 이차적인 것일 뿐이다. 따라서 지금 여기의 나와 세계 그리고 삶을 나타내는 그 어떤 아름다운 말도 그저 말일 뿐이다.

 진리를 나타낸다고 여겨지는 경전이 나를 창조해 주고, 내 삶을 변화시켜 주지 않는다. 신이나 상제上帝, 천天, 부처, 하느님, 훈님, 시간성과 같은 그 어떤 개념이라도 그것이 나의 삶을 변화시켜 주고 진화시켜 주지 않는다.

 오직 지금 여기의 나만이 경전을 통하여 배우고, 자신을 변화시킬 수 있다. 우리가 스스로 마음을 내어 어떤 삶을 살겠다는 뜻을 세우고, 내 안의 나 아닌 나에 대한 확고한 믿음을 바탕으로, 내 안의 나 아닌 나를 주체로 스스로 자신을 매 순간 새롭게 하는 창조의 삶을 살아가야 한다.

 만약 우리가 지금 여기의 나를 떠나서 신, 대인, 성인, 부처를 찾고, 마음을 찾으며, 정토, 천국을 찾고 깨달음을 찾으면 그것은 마치 말을 타고 달리면서 말을 찾는 것과 같다. 이것, 저것을 찾는 그 마음이 바로 대인, 성인, 부처, 구세주, 신의 작용이다.

그리고 깨닫고자 하는 우리의 마음이 그대로 앎과 모름을 넘어선 무지無知의 작용이다. 또한 우리가 찾는 극락, 정토는 바로 여기이며, 우리가 원하는 미래가 바로 지금이다.

우리는 매 순간 자신自身이 자신自神임을 자신自信하고, 그 자리에 맡기면서, 다양한 자신自身으로 드러남을 지켜보고, 또 다른 자신自神으로서의 모든 존재를 자신自身으로 대하면서 살아갈 뿐으로 영원한 현재라는 고정된 실체도 없다.

우리는 이 책을 통하여 그 어떤 새로운 주장을 제기하거나, 다른 주장이나 글에 대하여 시비是非, 선악善惡, 정사正邪를 분별하여 심판하려고 하지 않는다.

단지 자신과 세상 그리고 삶에 대하여 이것과 저것을 분별하여 시비를 찾는 마음과 하나가 되어 줌으로써 모두가 한마음으로 자유로운 삶을 살아가기를 바랄 뿐이다.

흰 구름 다한 곳에 옛 소나무 푸르고	白雲盡處老松青
피어나는 꽃송이마다 봄빛이 향기롭다.	滿花芳氣都是春
미풍은 호미를 씻는 농부의 얼굴에 불고	微風徐來洗鋤農
소를 탄 아이는 뿔피리 불며 달린다.	騎牛小童吹角走

2021년 6월 30일
향적산방香積山房에서
이정以正 이현중李鉉中이 삼가 쓰다

목차

시작하는 말 4

제1부 | 정역과 시간성   17
    1. 정역과 예언   38
    2. 정역과 유학儒學   51
    3. 정역과 시간성   57

제2부 | 시간성과 정역의 창조적 세계관   69
    1. 시간성과 도서圖書의 도역생성   80
    2. 도역생성과 영원한 현재   114
    3. 영원한 현재와 본래성   131

제3부 | 영원한 현재와 정역의 변화적 시간관   151
    1. 십이월이십사절기후도수와 영원한 현재   155
    2. 영원한 현재와 원천原天   169
    3. 원천과 선후천   174

제4부 | **영원한 현재와 정역의 용중적用中的 인간관**　189

　　1. 소옹의 선후천팔괘도와 정역의 삼역팔괘도　198
　　2. 삼역팔괘도와 성리性理　227
　　3. 성리性理와 심법心法　241

제5부 | **정역의 도학과 인간의 삶**　261

　　1. 금화정역도와 도학道學　267
　　2. 도학과 창조적 삶　283
　　3. 창조적 삶과 진화의 삶　298

제6부 | **정역사상과 한국사상**　313

　　1. 영원한 현재와 변화의 세계관　320
　　2. 도역생성의 용중적 인간관　324
　　3. 창조와 진화의 도학적 삶　329

제1부
정역과 시간성

　오늘날 인류는 코로나19 팬데믹 때문에 경제적인 어려움은 물론 안보, 교육, 사회를 비롯한 인간의 삶 전반에서 어려움을 겪고 있다.
　비록 세계의 여러 나라들이 코로나19 사태 때문에 어려움을 겪고 있지만 국력에 따라서 코로나19 사태를 처리하는 태도는 서로 다르다.
　일부의 백신을 개발한 선진국이나 백신을 개발하지 못하였지만 백신을 확보한 선진국들은 방역과 더불어 백신을 접종하여 서서히 코로나19 사태 이전으로 돌아가고 있다.
　그들 가운데는 일시적으로는 코로나19 사태로 인하여 어려움을 겪었지만 오히려 위기를 기회로 삼아서 발전하는 국가들도 있다.
　그러나 대다수의 개도국들은 의료 기술, 전문 인력, 장비, 시스템, 경제력을 갖추지 못하여 방역이 부실하다. 그리고 계발된 백신의 양이 인류가 사용하기에는 절대적으로 부족하기 때문에 개도국들은 백신마저도 접종할 수 없어서 코로나19 사태 이전으로 돌아가려는 희망마저도 가질 수 없다.
　한 개인의 삶의 태도나 한 국가의 다른 나라에 대한 태도 역시 다양한 양태를 보인다. 그것은 한 나라의 다른 나라에 대한 외교 형태는 자기 나라의 국민들에 대한 정치 형태의 연장임을 뜻한다. 따라서 한 나라의 외교 행태는 그 나라의 국력을 그대로 보여 준다.

일부의 선진국들은 자국의 어려움과 더불어 다른 나라의 어려움도 함께하는가 하면 어떤 나라들은 남의 나라의 어려움을 기회로 삼아서 자국의 영토를 넓히고 영향력을 확대하여 세계를 지배하려는 야욕을 부리기도 하고, 어떤 나라들은 강대국에는 비굴하게 굽실거리고, 약한 나라들을 대할 때는 군림하려는 야비한 태도를 보이기도 한다. 그러면 이러한 현상이 무엇을 의미하는가?

 한 나라의 국격國格은 경제력, 국방력과 같은 외형적인 힘이 전부가 아니다. 세계의 각국이 다른 나라에 대하여 오로지 군림하려는 태도와 모든 나라를 자기의 나라와 동등하게 대하는 태도 그리고 강한 나라에는 약하고, 약한 나라에는 강하게 대하는 야비한 태도를 보이는 것은 그대로 그 나라의 내적인 힘 곧 문화의 힘, 사상의 힘을 보여 주는 것이다.

 우리나라는 고조선 이후 널리 인간을 이롭게 하려는 홍익인간의 이념에 따라서 온 인류가 함께하는 평화로운 세상을 꿈꾸어 왔다. 과거의 역사를 통하여 확인할 수 있듯이 우리나라는 세계에서 유일하게 남의 나라를 침략한 적이 없다.

 그러나 우리나라는 오로지 남의 나라로부터 수많은 침략만 받아 온 약한 나라가 아니다. 우리나라는 침략한 어떤 나라에도 굴복하지 않았을 뿐만 아니라 우리나라를 침략한 나라는 훗날 침략이 원인이 되어 멸망하였다.

 2021년의 우리나라는 국내외적으로 급변하는 상황 속에서 어려움을 겪고 있다. 그리고 언제나 그래 왔듯이 우리 국민들은 위기의 때마다 하나가 되어 어려움을 잘 극복하고 있다.

 그러나 우리는 현재의 상황을 극복하는 것으로 만족하지 못한다. 우리는 한 걸음 더 나아가서 위기를 기회로 삼아서 우리나라를 더욱 발전시키기를 원한다. 그러면 우리는 어떻게 해야 하는가?

한 나라를 구성하는 요소는 여러 가지가 있다. 우리는 한 나라를 구성하는 중요한 요소를 영토와 국민 그리고 주권이라고 말한다. 그런데 주권은 국민으로부터 나온다. 그리고 영토는 국민이 있은 후에 필요한 요소일 뿐이다.

우리는 이스라엘의 경우처럼 국민과 역사의식이 있다면 오랜 세월이 흐르고 설사 영토가 없을지라도 반드시 국가가 세워짐을 본다. 결국 국가의 구성하는 가장 근본적인 요소는 국민이라고 하지 않을 수 없다.

한 나라의 국격은 국민의 품격에 의하여 결정된다. 그리고 한 나라의 미래 역시 그 나라의 국민들의 마음이 어떤가에 따라서 결정된다. 그러면 우리가 어떤 마음으로 살아야 하는가?

우리가 미래를 접근하는 방식은 하나의 목표를 설정하고, 이미 설정된 목표를 이루기 위하여 삶을 살아가는 물건적 접근 방식과 매 순간 창조하고, 매 순간 새롭게 하는 진화의 삶을 살아가는 사건적 방식이 있다.

물건적 관점에서 인간과 세계를 형이상과 형이하로 구분하여 양자를 근본根本과 지말支末의 관계를 이루는 도道와 기器로 구분하여 기器로부터 출발하여 도를 발견하고, 그것과 하나가 되는 삶을 추구하는 것은 중국적 삶이다.[1]

중국사상에서는 내 안의 나, 본성이라는 나 아닌 나를 체험하고, 나 아닌 내가 우주의 주인이며, 내 삶의 근원이고, 바로 나 자신임을 알고, 온 국민이 하나가 되고, 온 인류가 하나가 되어 살아가는 대동사회大同

---

[1] 물건적 관점에서 형상을 중심으로 세계를 道와 器로 구분하여 이해하는 세계관, 인간관, 가치관은 『周易』과 『十翼』에서 드러난다. 이 주역사상을 바탕으로 중국의 儒學과 佛敎, 道敎가 형성되었다. 그렇기 때문에 주역사상이 중국사상의 연원이라고 할 수 있다.

社會를 추구한다.

이것과 저것이라는 실체적 존재로서의 물건의 세계를 출발점으로 지 말인 물건을 벗어나서 근본인 도에 이르고, 표면의 가짜 나를 벗어나서 내 안의 참 나를 찾아서 하나가 되고, 세계와 하나가 되는 합일合一은 장차 이루어야 할 미래적 사건일 뿐으로 지금 여기의 현재적 사건이 아니다.

장차 이루어야 할 미래적 사건으로서의 본래면목本來面目, 참 나, 진리, 도道와의 합일合一은 지금 여기의 나와는 별개의 독립된 실체적 사건이다.

지금은 아니지만 장차 이루어야 할 사건이 마땅히 이루어야 할 당위적 사건이 되기 위해서는 합일合一이라는 사건 자체가 이미 결정되고, 예정된 사건이어야 한다.

중국사상에서는 마땅히 이루어야 할 당위적이고, 운명론적이며, 결정론적인 천도天道와 인도人道를 제기한다. 이때 인도는 인간의 근본이며, 천도는 세계의 근본이다.

그들은 성명합일性命合一[2]을 통하여 천도와 하나가 되는 천인합일天人合一을 이루는 것이 인간이 마땅히 걸어가야 할 삶의 길인 인도[3]라고 말한다.

그러나 고조선 사상을 연원으로 외래사상을 수용하여 주체적으로 발전하여 온 한국사상에서는 도道 자체를 출발점으로 삼아서 끊임없이 다양하게 나를 드러내고, 끝없이 새롭게 나를 나타내는 창조와 진화의

---

2 『周易』 說卦 第二章, "昔者聖人之作易也, 將以順性命之理."

3 『周易』 說卦 第一章, "昔者聖人之作易也, 幽贊於神明而生蓍, 參天兩地而倚數, 觀變於陰陽而立卦, 發揮於剛柔而生爻, 和順於道德而理於義, 窮理盡性以至於命."

삶을 추구한다.

한국사상에서는 끊임없이 변變하여 화化하는 사태의 연속인 하나의 흐름을 통하여 세계를 이해하고, 인간을 이해하며, 삶을 이해한다. 그러면 우리가 어떻게 한국사상의 특성을 파악할 수 있는가?

한국사상의 특성을 가장 잘 드러내고 있는 학문 체계는 역학易學이다. 역학은 시간성을 통하여 세계와 인간을 변화의 흐름으로 나타내는 이론체계라고 할 수 있다. 다만 시간성을 그대로 드러내는 한국역학과 시간성[4]을 대상화하여 공간성을 중심으로 나타낸 중국역학은 서로 차이가 있다.[5] 따라서 한국사상의 특성은 한국역학에서 잘 드러난다. 그러면 한국역학의 특성을 가장 드러내고 있는 전적은 무엇인가?

19세기 말기의 김항金恒은 정역正易[6]을 통하여 고조선 이래 전승된 한국사상을 역학의 이론체계에 담아서 체계적으로 나타내었다. 따라서 우리는 정역을 통하여 역학의 특성은 물론 한국사상의 특성을 파악할

---

4 물리적 시간의 존재근거를 나타내는 개념이 시간성이다. 시간성의 본성이 창조성이기 때문에 시간성을 대상화하여 '神'과 같은 개념을 통하여 물건적 존재로 나타내기도 한다. 따라서 시간성은 시간의 속성이 아니라 본질이다.

5 한국역학과 중국역학의 동이점에 대하여는 '이현중, 『역경철학』, 문예출판사, 2014'를 참고하기 바란다.

6 金恒은 1826년(丙戌) 10월 28일에 충남 논산군 양촌면 南山里에서 金麟魯와 大邱 徐氏의 장남으로 탄생하였다. 어렸을 때는 부친에게 수학하였으며, 36세(1861)에 연담 이 선생을 좇아서 수학하였다. 그는 『서경』과 『역경』을 중심으로 학문하였다. 54세가 되는 해(1879)에 정역팔괘도를 그었다. 그리고 56세(1881)에 『정역』의 서문을 저작하였으며, 59세(1884)에 『정역』의 상편인 「십오일언」을 저작하였고, 60세(1885)에 『정역』의 하편인 「십일일언」을 저작하여 영남 출신의 문도들에 의하여 간행하였다. 62세(1887)에 논산군 부적면 부황리로 이주하여 후학들을 가르쳤다. 69세(1894)에는 동학란으로 논산군 두마면 향한리 계룡산 국사봉으로 잠시 피난하였으며, 73세(1898)인 11월 25일에 부황리에서 별세하였으며, 남산리 선영에 安葬되었다.

수 있다.

정역은 구성과 체계가 역학적易學的 특성을 갖고 있을 뿐만 아니라 그 내용이 유불도儒佛道 사상을 포함하고 있다. 그렇기 때문에 사람들은 주역周易[7]과 동일한 관점, 동일한 방법으로 정역을 이해하려는 그릇된 생각을 하게 된다.

오늘날 우리가 136년 전에 저작된 정역을 다시 연구를 해야 할 필요는 일차적으로 그동안 학자들이 정역을 예언서나 성리학의 이론을 담고 있는 유학의 전적으로 이해함으로써 한국사상의 특성을 드러내지 못함에 있다.

그러나 오늘날 우리가 정역을 고찰해야 할 근본적인 목적은 정역을 통하여 한국인으로서의 우리 자신의 정체성을 확보할 수 있을 뿐만 아니라 그것을 바탕으로 한국적 삶의 방향을 설정하기 위함이다. 그러면 왜 한국적 삶, 한국인으로서의 삶이 중요한가?

한 국가를 형성하는 사람들은 다른 국가에 속한 사람들과 서로 다른 각각의 삶을 살아간다. 그것은 인류의 본성은 갖지만 본성이 드러나는 삶의 양태가 서로 다를 수밖에 없음을 뜻한다. 따라서 오늘날의 한국인으로서의 우리가 가장 잘 사는 것은 한국인답게 사는 것이다. 그러면 우리가 어떻게 살아야하는가?

사람으로서의 우리 자신의 본래면목은 어느 시대를 살다 간 사람이거나를 막론하고 동일하다. 그렇기 때문에 성인과 속인, 대인과 소인,

---

[7] 오늘날 우리가 만나는 『주역』은 易經으로 부르는 卦爻와 卦爻辭로 구성된 『周易』과 『주역』에 대하여 다양한 관점에서 논하고 있는 열 편의 글인 『十翼』이 함께 묶여 있다. 따라서 오늘날 학계에서 말하는 『주역』은 괘효와 괘효사이며, 『십익』은 易傳으로 규정하여 그 가치와 성격을 달리하고 있다. 본고에서는 괘효, 괘효사와 『십익』이 일관된 내용을 서로 다른 관점에서 나타낸 것으로 이해하고자 한다.

각자와 중생의 차이는 삶을 살아가는 방식의 차이에 있을 뿐이다.

우리가 내 안의 깊은 곳에 있는 참 나를 주체로 살아가면 인과因果에 얽매임이 없는 자유로운 삶을 살아가지만 끊임없이 새롭게 드러나는 표층의 나를 주체로 여기고 살아가면 인과에 얽매여서 끝없이 반복되는 고통의 삶을 살아간다.

우리는 자유로운 삶을 살아가는 사람을 성인, 대인, 부처라고 말하고, 인과에 얽매여서 고통스러운 삶을 살아가는 사람을 속인, 소인, 중생으로 구분하여 나타낸다.

그러나 우리의 본래면목은 대인이나 소인, 부처와 중생이라는 분별을 넘어서 있다. 따라서 우리는 대인, 성인, 부처와 같은 인간을 나타내는 여러 개념에 얽매이고, 이치, 원리, 도와 같은 세계를 나타내는 다양한 개념에 얽매여서는 안 된다. 그러면 우리가 한국인다운 삶을 살기 위하여 정역을 어떻게 이해해야 하는가?

정역에서는 시간성을 중심으로 나타내는 삼극三極의 도道, 신도神道를 밝히고 있고, 주역에서는 시간성을 대상화한 공간성을 중심으로 삼재三才의 도道를 밝히고 있다.

십익十翼[8]에서는 주역周易의 내용이 삼재로 표현된 현상을 일관하는 형이상적 근본인 삼재의 도를 역도易道, 변화의 도[9]로 제시하고 있다. 따라서 정역의 내용을 바탕으로 주역이 이해되어야 한다.

---

8 『周易』의 제작목적, 제작주체, 제작시기, 내용, 이용방법과 같은 『주역』에 관한 전반적인 내용을 담고 있는 열 편의 글을 『十翼』이라고 한다.

9 『周易』 繫辭上篇 第九章, "子曰 知變化之道者, 其知神之所爲乎."

그럼에도 불구하고 주역의 괘효사卦爻辭가 점사占辭[10]의 형식을 취하고 있기 때문에 대부분의 사람들이 주역을 미래의 운명을 나타내고 있는 전적으로 여긴다. 따라서 우리가 정역을 통하여 한국사상의 특성을 파악할 수 있을 뿐만 아니라 운명론적인 관점을 넘어서 주역이 제시하고자 하는 형이상의 도가 무엇인지를 파악할 수 있다. 그러면 주역과 정역이라는 전적이 갖는 사상사적思想史的 의미가 무엇인가?

주역은 중국사상, 중국문화의 연원을 담고 있는 전적이다. 주역은 점사占事[11]의 형식을 통하여 만물의 근원인 형이상의 도를 나타내고 있다. 그리고 정역은 고조선 이후 계승하여 발전한 한국사상을 19세기 말기의 시대적 상황에 맞게 재해석하여 제시한 한국역학의 전적이다.

주역이 물건적 관점에서 지도地道를 중심으로 형이상의 도를 나타낸 역학 서적인 것과 달리 정역은 시간성을 주제로 하여 도道가 현상에서 드러나는 도의 현현顯現을 내용으로 한다.

주역이 인간을 중심으로 유有의 세계를 출발점으로 삼아서 근원인 도를 찾아가는 것과 달리 정역은 도道 자체, 곧 유무有無를 넘어선 중도中道의 세계를 출발점으로 삼는다.

주역이 은殷나라 말기에서 주周나라 초기에 형성되면서 점사占辭의 형식을 띠고 있기 때문에 오늘날의 사람들은 십익十翼에서 제시한 성명性命을 중심으로 인도人道의 관점에서 주역을 이해하기보다는 괘효

---

10 은나라에서는 장차 일어날 특정한 사건에 대하여 거북의 등껍질이나 짐승의 뼈를 이용하여 利害를 바탕으로 한 吉凶을 미리 예측하고 그 내용을 기록하여 보관하였다. 주나라의 초기에 文王이 占에 관한 기록들을 활용하여 卦爻에 言辭를 더하여 卦爻辭를 구성하였다. 그렇기 때문에 『십익』에서는 『주역』의 내용을 占事로 규정하고 있다.

11 『周易』 繫辭上篇 第五章, "極數知來之謂占이오 通變之謂事오."

사卦爻辭[12]를 중심으로 의사과학적疑似科學的 관점에서 미래를 예측하는 예언서로 이해하고자 한다.

정역이 세상에 나타날 당시(일부 60세: 1885년)의 사람들은 새로운 역학 서적으로부터 희망을 담은 미래 곧 후천[13]의 세상, 백성들이 자유롭고 행복한 세계를 얻고자 하였다.

당시는 왕권은 약화가 되어 정치의 중심을 잃었고, 성리학[14]도 치국 이념의 기능을 하지 못할 뿐만 아니라 외세가 동점東漸하는 상황에서 백성들은 내일을 기약할 수 없는 간난의 세월 속에서 맹목적인 희망이라도 갖지 않으면 견딜 수 없었다.

오늘날 우리 국민들은 중국이 미국과 패권다툼을 벌이고, 세계를 지배하고자 후진국들에게 온갖 파렴치한 짓을 저지르는 것도 싫지만 고조선과 고구려를 비롯한 삼국의 역사를 자기들의 역사에 편입시키려 하고, 우리나라의 문화를 자기 나라의 문화라고 주장하는 패권주의적

---

12 『周易』의 중천건괘의 괘사에서는 "乾, 元亨利貞"이라고 하였고, 초효의 효사에서는 "初九, 潛龍勿用"이라고 하여 吉凶, 悔吝과 같은 占辭를 사용하여 卦辭와 爻辭가 모두 占書의 형식을 띠고 있다.

13 후천은 선천과 대응하는 개념으로 이상적인 세계를 나타낸다. 이와 달리 선천은 생장하는 과정을 나타내기 때문에 소통보다는 대립과 갈등으로 얼룩진 투쟁의 세계이다. 그렇기 때문에 고통스러운 현실의 삶에서 벗어나기 위하여 사람들은 하루빨리 선천이 사라지고 후천이 열리는 후천 開闢을 바라고, 후천에 희망을 건다. 그것은 현실을 지옥으로 규정하고, 이 세상을 떠나서 행복한 세계인 천국, 낙원으로 가기를 원하는 것과 같다.

14 조선의 치국 이념인 성리학은 太極, 理에 의하여 세계를 규정하고, 태극과 일치하는 삶, 天理와 하나가 되는 삶을 추구하는 逆방향이 중심이기 때문에 하나의 관점에서 다양함을 수용하기보다는 배타적이고 통제적인 성격이 강하다. 성리학으로는 당시의 약화된 왕권을 강화할 수도 없고, 東漸하는 서학의 바람을 막을 수도 없었을 뿐만 아니라 백성들에게 미래에 대한 희망을 줄 수 없었다. 따라서 성리학의 변화가 절실하게 요청되는 상황이었다.

행태에 분노를 느낀다.

지금 우리나라는 경제, 군사, 국방, 외교, 문화 그리고 과학기술의 측면에서 과거와 달리 비약적인 발전을 해 왔다. 그러나 아직도 주변의 중국, 러시아, 일본과 같은 강대국들과 북한이 우리나라의 안보, 경제, 외교, 문화, 정치를 비롯하여 사회 전반에서 위협을 가하고 있다. 그렇기 때문에 우리나라의 미래에 대하여 관심을 갖지 않을 수 없다.

어떤 사람들은 머지않아 우리나라가 통일을 하고, 몽골 지역과 연해주를 비롯한 고조선의 영토를 회복하여 세계의 강대국이 될 것이라고 말한다.

그들은 탄허呑虛 스님이 정역에 나타난 내용을 바탕으로 한국의 미래에 대하여 예언[15]을 했으며, 현재 우리나라의 상황이 그대로 가고 있다고 말한다.

사람들은 우리나라가 통일을 하고, 주변의 강대국인 중국과 일본을 물리칠 수 있는 조건이 자연의 재해로 인하여 갖추어진다고 말한다.

그들은 남북의 통일과 중국, 일본을 넘어선 강대국에 들어설 수 있는 조건이 갖추어지는 시작은 기울어진 지구의 중심축이 바로 서는 자연현상으로부터 시작된다고 말한다. 그것이 정역에서 제시된 선천이 종말을 고하고 후천이 시작되는 선후천 변화의 내용이라는 것이다. 그렇다면 정역의 내용이 현상적인 그것도 태양계도 아닌 단지 지구와 관련된 미래에 대한 예언인가?

정역을 지구의 미래, 우리나라의 미래에 대하여 예언을 담고 있는 서

---

15 탄허 禪師의 『정역』과 관련된 내용은 '문광, 『탄허 선사의 사교 회통 사상』, 민족사, 2020'을 참고하기 바란다.

적으로 인식하는 사람들은 정역에서 밝히고 있는 선후천 변화가 일어나는 때가 몇 년, 몇 월, 몇 시인지를 주목한다.

어떤 사람은 지난 경자년庚子年(2020년)이 바로 선후천 변화가 일어나는 시기였다고 말하기도 하고, 어떤 사람들은 추연推衍이 잘못된 것이며, 앞으로 어느 때에 이르면 선후천 변화가 일어날 것이라고 말한다.[16] 그러면 정역은 예언서인가?

예언서의 특징은 예언의 내용이 실제로 일어나는 때가 도달하기 이전에는 아무런 기능도 하지 못하며, 때가 지난 후에도 역시 아무런 기능도 하지 못한다는 사실이다.

그것은 마치 내장된 배터리가 소진되어 정지되어 있는 시계가 오로지 하루에 한 번 정확한 시간을 가리키는 것과 같다.

만약 정역이 선후천 변화가 일어나는 시기를 나타낸 서적이라면 저자인 일부一夫[17]가 굳이 금화정역도金火正易圖, 하도河圖와 낙서洛書,

---

16 『정역』을 학계에 소개하고 왕성한 학술 활동을 했던 학자는 충남대학교의 李正浩 총장이다. 그는 『정역연구』, 『정역과 일부』를 비롯하여 여러 연구 성과들을 출간하였고, 『정역』을 우리말로 번역하였다. 鶴山 이정호 교수의 연구 활동을 계승하여 평생을 『주역』과 『정역』의 연구에 바친 학자는 충남대학교의 觀中 柳南相 교수이다. 그는 평생의 연구 성과를 『주·정역경합편』을 출간하였다. 그런데 두 학자의 『정역』에 대한 연구 성과들은 선천에서 후천으로 변화하는 연월일시가 언제인가라는 주제를 중심으로 『주역』과 『정역』을 연구하였다는 공통점이 있다. 오늘날 『정역』에 대하여 관심을 갖거나 연구하는 대부분의 사람들도 역시 선후천 변화가 일어나는 물리적 시간이 언제인지를 밝히는 일에 관심을 갖는다. 그러나 물리적 시간의 차원에서 일어나는 선후천 변화는 과학의 대상일 뿐으로 그것이 『정역』의 모든 내용이라고 할 수 없다. 만약 그것이 『정역』의 주제라면 오늘날의 발달한 과학을 연구하면 될 뿐으로 굳이 『정역』을 연구할 필요가 없다.

17 一夫는 『정역』의 저자인 金恒의 자호이다. 그가 자신을 一夫로 부른 까닭은 그가 출사하지 않아서 관직이 없기 때문이기도 하지만 自我라는 고정된 자신이 아니지만 그렇다고 하여 없는 無我도 아닌 中道의 존재임을 나타내기 위함으로 여겨진다. 앞으로는 그를 一夫로 나타낸다.

십이월이십사절기후도수十二月二十四節氣候度數, 삼역팔괘도三易八卦圖[18]와 같은 복잡한 도상을 제시하고, 그것을 설명하기 위하여 천지의 수[19], 간지도수干支度數[20]와 같은 어려운 상징체계를 동원하여 나타낼 필요가 없다. 단지 그가 정확하게 단 하나의 문장으로 선후천 변화의 시각을 제시하면 된다.

설사 장차 선후천 변화가 일어나는 시각을 예언했다고 가정할지라도 아직은 일어나지 않은 일이다. 아직은 일어나지 않았지만 장차 일어날 일이 우리와 관련이 있기 위해서는 우리가 그것을 알고 변화시킬 수 있는 능력이 있다는 것이 전제되어야 한다.

만약 우리가 장차 일어나는 현상을 미리 안다고 하여도 그것을 변화시킬 수 있는 능력이 없다면 우리와 아무런 상관이 없다. 그와 달리 만약 우리가 장차 일어날 사건을 알고, 그것을 변화시킬 수 있는 능력이 있다면 그때에 이르러서 상황에 맞게 대처하면 될 뿐으로 그것을 미리 말로 나타낼 필요가 없다.

결국 예언이란 단지 사람들에게 심리적인 위로를 줄 수는 있을지 모

---

18 금화정역도, 하도와 낙서, 십이월이십사절기후도수, 삼역팔괘도, 십간원도수는 『정역』의 내용을 나타내는 도상과 도표이다. 하도와 낙서는 송대에 확정된 도상이고, 금화정역도, 십이월이십사절기후도수, 삼역팔괘도는 일부가 저작한 도상이다. 일부는 이 여러 도상과 도표를 통하여 자신의 세계를 나타내고 있기 때문에 그만의 독창적인 체계라고 하지 않을 수 없다.

19 천지의 수는 『주역』에서 하도와 낙서의 도상을 구성하는 요소로 제시한 일에서 십까지의 열 가지 수이다. 일부는 『정역』을 통하여 천지의 수가 나타내고 있는 역수원리, 천도가 무엇인지를 밝히고 있다.

20 간지도수는 천간과 지지를 결합하여 나타낸 것이다. 그것은 일반적으로 六甲, 六甲度數로 부르는 수이다. 지금까지는 수가 나타내는 상징성, 의미를 밝히지 못하고 물리적 시간을 나타내는 단위로 인식되어 왔다.

르지만 그 밖에는 아무런 필요가 없다고 할 수밖에 없다. 그러면 왜 사람들은 미래에 대한 예언에 매달리는가?

사람들은 천도天道[21]라는 정해진 이치가 있고, 세계는 정해진 이치에 따라서 움직인다고 말한다. 그들은 주역을 비롯한 중국사상의 근거로 제시하고 있을 뿐으로 그 구체적인 내용을 밝히고 있지 않은 천도天道가 정역에서 밝혀지고 있다고 말한다. 그러면 정역이 천도를 나타내고 있는가?

만약 천도라는 우리와 무관한 실체가 있다고 한다면 그것은 우리가 알 필요가 없다. 왜냐하면 우리가 천도를 알거나 모르거나를 막론하고 그리고 우리가 어떤 행위를 하거나를 막론하고 천도는 그대로 운행될 것이기 때문이다. 따라서 우리 자신과 천도가 하나일 때 비로소 천도가 의미를 갖는다.

우리가 수도修道[22], 수행修行을 하여 천도를 자각함으로써 천명天命[23]을 자각할 수 있는 것은 본래 천도가 우리와 일체이기 때문에 자각할 수 있을 뿐만 아니라 그것을 삶에서 실천할 수 있다.

결국 천도 역시 지금 여기의 나와 무관한 실체적 존재가 아니다. 따라서 천도는 물리적 시간의 차원에서 예언을 할 대상이 아니다. 그럼에도 불구하고 정역이 미래를 예언하고 있다고 할 수 있는가?

---

21 만약 천도라는 지금 여기의 나와 별개의 존재가 있다면 실체적 존재로서의 천도는 유물론적 존재이다. 그러나 그것은 의식의 차원에서 이루어지는 분별의 결과인 점에서 실재하지 않는 허상이다.

22 修道는 지금 여기의 나를 통하여 드러나는 삶을 분별하여 나타낸 것이다. 따라서 삶을 떠나서 修行을 논하고 濟度를 논하면 그것은 실재하지 않는 허구일 뿐이다.

23 지금 여기의 나를 떠나서 별개의 천도가 있고, 천도가 천명으로 자각되거나 나와 별개의 존재인 天이 있어서 나에게 天命을 주는 것이 아니다.

우리는 예언이 현재를 기준으로 아직은 일어나지 않은 미래라는 물리적 시간을 바탕으로 하여 이루어지는 점을 주목할 필요가 있다. 그것은 시간이 무엇인가에 따라서 그 의미가 달라짐을 뜻한다. 그러면 정역에서는 시간을 어떻게 나타내고 있는가?

정역에서는 반고盤古, 오화五化, 원년元年, 임인壬寅이라는 한 시점을 기준으로 정역이 저작된 해까지의 시간을 계산하여 제시[24]하고 있다.

오늘날 정역을 물리적인 선후천 변화의 시기를 제시하고 있는 예언서적으로 이해하는 사람들은 이를 기준으로 삼아서 선천이 끝나고 후천이 시작되는 변화의 시기를 계산할 수 있다고 여긴다.

그러나 정역에서는 일월에 의하여 천지의 마디를 지음으로써 비로소 시간의 세계가 전개됨을 밝히고 있다. 그리고 일 년을 기본단위로 하여 월月, 일日, 시時, 분分, 각刻으로 시간을 분석하면서 마지막에는 공空을 제시하여 시간은 고정된 실체가 아님을 밝히고 있다.[25] 따라서 앞에서 제시된 선후천 변화의 시각을 나타나는 것은 실체적 시간을 가리키지 않는다. 그러면 일상적으로 우리가 수에 의하여 시간을 나타내는 것을 어떻게 이해할 것인가?

우리는 간지도수와 천지의 수가 기본적으로 물리적 시간을 나타내는 도구로 사용되고 있기 때문에 물리적 시간을 나타내는 도구로 이해할

---

24 金恒, 『正易』先后天 周回度數, "先天은 二百一十六萬里니라 后天은 三百二十四萬里니라 先后天合計數는 五百四十萬里니라 盤古 五化元年壬寅으로 至大淸光緖十年 甲申에 十一萬八千六百四十三年이니라."

25 金恒, 『正易』金火五頌, "嗚呼라 日月之德이여 天地之分이니 分을 積十五하면 刻이오 刻을 積八하면 時요 時를 積十二하면 日이오 日을 積三十하면 月이오 月을 積十二하면 朞니라. 朞는 生月하고 月은 生日하고 日은 生時하고 時는 生刻하고 刻은 生分하고 分은 生空하니 空은 无位시니라."

수 있다.

그러나 만약 정역이 오로지 물리적 시간을 나타내고 있다면 천도天道 역시 물리적 세계를 나타내는 물리법칙에 지나지 않는다. 과연 정역은 물리物理를 나타내는가?

일부는 "도가 셋으로 나누어지는 것은 이치의 자연스러움이다. 이에 유가儒家도 있고, 불가佛家도 있으며, 선도仙道도 있다. 누가 일부一夫가 이 셋을 모두 밟았음을 알겠는가!"[26]라고 하였다.

그것은 일부가 스스로 정역의 내용이 물리物理가 아니라 유불도儒佛道를 일관하는 근원적 원리로서의 도道임을 밝힌 부분이다. 그러면 정역正易은 유학儒學 서적인가?

일부가 밝힌 것과 같이 정역은 중국 유학과 다르다. 그는 "공자孔子는 천지의 유형의 이치를 방달方達하였으며, 일부는 천지의 무형의 경계를 통관洞觀했다"[27]라고 하여 중국유학과 다른 측면이 있음을 분명하게 밝히고 있다. 그러면 정역은 과학 서적인가?

일부는 정역을 통하여 물리적 시간을 구성하는 법칙인 책력을 구성하는 법칙을 밝히고 있다. 그러나 시간의 본성을 밝히면서 공空이자 무위無位라고 하여 정역에서 밝히고 있는 내용이 단순하게 물리적 시간의 운동법칙이나 시간을 구성하는 책력의 구성 법칙이 아님을 밝히고

---

26 金恒,『正易』无位詩, "道乃分三理自然이니 斯儒斯佛又斯仙을 誰識一夫眞蹈此오 无人則守오 有人傳을."

27 金恒,『正易』大易序, "洞觀天地無形之景은 一夫能之하고 方達天地有形之理는 夫子先之시니라."

있다.[28] 그러면 정역은 어떤 전적인가?

정역이 물리적 시간을 나타내는 책력의 구성 법칙을 밝히고 있는 과학적 측면과 성리性理와 심법心法을 논하는 인문학적 측면 그리고 상제上帝, 화무상제化無上帝와 같은 종교적 측면을 함께 갖고 있는 까닭은 과학과 중국사상에서 강조하는 형이상적 가르침 그리고 상제와 같은 종교적 측면을 넘어서 있기 때문이다.

일부는 정역을 통하여 시공時空의 위상을 갖지 않기 때문에 있다고 할 수 없어서 무위無位이지만 없지는 않아서 공空하면서도 끊임없이 자신을 새롭게 드러나는 시간성時間性을 통하여 세계의 자기 전개 원리로서의 도道를 밝히고 있다.

우리는 정역을 통하여 세계가 과학과 인문학 그리고 종교를 넘어서 회통적會通的이고, 통섭적通涉的임을 파악할 수 있을 뿐만 아니라 그것을 바탕으로 통섭적 학문의 세계를 드러낼 수 있다.

그리고 더 나아가서 정역을 통하여 온 인류가 하나가 되고, 온 세계가 하나가 되어 서로 소통하고 화합하면서 자유로운 삶, 매 순간 끊임없이 진화하면서 새롭게 창조하는 삶의 길을 찾을 수 있다.

그러나 지금까지 정역을 연구한 성과들을 보면 대부분이 어느 때에 선천에서 후천으로 변화가 일어나는지 그리고 선천에서 후천으로의 변

---

28 『정역』은 물리적 시간을 구성하는 법칙과 더불어 시간의 존재근거인 시간성을 밝히고 있기 때문에 과학적인 측면과 더불어 종교적인 측면 그리고 인도적인 측면을 모두 포함하고 있다. 시간성을 대상화여 물건적 관점에서 나타낼 때 비로소 天道와 地道, 人道를 포함하고 있다고 말할 수 있다. 그러나 천도와 지도 그리고 인도를 산술적으로 결합하거나 더한 것이 아니라 천도와 지도 그리고 인도를 일관하는 점에서 그 어떤 사상으로 규정할 수 없는 神道이다. 신도는 실체적 존재가 아니라 천도와 지도 그리고 인도로 드러나면서도 천도와 지도, 인도를 넘어서 있다. 따라서 신도는 매 순간 다양하게 드러나면서도 현상을 넘어서 있어서 고정되지 않는다.

화가 지구에서 구체적으로 어떤 현상으로 나타나는지를 밝히고 있는 예언의 관점에서 접근하고 있다.

오늘날 우리가 다시 정역을 고찰해야 할 까닭은 지금까지 이루어진 수많은 연구 성과에도 불구하고 아직도 여전히 정역의 드러나지 않는 측면이 있기 때문이다.

우리는 19세기 말기의 어지러운 세상에 정역이 나타나서 백성들의 희망이 되었듯이 오늘날 우리들이 정역을 통하여 한국사상, 한국역학의 특성이 무엇인지를 밝히고 그것을 현대사회에 적용하여 우리나라를 더욱 발전시킬 수 있는 자양분으로 삼고자 한다. 그러면 구체적으로 정역을 어떻게 고찰할 것인가?

이 책에서는 정역을 통하여 서구의 과학과 다르고 중국사상과도 다른 한국사상의 특성이 무엇인지를 살펴보는 동시에 그것을 통하여 오늘날의 우리나라는 물론 인류가 함께 나아가야 할 이상적인 삶의 길이 무엇인지를 살펴보고자 한다.

우리는 이 책을 매개로 하여 각자 자신의 내면에 깊이 들어가서 내 안의 나를 발견하고, 내 안의 나와 세계가 일체여서 구분할 수 없기 때문에 내 안의 나가 나 아닌 나임을 알며, 나 아닌 나로 살아감으로써 삶이 본래 마음, 육신, 가정, 국가, 인류, 우주가 둘이 아님을 알고, 온 국민이 한마음이 되고, 온 인류가 하나가 되며, 온 우주의 모든 존재와 하나가 되어 자유자재自由自在함을 느끼고, 실천하면서 살기 바란다. 그러면 정역의 고찰을 위하여 우리가 해야 할 일이 무엇인가?

우리는 지금부터 왜 지금까지의 정역에 관한 연구가 현상을 중심으로 지축의 변화와 같은 구체적인 사건의 변화에 관심을 두고 이루어졌는지를 살펴볼 것이다.

우리는 이러한 과정을 통하여 정역의 내용이 무엇이고, 그것을 이해할 수 있는 방법이 무엇인지가 자연스럽게 드러날 것으로 기대한다. 그러면 이 책에서는 기존의 연구 성과를 비판하여 배척하고 기존의 연구 성과와 다른 내용을 제시하고자 하는가?

우리는 이 책을 통하여 정역의 내용이 무엇인지 정의하려고 하지 않는다. 왜냐하면 정역에서 제시하고 있는 도 자체도 고정되지 않아서 무엇으로 규정할 수 없기 때문이다. 그러나 고정되지 않기 때문에 있다고 할 수 없지만 그렇다고 하여 없지는 않다.

우리는 이 책을 통하여 마치 태양을 가리고 있는 구름을 제거하면 언제나 밝게 빛나고 있는 태양이 드러나듯이 사람마다 갖고 있는 정역에 대한 하나의 의견을 통하여 형성된 편향된 이해를 깨뜨려서 그것을 통하여 감추어져 있던 내용을 내 안의 나를 통하여 스스로 느끼도록 안내하는 방법을 취하고자 한다.

그러나 우리는 이러한 작업을 응병여약應病與藥이라고 말하거나 파사현정破邪顯正[29]이라고 말하고 싶지 않다. 왜냐하면 병病이나 사邪라는 개념이 마치 이전의 연구 성과가 아무런 의미가 없거나 심지어는 버려야 할 대상으로 오해할 수 있기 때문이다.

---

29 應病與藥이나 破邪顯正은 기존의 연구 성과의 가치를 부정하는 관점이다. 우리가 하나의 이론 체계를 대상으로 논리적 정합성을 가리는 기존의 학문 방법은 일종의 과학적 연구 방법이라고 할 수 있다. 이러한 방법은 하나의 보조 방법일 수는 있어도 인문학의 연구 방법이라고 할 수 없다. 왜냐하면 인문학의 대상인 모든 이론 체계는 물론 어떤 이론이나 연구도 모두 하나의 근원에서 나온 것이다. 그것은 본성, 自性, 佛性, 내 안의 나, 참나, 나 아닌 나와 같은 그 어떤 개념으로 나타내거나를 막론하고 한 자리에서 나온 결과임을 뜻한다. 그렇기 때문에 인문학이라는 학문에 알맞은 학문 방법이 필요하다. 인문학의 학문 방법에 대하여는 '이현중, 『유불도와 통관의 인문학』, 충남대출판문화원, 2017'을 참고하기 바란다.

비록 우리가 비판할 수밖에 없는 기존의 연구 성과이지만 만약 과거의 연구 성과가 없었다면 지금 우리가 비판할 대상이 없다.

그리고 우리는 비판을 통하여 비판의 대상으로부터 우리 자신의 부족한 부분을 스스로 알아차리고 그것을 제거할 수 있기 때문에 어떤 연구 성과도 모두 우리를 진화하고 창조할 수 있도록 도와주는 스승의 역할을 한다.

불교에서는 일상의 의식에 의하여 일어나는 분별작용을 번뇌煩惱로 규정하면서도 번뇌가 그대로 보리菩提라고 말한다. 지혜가 드러나지 않는 무명無明이 번뇌라면 깨달음으로서의 보리는 번뇌와 하나일 수 없다.

그러나 번뇌가 없다면 보리라는 개념이 성립될 수 없고, 보리라는 개념이 없으면 번뇌라는 개념 역시 성립될 수 없다. 그러므로 번뇌와 보리는 일체이다. 그러면 번뇌와 보리는 단순한 하나의 개념들에 불과한가?

우리는 여기서 비판에 대한 의미를 생각할 필요가 있다. 본래 번뇌와 보리가 하나라면 우리가 굳이 번뇌와 보리를 구분하여 둘로 나타낸 후에 다시 하나라고 말할 필요가 없다. 그것은 번뇌와 보리를 둘로 나타내는 것도 우리 자신이며, 양자를 하나로 나타내는 것도 우리 자신임을 뜻한다.

우리가 어떤 마음으로 양자를 대하느냐에 따라서 두 개념은 우리에게 독이 될 수도 있고, 약이 될 수도 있다. 만약 우리가 번뇌와 보리를 통하여 일상의 자신으로부터 벗어나서 내면의 자신을 관조하여 진실로 자신의 본래면목本來面目을 발견하여 자유로운 삶을 살아간다면 번뇌와 보리라는 개념은 단순한 개념이 아니라 삶의 나침판이라고 할 수 있다.

그러나 만약 우리가 번뇌와 보리라는 개념에 얽매여 양자가 둘인가 하나인가를 논하고 남의 주장에 대하여 시비를 논할 뿐으로 정작 그것을 사용하는 자신에게는 번뇌와 보리가 없음을 알아서 오직 다른 사람이 이롭도록 방편으로 사용하지 못한다면 두 개념은 우리 자신을 옭아매는 또 다른 하나의 족쇄가 될 것이다.

우리가 기존의 연구 성과들에 대하여 비판을 가함은 하나의 주장에 대하여 논리적인 타당성을 중심으로 시비是非를 가리려는 것이 아니다.

우리는 비판을 통하여 합리적 대안을 제시함으로써 기존의 연구 성과가 보다 가치를 갖게 하는 금상첨화錦上添花를 하고자 한다.

우리는 마치 물이 아래로 흐르다가 구덩이를 만나면 제 몸으로 구덩이를 메우고 흐르듯이 지금까지의 의론들이 아직은 메우지 못하고 남겨 놓은 부분을 채워서 그 가치를 보다 빛나게 하고자 할 뿐이다.

지금 여기에서 이루어지는 우리의 작업도 한순간에 드러난 성과에 불과하기 때문에 고정된 실체로 존재할 수 없다. 따라서 우리는 이 성과에 대하여 또 다른 나인 다른 사람들이 새로운 의미와 가치를 부여하기 위한 비판이 부족한 웅덩이를 메꾸어 주는 자비의 손길로 나타나기를 기다린다.

먼저 정역이 미래에 대하여 예언을 기록한 서적인지를 살펴볼 것이다. 이어서 정역이 중국유학의 내용을 그대로 나타내고 있는지 특히 조선시대의 정치 이념으로 채용된 성리학性理學과 어떻게 다른지 그리고 그것이 무엇을 의미하는지를 살펴볼 것이다. 마지막으로 정역이 나타내고자 하는 내용이 무엇인지를 살펴볼 것이다.

1. 정역과 예언

정역은 19세기 말기에 논산의 유학자이자 역학자인 일부一夫 김항金恒에 의하여 저작되었다. 일부一夫는 평생 동안 벼슬에 나아가지 않고 오로지 주역과 서경을 중심으로 학문을 하였으며, 그 결과를 정역이라는 한 권의 저작으로 제시하고 후학들을 가르치다가 돌아가셨다. 따라서 일부의 모든 것이 그대로 정역에 담겨 있다고 할 수 있다.

지금까지 사람들은 다양한 측면에서 정역을 이해하였다. 정역에 관심을 갖고 그 내용이 무엇인지를 이해하고자 하는 대부분의 사람들은 정역에 지구의 미래, 인류의 미래에 대한 예언이 담겨 있다고 여겼다.

예언은 아직은 다가오지 않은 미래에 대하여 미리 한 말을 가리킨다. 예언은 미래에 일어날 구체적인 현상을 그대로 기술하는 경우와 구체적인 현상이 일어나는 법칙을 기술하는 경우로 나누어 볼 수 있다. 이때 현상이 일어나는 법칙은 다른 것이 아니라 과학적인 세계를 나타내는 사물의 운동법칙이다.

오늘날 정역에 대하여 관심을 갖는 사람들은 대부분이 기울어진 지구의 중심축이 바르게 되는 변화에 의하여 장차 일어날 우리나라의 변화를 담고 있다고 여긴다. 그들은 정역을 통하여 남한이 중심이 되어 북한과 통일을 하고, 몽골과 연합하며, 연해주를 되찾아서 넓은 영토를 가진 거대한 나라로 변하는 희망적인 미래를 찾고자 한다.

그런데 일단 하나의 사건이 미리 알려지면 비밀이 아니라 모든 사람이 알게 된다. 그리고 이해관계에 따라서 손해를 볼 사람들은 그 사건이 일어나지 않도록 막을 것이다.

만약 지구는 물론 태양계 더 나아가서 우주의 안위安危를 자재自在

할 수 있는 존재가 이 사실을 알았다면 설사 예언의 때가 되었을지라도 그 순간 그가 손을 쓰면 예언의 내용은 일어나지 않는 일이 되고 만다.

그리고 만약 우리나라에 지구의 안위를 자재할 수 있는 사람이 있다면 굳이 예언을 하지 않아도 적당한 때가 되어 통일을 이루고, 국민들의 의식을 끌어올려서 영토를 다스릴 수 있는 능력을 갖추도록 사전에 조치를 취하면 될 것이다.

그러나 사람들은 자신의 미래를 스스로 결정할 수 없을 뿐만 아니라 우리나라의 미래를 결정할 수 없다고 생각한다. 그렇기 때문에 그들은 오로지 자연에 의하여 우리나라에게 이로운 변화가 일어나기를 기다리고 있을 뿐이다.

정역이 한국과 주변 국가 그리고 지구에 장차 일어날 자연현상에 관한 예언을 하였다면 그것이 언제 일어날 것인지가 중요하지 않을 수 없다.

예로부터 선천에서 후천으로의 변화가 일어나는 때에 대하여 여러 사람들이 제시를 하였다. 그러나 여러 사람들이 제시한 시간이 지났지만 아직 그러한 현상은 일어나지 않았다.

그런데 만약 정역이 구체적인 사건에 대하여 예언을 하였다면 사건이 일어나기 전에는 우리의 삶과 정역이 아무런 관련이 없다. 왜냐하면 그러한 사건이 아직은 일어나지 않았을 뿐만 아니라 장차 어떤 일이 일어난다고 하여도 우리와 무관하게 일어나는 현상이기 때문에 우리가 무엇을 하여도 일어날 사건이다. 따라서 지금 우리의 삶과 아무런 관련이 없다.

물론 예언의 사건이 일어나는 순간에는 그 예언이 적중했다고 할 수 있다. 그러나 그 후에는 역시 아무런 의미가 없다. 왜냐하면 이미 지나간 사건을 나타내고 있을 뿐이기 때문이다.

그것은 하나의 지나간 역사적 사건으로서의 의미가 있을 수는 있지만 이미 지나갔기 때문에 지금 우리의 삶과는 무관함을 뜻한다.

우리는 예언을 구체적인 사건을 기술하는 것과 달리 장차 일어날 사건의 원리를 나타낸 것이라고 이해할 수 있다. 그것은 바로 현상적인 사건을 예언한 것이 아니라 현상적 사건이 일어날 수 있는 원리인 도道를 밝혔다고 이해하는 경우이다.

일상의 사람들과 대다수의 사람들은 전자의 경우이지만 극히 일부의 학문을 하는 사람들은 후자의 경우로 이해한다. 그들은 정역이 선후천 변화를 나타내는 것이 아니라 선후천 변화 원리를 밝히고 있다고 말한다. 그렇다면 정역이 장차 일어날 선후천 변화 원리를 나타내고 있는가?

그것은 일부가 정역을 통하여 선후천 변화 원리인 천도天道를 밝혔다고 할 수 있는가의 문제이다. 우리는 여기서 학문의 문제와 실천의 문제를 분명하게 이해하는 것이 필요하다.

학문은 세상 자체가 아니라 그것을 일정한 수단인 언어, 수數, 도상 圖像 등을 통하여 나타낸 것이다. 그렇기 때문에 학문을 통하여 드러나는 세계는 세계 자체가 아니다.

우리는 여러 지도를 통하여 계룡산을 나타낼 수 있다. 그리고 어떤 지도가 계룡산을 정확하게 나타내었는지를 논할 수도 있다. 그러나 지도는 지도일 뿐으로 결코 계룡산은 아니다. 만약 우리가 세계에 대하여 천도라는 변화하는 현상의 원리를 나타내었다면 그 도는 역시 우리와 하나가 아닌 실체적 존재이다.

우리는 천도를 과학에서 제시하는 물리物理와 달리 물리의 존재근거를 나타내기 때문에 근원적이라고 말한다. 그러나 중요한 것은 만약 천도가 우리와 무관하게 존재하는 정해진 이치가 아니라면 지금 여기의 우리가 그것을 미리 나타낼 수 없다는 것이다.

그리고 만약 지금 여기의 우리와 무관하게 정해진 이치가 있다면 그것은 우리의 삶의 길인 인도人道는 아니다. 물론 어떤 사람들은 다시 천도天道는 인도의 근거가 되는 근원적인 원리라고 말한다. 그렇다고 하더라도 그것이 지금 여기의 나의 존재원리가 아니라면 여전히 실체적인 것이다.

사람들이 실체적인 천도天道에 매달리는 것은 지금 여기의 자신이 스스로 미래를 개척하려는 의지보다는 세상이 그렇게 되기를 바라는 노예적인 의식을 갖기 때문이다.

또한 천도가 우리에게 아무리 근원적인 존재 원리라고 하여도 지금 여기의 나와 둘이라면 그것을 발견하는 앎의 과정과 앎을 생활에서 실천하는 행行의 과정이 반드시 필요하다.

우리는 앎의 대상인 본성, 자성, 천도, 도를 발견하여 그것과 하나가 되는 합일合一의 과정을 수도修道라고 말한다. 그러나 수도修道라는 사건이 인위적인 것이라면 영원한 것이 아니다.

그것은 본래 지금 여기의 나의 것이 아님에도 불구하고 그것을 발견하여 그것과 하나가 되었기 때문에 하나의 상태를 유지할 수 없는 상황이 되면 다시 둘로 돌아갈 수밖에 없음을 뜻한다.

나와 둘인 상태의 천도天道는 당연히 나의 소유물이 될 수 없다. 설사 나의 소유물이라고 할지라도 내 자신이 아니기 때문에 항상 나와 둘로 남는다.

그럼에도 불구하고 나와 무관한 천도, 나와 둘인 상태의 실체적인 천도를 주장하는 사람들은 천도가 나의 존재근거라고 말한다.

만약 그들의 주장처럼 지금 여기의 내가 철저하게 천도에 의지하는 이차적인 존재라면 나는 천도의 노예와 같은 존재일 수밖에 없다.

  유학儒學을 철저하게 신봉하는 사람들은 천도에 의하여 이루어지는 천명天命이 있다고 생각한다. 그렇기 때문에 그들은 천명을 따르는 것이 인간의 이상적인 삶이라고 이해한다.

  그것은 지금 여기의 나와 천도天道, 천명天命을 구분하여 둘로 보는 태도이다. 그러면 과연 정역에서는 실체적인 천도를 나타내고 있는가?

  우리는 정역이 내용이 무엇인지를 파악하기 위하여 일부가 정역을 저작한 동기를 살펴보지 않을 수 없다. 일부는 연담蓮潭 이李 선생을 따라서 수학을 하다가 자신이 36세가 되된 해에 연담 선생으로부터 화두를 받았다고 하였다.[30] 그것은 그로 하여금 평생을 학문으로 일관하게 한 동기이자 정역을 저작하게 한 주제라고 할 수 있다.

  연담은 일부에게 관벽觀碧이라는 호를 주고, 다음과 같은 시 한 수를 통하여 그에게 풀어야 할 주제를 주었다.

> 맑음을 봄은 물과 같음이 없고, 덕을 좋아함은 마땅히 인仁을 행하여야 한다. 천심월天心月의 그림자가 움직이니, 너에게 권하노니 이 진실을 찾기를 바란다.[31]

  인용문을 보면 맑음이 어떤 것인지를 알려면 물을 보는 것보다 더한 것이 없다고 하였다. 우리는 진리, 도를 물에 비유하여 나타내는 경우를 자주 본다. 노자는 최상의 선善은 물과 같다고 하여 무위자연無爲自然

---

30 金恒, 『正易』第十九張, "余年三十六에 始從蓮潭李先生하니 先生이 賜號二字曰觀碧이라 하고 賜詩一絶曰."

31 金恒, 『正易』第十九張, "觀淡은 莫如水요 好德은 宜行仁을 影動天心月하니 勸君尋此眞하소."

을 체득體得한 성인을 물에 비유하여 나타내고 있다.[32]

맹자도 "공자가 동산東山에 올라가서 노魯나라가 작음을 알고, 태산泰山에 올라가서 천하가 작음을 알았다. 그러므로 바다를 본 사람에게는 물에 대하여 말하기가 어렵고, 성인의 문하에서 노닌 사람에게 (도에 대한) 말을 하기 어렵다"[33]고 하였다.

맹자는 공자의 학문의 단계를 두 경우로 비유하여 나타내고 있다. 그것은 오십에 이르러서 천명을 자각한 상태[34]를 동산에 올라 노나라를 본 것으로 비유하고, 칠십에 이르러서 마음이 일어나는 대로 살아도 법도에 어긋남이 없는 경계[35]를 태산에 올라 천하를 본 것으로 비유하여 나타낸 것이라고 할 수 있다.

그는 이어서 "물을 보는 방법이 있으니 반드시 그 여울목을 보아야 한다. 해와 달의 밝음이 있으니 빛을 받아들이면 반드시 비춘다. 흐르는 물의 물 됨이 웅덩이를 채우지 않으면 흘러가지 않는다. 군자가 도에 뜻을 두면 문장을 이루지 않으면 통달하지 못한다"[36]고 하였다.

물이 맑은 상태는 도, 인성의 본성을 나타내며, 물의 흐름을 나타내는 여울목은 도, 본성의 작용을 나타낸다. 맹자는 이어서 물의 맑음을 일월을 통하여 나타내고 있다. 도, 본성은 일월의 빛과 같아서 스스로

32　老子,『老子』第八章, "上善若水 水善利萬物而不爭 處衆人之所惡 故幾於道 居善地 心善淵 與善仁 言善信正善治 事善能 動善時 夫唯不爭故無尤."

33　孟子,『孟子』盡心章句上, "孟子曰 孔子登東山而小魯, 登太山而小天下, 故觀於海者難爲水, 遊於聖人之門者, 難爲言."

34　孔子,『論語』爲政篇, "吾十有五而志于學, 三十而立, 四十而不惑, 五十而知天命."

35　孔子,『論語』爲政篇, "六十而耳順, 七十而從心所欲, 不踰矩."

36　孟子,『孟子』盡心章句上, "觀水有術, 必觀其瀾. 日月有明, 容光必照焉. 流水之爲物也, 不盈科不行, 君子之志於道也, 不成章不達."

받아들이면 반드시 빛을 비춘다고 하였다.

우리의 본성과 하나가 된 도는 일월의 빛과 같은 지혜의 근원이다. 그렇기 때문에 우리가 스스로 지혜의 근원이 내 안에 있음을 받아들이면 마음과 몸을 통하여 지혜의 빛이 드러나서 느끼게 된다.

맹자는 이어서 물은 반드시 아래로 흐를 뿐만 아니라 웅덩이를 만나면 채우고 흐른다고 하였다. 이는 그가 물이 항상 흐르지 않는 상태에서 맑음을 유지하고 있는 것이 아니라 때로는 흐를 뿐만 아니라 더 나아가서 구덩이를 만나서 구덩이를 메꾸어 줌이 물의 본성임을 밝히고 있음을 뜻한다.

우리가 만약 물을 고요한 상태를 근본으로 여긴다면 물의 본성을 모를 뿐만 아니라 맑음이 무엇인지도 모른다고 할 수 있다. 물은 더러운 곳도 마다하지 않고 흘러서 더러움을 깨끗하게 해 주지만 자신은 그 어떤 것에도 물들지 않아서 항상 맑음을 유지한다.

우리는 이를 통하여 물의 맑음이 더러움에 대한 상대적인 것이 아니라 어떤 상태에서도 항상 맑음임을 아는 것이 중요함을 알 수 있다. 우리는 이 부분이 학문을 하는 사람이 단순하게 앎에 그치지 않고, 앎의 내용을 실천해야 함을 밝힌 것임을 알 수 있다.

이 선생의 호가 연담일 뿐만 아니라 그가 관담觀淡을 논한 것은 호덕好德을 논하기 위하여 제시한 말이다. 연담은 호덕好德은 단순하게 학문을 통하여 덕이 무엇인지를 찾는 것이 아니라 삶 가운데서 실천해야 함을 밝힌다.

그는 삶 가운데서 인仁을 실천할 때 비로소 덕을 좋아함이 이루어진다고 말한다. 그러면 호덕을 위하여 일부가 해야 할 일이 무엇인가?

연담은 천심월天心月의 그림자가 움직이는 진실이 무엇인지를 찾으라고 말한다. 일부가 연담으로부터 받은 화두를 타파하고 정역을 저작함으로써 드러난 진리가 무엇인지는 천심월과 황중월의 관계를 통하여 확인할 수 있다. 그는 천심월과 황중월皇中月을 구분하여 다음과 같이 밝히고 있다.

> 복상復上에서 달을 일으키면 천심天心에 이르고, 황중皇中에서 달을 일으키면 황심皇心에 이른다. 감히 말이 많았던 옛사람의 달이 몇 번이나 복상 건너 천심에 이르렀는가? 복상에서 달을 일으키면 천심월이고, 황중에서 달을 일으키면 황심월이니 한 하늘 널리 화하는 화옹化翁의 마음이 정녕코 황중월을 분부합니다.[37]

천심월과 황중월은 선천의 달과 후천의 달을 나타내는 개념이다. 이때 선천의 세계는 물리적 시간의 세계이고, 후천의 세계는 물리적 시간으로 드러나기 이전의 세계, 물리적 시간을 넘어서 있으면서도 물리적 시간을 벗어나지 않는 세계이다.

복상에 기월한다는 것은 물리적 차원에서 시간을 이해함을 뜻한다. 그렇기 때문에 천심월은 물리적 세계인 하늘 가운데 나타나는 달을 가리킨다. 이와 달리 황중에 기월함은 이치가 모여 있는 본원인 성품[38] 가운데서 시간을 이해함을 뜻한다. 그렇기 때문에 황중월은 물리적 시간을 나타내거나 물리적 천체를 가리키는 것이 아니라 물리적 시간으로 드러나기 이전의 세계, 시간을 초월하면서도 시간을 벗어나지 않는

---

37 金恒, 『正易』化无上帝言, "復上에 起月하면 當天心이오 皇中에 起月하면 當皇心이라 敢將多辭古人月이 幾度復上當天心고 月起復上하면 天心月이오 月起皇中하면 皇心月이니 普化一天化翁心이 丁寧分付皇中月이로소이다."

38 金恒, 『正易』第七張, "理會本原은 原是性이오 乾坤天地에 雷風中이라."

세계를 가리키는 개념이다.

그런데 끝부분에서 화옹化翁의 마음이 황중월을 분부한다고 하였다. 그것은 일부가 밝히고자 한 내용이 황중월이며, 천심월이 아님을 뜻한다.

이는 물리적 시간의 세계인 선천을 나타내는 것이 아니라 후천의 세계를 나타내기 위하여 정역을 저작하였음을 뜻한다. 그러면 정역이 물리적 현상의 세계를 벗어나서 오로지 현상 이전의 세계만을 나타내는 것인가?

그가 정역의 내용을 정리하여 나타낸 것은 정역시正易詩이다. 우리는 정역시를 통하여 그 내용이 무엇인지를 파악할 수 있다.

> 하늘과 땅의 수는 해와 달을 수놓으니, 해와 달이 바르지 않으면 역易이 역易이 아니다. 역易이 정역正易이 되어야 역이 역이 된다. 원역原易이 어찌 항상 윤역閏易만을 사용하겠는가![39]

인용문의 내용을 보면 정역에서 원역原易과 윤역閏易, 정역正易을 통하여 천심월과 황중월의 관계를 나타내고 있음을 알 수 있다. 우리는 여기서 그가 "역易이라는 것은 역曆이니 역曆이 없으면 성인이 없고, 성인이 없으면 역易이 없다"[40]고 하였음을 상기할 필요가 있다.

그는 역학易學의 내용이 역수曆數로 드러나는 역수원리임을 밝히고, 역수원리에 의하여 성인이 존재한다고 하여 역수원리가 천도의 내용임을 밝히고 있을 뿐만 아니라 성인에 의하여 역학이라는 학문이 형성됨

---

39 金恒, 『正易』 正易詩, "天地之數는 數日月이니 日月이 不正이면 易匪易이라 易爲正易이라사 易爲易이니 原易이 何常用閏易고."

40 金恒, 『正易』 大易序, "聖哉라 易之爲易이여 易者는 曆也니 無曆이면 無聖이오 無聖이면 無易이라."

을 밝히고 있다.

그런데 일부는 서경과 논어에서 역수曆數라는 개념을 통하여 천도天道의 내용을 밝히고 있는 것과 달리 정역에서 밝히고 있는 내용을 구분하여 나타낸다. 그러면 서경과 논어에서 밝히고 있는 천도의 내용이 무엇인지 살펴보자.

> 천天의 역수曆數가 내 몸에 있으니 진실로 그 중中을 잡으라. 사해四海가 곤궁하면 천록天祿이 영원히 끊어질 것이다.[41]

인용문의 내용을 보면 공자가 천도의 내용이 역수원리이며, 그것이 인간의 존재근거임을 밝히고 있음을 알 수 있다. 그렇기 때문에 인간의 존재근거인 중도中道, 곧 천도天道를 자신의 주체로 하는 집중執中을 언급하고, 정치를 통하여 중도를 정도正道로 나타나는 중용中庸을 실천할 것은 제시하고 있다.

그러나 일부는 서경과 논어에서 제시한 역수曆數, 곧 기수朞數를 언급하면서도 요순堯舜의 기수, 공자孔子의 기수로 규정할 뿐으로 정역正曆, 윤역閏曆이라는 개념을 사용하지 않는다.

그것은 그가 밝힌 정역의 내용이 과학적 차원에서 역수의 구성 법칙을 나타내지 않을 뿐만 아니라 중국사상에서 천도의 내용으로 밝히고 있는 역수원리와 다름을 나타낸 것이다.

원역原易은 여여如如하여 부동不動한 세계, 영원한 세계를 나타내며, 윤역閏易은 생장하는 세계를 나타내고, 정역正易은 장성하는 세계를 나타낸다. 그러므로 원역이 윤역만을 사용하지 않는다는 것은 원역

---

41 孔子, 『論語』 堯曰篇, "堯曰 咨爾舜 天之曆數 在爾躬 允執厥中 四海困窮 天祿永終."

에 의하여 윤역의 세계가 전개되고, 윤역의 세계가 다시 정역으로 변화할 것임을 나타낸다. 따라서 정역의 내용은 윤역에서 정역으로의 변화를 나타내고 있음을 알 수 있다. 그러면 윤역에서 정역으로의 변화가 무엇을 의미하는가?

시생하여 생장하고 장성하는 세계는 물리적 시간의 세계이다. 물리적 시간의 관점에서 윤역閏易은 음양으로 나누어진 윤역閏曆이며, 정역正易은 음양의 윤역이 하나가 된 합덕역合德曆인 정역正曆이다.

윤역閏曆의 세계는 음과 양이 구분되는 이분법적인 세계이며, 정역의 세계는 음과 양이 하나가 된 중정中正의 세계이다. 이처럼 윤역이 시생하여 생장하고, 장성하는 것은 시간의 흐름이다. 그러면 천지의 수는 단순하게 물리적 시간을 나타내는가?

우리는 그가 천지의 수의 성격을 밝히고 있는 부분을 통하여 일부가 천지의 수에 의하여 구성된 도상으로서의 하도河圖와 낙서洛書가 상징적으로 나타내고 있는 내용이 무엇인지를 확인할 수 있다. 그는 천지의 수에 대하여 다음과 같이 밝히고 있다.

> 십十은 십구十九의 중中이요, 구九는 십칠十七의 중中이며, 팔八은 십오十五의 中이고, 칠七은 십삼十三의 中이요, 육六은 십일十一의 중中이며, 오五는 일구一九의 중中이고, 사四는 일칠一七의 중中이요, 삼三은 일오一五의 중中이며, 이二는 일삼一三의 중中이고, 일一은 일일一一의 중中이다. 중中은 십십일일十十一一의 공空이니 요순堯舜의 궐중厥中의 중中이고, 공자孔子의 시중時中의 중中이며, 일부一夫가 말하는 포오함육包五含六, 십퇴일진十退一進의 위位이다.[42]

인용문의 내용을 보면 천지의 수인 일一에서 십十까지의 수가 모두 중中임을 밝힌 후에 중이라는 것은 바로 요순堯舜이 말한 윤집궐중의 중中이며, 공자가 말한 시중의 중中이고, 일부가 말한 포오함육包五含六 십퇴일진十退一進의 위위라고 하였다.

그것은 요순이 말한 윤집궐중의 집중執中과 공자가 말한 시중時中 그리고 일부가 말한 포오함육과 십퇴일진의 위가 모두 천지의 수에 의하여 상징적으로 표상되었음을 뜻한다. 따라서 천지의 수에 의하여 구성된 하도와 낙서라는 도상의 내용이 바로 집중執中, 시중時中이라고 말한 내용을 밝히고 있음을 알 수 있다.

그런데 포오함육包五含六 십퇴일진十退一進은 오五와 십十 그리고 일一과 육六을 바탕으로 수가 늘어나고 줄어드는 추연推衍을 나타낸다. 추연은 수를 가감승제加減乘除의 방법을 통하여 운용하는 것을 가리킨다. 이러한 추연의 과정을 통하여 새로운 수가 도출된다.

추연에 의하여 끊임없이 나타나는 수의 변화를 통하여 시종始終의 사건을 나타냄으로써 시간을 상징적으로 나타낼 뿐만 아니라 시간을 통하여 시간으로 드러나기 이전의 근원을 나타낸다.

십퇴일진十退一進으로부터 시작하여 육퇴오진六退五進에 이르면 대연의 수와 같은 오십五十의 형상이 이루어지고, 포오함육을 거쳐서 포오함십包五含十에 이르러서 십오十五의 형상이 이루어진다.

그것은 오五가 십十으로 가서 십오十五가 됨으로써 오십五十이 이루어지면서 오五를 중심으로 십十이 작용하게 됨을 뜻한다. 오五가 십十

---

42 金恒, 『正易』化无上帝言, "十은 十九之中이요, 九는 十七之中이요, 八은 十五之中이요, 七은 十三之中이요, 六은 十一之中이요, 五는 一九之中이요, 四는 一七之中이요, 三은 一五之中이요, 二는 一三之中이요, 一은 一一之中이니라. 中은 十ㅣ ㅡ之空이니라. 堯舜之厥中之中이니라. 孔子之時中之中이니라. 一夫所謂包五含六十退一進之位니라."

으로 가서 십과 오가 하나가 된 도상이 하도河圖이며, 십오의 십이 오로 가서 오와 하나가 됨으로써 오五가 중심이 되어 이루어지는 일一의 작용을 나타내는 도상이 낙서洛書이다. 따라서 오와 십을 바탕으로 세계를 상징적으로 나타내는 도상이 하도와 낙서이다.

십오는 윤역과 정역이 생성되는 근원을 나타낸다. 그것은 물리적 시간의 근원을 나타내는 수가 십오임을 뜻한다. 인용문에서 언급되고 있는 두 윤역과 정역은 작용을 나타내는 역수이지만 원역은 본체를 나타내는 수이다. 따라서 십오와 오가 중심의 수가 되어 구성된 하도와 낙서는 물리적 시간의 세계를 나타내는 도상이 아니다.

그러나 하도와 낙서의 도상이 단순하게 시간의 존재근거, 시간으로 드러나기 이전의 세계만을 나타내는 것은 아니다. 그것은 천도天道라는 형이상적인 세계만을 나타내는 것이 아님을 뜻한다. 왜냐하면 본체인 원역과 작용인 윤역, 정역을 모두 나타내는 도상이 하도와 낙서이기 때문이다.

역수를 통하여 나타내는 물리적 시간은 현상적 세계를 나타낸다. 그러나 원역原易을 통하여 나타내는 세계는 물리적 시간으로 드러나기 이전의 영원한 세계이다. 이처럼 역수를 통하여 시간의 세계와 시간 이전의 세계를 함께 나타내고 있는 것이 정역이다.

그것은 정역의 세계가 현상의 물리적 세계로서의 유有나 형이상의 시간 이전의 세계로서의 무無의 세계를 넘어서지만 유무有無의 세계를 벗어나지 않기 때문에 공空으로 나타내기도 하고, 중中으로 표현하기도 하였음을 뜻한다.

물리적 시간은 사건으로 드러나고, 사건은 물건으로 나타난다. 그러나 드러난 사건과 물건은 다시 드러나기 이전의 자리로 돌아간다. 그렇기 때문에 사건을 중심으로 미래에 대하여 예언을 하면 유有의 세계에 치우치고, 도道를 중심으로 미래에 대하여 예언을 하면 무無의 세계에 치우쳐서 중中, 공空의 세계를 모두 드러낼 수 없다.

우리가 만약 무無를 중심으로 영원한 세계에 집착하면 생명이 없는 죽은 세계로 전락하게 되며, 만약 유有를 중심으로 끊임없이 변화하는 현상에 집착하면 대립과 투쟁으로 얼룩진 고통의 세계로 전락하게 된다.

다만 우리가 자신은 물론 세계는 시간으로 드러나기 이전의 시간의 근원인 원역이 끊임없이 드러나는 시간의 세계이자 생장과 장성의 변화의 세계임을 알면 매 순간에 고정됨이 없이 드러나는 현상은 드러나도 드러남이 없지만 현상이 없는 것은 아니어서 드러남이 없으면서도 드러나지 않음이 없음을 알 수 있다.

그리고 그것은 단순한 앎이 아니라 매 순간 삶을 통하여 드러나는 지혜知慧이자 자비慈悲이다. 그렇기 때문에 정역의 내용은 아직은 실현되지 않는 미래의 구체적인 현상이나 아직은 실현되지 않지만 장차 이루어질 원리인 천도天道를 나타내는 것이 아니다.

지금 여기의 나를 나타내고, 지금 여기의 나의 삶을 나타내며, 지금 여기의 세계를 나타내는 것이 정역이다. 따라서 지금 여기의 나를 중심으로 지금 여기의 나의 삶, 지금 여기의 나의 세계를 중심으로 정역이 이해되어야 한다.

2. 정역과 유학儒學

유학을 중심으로 정역을 연구한 학자들은 정역을 유학儒學의 서적으로 여긴다. 그들은 유가儒家사상의 존재론적 근거인 천도天道, 역도易

道를 제시하고 있는 것이 정역이라고 생각한다.

정역의 시작 부분을 보면 유소有巢, 수인燧人, 복희伏羲, 신농神農, 황제黃帝로 시작하여 요堯, 순舜, 우禹, 탕湯, 문왕文王, 무왕武王, 주공周公, 공자孔子를 언급하면서 천시天時를 본받고, 수토水土를 이어받았음[43]을 밝히고 있다.

우리가 정역의 시작 부분을 보면 일부가 주역을 비롯하여 삼경과 사서에서 밝히고 있는 중국유학의 도통道統[44]을 계승하였다고 생각할 수 있다. 그는 문학文學의 종장宗長은 공자이며, 치정治政의 종장은 맹자[45]라고 하여 공맹을 계승하는 중국유학의 학통 역시 수용하고 있다.[46]

그러나 그는 주역에서 제시한 복희로부터 시작된 도통과 달리 유소, 수인을 언급하고, 일부 자신을 성통에 참여를 시키고 있다. 그리고 공자까지의 성통을 언급한 후에 그것이 금일今日에 이어짐을 언급하고 다시 두 번 더 금일今日을 언급하였다. 그러면 일부가 도통을 제시한 후에 금일을 언급한 것은 어떤 의미를 갖는가?

---

43 金恒,『正易』第一張, "麟兮我聖이여 乾坤中立하사 上律下襲하시니 襲于今日이로다. 嗚呼라 今日今日이여 六十三 七十二 八十一은 一乎一夫니라."

44 道統은 성인의 도가 성인과 성인을 통하여 전승되는 계통을 나타낸다. 중국유학이나 중국불교, 중국도교를 막론하고 도통을 세워서 自家의 정통성을 주장한다. 이처럼 중국의 여러 학파들이 도통 개념을 자가의 정통성을 보증하고 다른 학파를 이단으로 규정하는 도구로 활용하기 때문에 일어나는 온갖 폐단은 말로 다할 수 없다. 개체적 존재로서의 성인을 중심으로 도통을 세움은 곧 周代의 封建制度에 바탕을 두고 형성된 것이라고 하지 않을 수 없다. 우리가『정역』에서 제시하고 있는 영원한 현재적 관점에서 보면 도통이라는 개념 자체가 성립될 여지가 없다.

45 金恒,『正易』大易序, "文學宗長은 孔丘是也요 治政宗長은 孟軻是也시니 嗚呼 兩夫子萬古聖人也시니라."

46 聖人과 聖人을 통하여 이루어지는 道의 傳授 系統을 道統이라고 말하고, 賢人과 현인을 통하여 이루어지는 學問의 전수 계통을 學統이라고 말한다.

그는 성통을 반고盤古의 변화로 언급한 후에 그것이 일부 자신에게 이어짐을 통하여 지금 여기의 나를 통하여 영원한 현재가 그대로 드러남을 밝히고 있다. 이처럼 유소에서 공자에 이르는 천지의 시간적 전개가 집약되어 나타난 것이 바로 오늘이다.

금일은 과거, 미래와 구분된 오늘이 아니라 과거도 오늘이며, 미래도 오늘이고, 오늘도 오늘임을 뜻한다. 이 영원한 현재로서의 오늘이 바로 지금 여기의 나인 일부一夫로 드러난 것이다.

그것은 단순하게 일부라는 특수한 사람에 대하여 논한 것이 아니라, 모든 사람은 고정된 물건이 아니라 매 순간 드러나는 현상이 그대로 근원의 드러남임을 뜻한다.

정역에서 영원한 현재를 바탕으로 성통을 논하고 도통을 논하며, 이상적 인격체로서의 지인至人을 논하는 것은 주역을 비롯한 중국유학의 전적에서 과거의 성통聖統, 도통道統을 논하고, 미래적 이상으로서의 천명天命을 논하며, 군자를 논하고, 대인을 논하는 것과 그 성격이 서로 다르다.

중국유학의 전적인 주역에서는 성명합일性命合一을 논하고, 천인합일天人合一을 논하지만 정역에서는 "하도와 낙서의 이치는 후천이면서 선천이고, 천지의 도는 기제이면서 미제이다"[47]라고 하여 주역에서 밝히고 있는 천지의 도와 정역의 선후천 원리로서의 도서 원리가 다름을 밝히고 있다.

주역을 비롯한 중국유학의 전적에서는 물건적 관점에서 형이상과 형이하를 구분하고, 도道와 기器를 구분하고, 인간 역시 형이상적 본성本性

---

47 金恒, 『正易』第一張, "圖書之理는 后天先天이오 天地之道는 旣濟未濟니라."

과 형이하의 물리적 생명을 구분하여 성性과 명命의 합일을 통하여 세계와 인간의 합일, 곧 천인합일天人合一을 추구할 뿐만 아니라 합일을 위하여 수도修道를 제시하고 있다.

우리가 물건적 관점에서 세계를 도道와 기器로 구분하고, 우리 자신을 본성과 물리적 생명을 구분하여 양자의 합일을 추구할 때 앎과 실천이 둘이 되는 문제가 발생한다. 그것은 우리가 본래 성명이 하나이고, 도기道器가 하나이기 때문에 양자를 구분하여 나타냄으로써 수기, 수행, 수도를 통하여 하나가 된다고 하여도 그것은 여전히 앎일 뿐으로 삶에서 실천하는 문제가 그대로 남음을 뜻한다.

공자는 군자의 학문 과정을 통하여 지천명知天命, 지천知天을 논하였고, 맹자도 "그 마음을 다하면 본성을 알고, 본성을 알면 하늘을 안다"[48]고 하여 지성知性, 지천知天을 언급하였다. 이는 모두 자신의 본래면목을 알고, 세계의 실상을 아는 문제이다.

그러나 인간으로서의 자신이 무엇인지를 아는 목적은 자신으로 살기 위함이다. 그렇기 때문에 앎을 넘어서 그것을 삶에서 실천하는 일이 중요하다. 그것은 마음을 중심으로 지부지知不知를 넘어서 무지無知의 상태에 도달하는 일에 그치지 말고 더욱 나아가서 마음에서 이루어진 합일合一이 육신을 통하여 언행言行으로 드러나야 함을 뜻한다.

위로는 깨달음을 추구하고, 아래로는 중생을 제도한다는 대승불교를 표방하는 중국불교에서는 본래성불本來成佛을 논하고 있지만 여전히 수도를 통하여 깨달음을 얻어서 견성성불見性成佛함을 중심 문제로 한다.

---

48 孟子, 『孟子』 盡心章句上, "孟子曰 盡其心者, 知其性也. 知其性, 則知天矣. 存其心, 養其性, 所以事天也. 殀壽不貳, 修身以俟之, 所以立命也."

그러나 견성성불은 본래 자신이 부처임을 확인하는 과정일 뿐으로 정작 중요한 일은 부처로 살아가는 일, 곧 중생을 제도濟度하는 일이다. 따라서 견성성불을 강조할 것이 아니라 중생을 제도하는 일에 치중해야 한다.

우리가 돈오점수頓悟漸修와 돈오돈수頓悟頓修를 깨달음, 성불을 중심으로 이해하지 말아야 할 필요가 여기에 있다. 돈오돈수를 중생을 제도하는 부처의 삶, 곧 보살의 삶을 중심으로 이해하면 자신이 본래 부처임을 확인(頓悟)하고, 부처의 삶을 사는 일(漸修)이 바로 보살로서의 우리의 삶이다. 그리고 보살의 삶이 끝이 없이 영원하게 이어질 것임을 나타내는 것이 돈오돈수이다.

그러나 정역에서는 유불도儒佛道를 넘어선 도 자체가 때로는 유儒로 드러나고, 때로는 불佛로 드러나며, 때로는 도道로 드러남을 밝히고 있다. 그것은 정역에서 밝히고 있는 공空, 중中, 도道가 유불도를 넘어서고 있지만 유불도를 벗어나지 않음을 뜻한다.

일부는 정역에서 제시하고 있는 도에 대하여 한편의 무위시無位詩를 통하여 나타내고 있는데 그 내용은 다음과 같다.

> 도가 셋으로 나누어짐은 이치의 자연이다. 이에 유儒도 있고, 불佛도 있으며, 선仙도 있다. 누가 일부一夫가 이 셋을 모두 겪었음을 알겠는가! 사람 없으면 홀로 지키고, 사람 있으면 전하리라![49]

위의 내용을 보면 그가 도道로부터 유불도 삼가三家의 사상이 드러

---

[49] 金恒, 『正易』无位詩, "道乃分三理自然이니 斯儒斯佛又斯仙을 誰識一夫眞蹈此오 无人則守오 有人傳을."

나는 관점에 있음을 알 수 있다. 그것은 중국사상이 유가와 불가, 도가를 막론하고 모두 현상에서 출발하여 도에 이르러서 도와 하나가 되는 것을 목표로 하고 있는 것과 다름을 나타낸다.

물론 일부가 유불도 삼가사상을 모두 섭렵涉獵하였다고 하였지만 그가 중국사상과 같은 관점에서 나타낸 것이 아니다. 정역에서는 중국사상과 같이 물리적 생명에서 출발하여 물리적 생명으로 나타내는 육신이나 육신의 기능인 의식을 마음으로 여기는 것을 벗어나서 본성, 자성自性, 불성佛性에 이르고, 자성과 하나가 되어 다시 모두가 함께 이상적인 삶에 도달하는 역逆방향의 수도를 통하여 도에 이르렀음[50]을 나타내지 않는다.

주역을 비롯한 삼경과 사서를 통하여 드러나는 중국유학은 물건적 관점에서 형이상과 형이하의 세계를 구분하지만 정역에서는 도와 기로 구분하여 나타내기 이전의 양자의 분별이 없는 세계에서 출발하여 그것이 유불도 사상으로 드러나는 관점에 있기 때문에 중국유학과도 다르다.

정역에서도 성리학을 수용하고, 공자와 맹자를 인정하기 때문에 유학적儒學的 요소가 있다. 그러나 정역의 내용은 중국유학과 다르기 때문에 한국유학이다.

중국유학자들은 철저하게 중국불가, 중국도가, 중국도교와 구분하여 자신의 학파가 정통이고, 도가, 불가는 이단이라고 배척하지만 정역에서는 정통과 이단을 구분하지 않을 뿐만 아니라 어느 하나도 배척하지

---

[50] 중국사상의 順逆的 특성에 대하여는 '이현중, 『한국사상과 인간성찰』, 지식과감성, 2020'을 참고하기 바란다.

않는다. 따라서 정역을 오로지 유학의 관점에서 접근하는 것은 전모를 드러내기에 한계가 있다. 그러면 정역을 어떻게 연구해야 하는가?

한국사상은 고조선 이래 계승된 전통적인 사상이 있다. 그것은 고운孤雲이 밝혔듯이 공자에 의하여 제시된 유가사상과 노자에 의하여 제시된 도가사상 그리고 석가모니에 의하여 제시된 불가사상의 요소를 모두 포함하고 있다.[51] 따라서 우리가 정역을 올바로 이해하기 위해서는 유불도儒佛道를 넘어서 삼가三家로 드러나기 이전의 세계를 중심으로 접근해야 한다.

3. 정역과 시간성

우리는 앞에서 정역이 물리적 시간의 측면에서 장차 일어날 미래적 사건을 나타내거나 천도라는 천체의 변화 원리를 나타내는 것이 아님을 살펴보았다. 그러면 우리는 정역을 어떻게 이해할 것인가?

우리는 우리 자신과 세계를 물리적 관점에서 물건이나 사건을 중심으로 이해하거나 형이상의 관점에서 변화 원리나 인간의 본성이라는 실체적 존재를 중심으로 이해해서는 안 된다.

그것은 설사 형이상의 차원에서 천도나 인간의 본성을 논하더라도 그것이 대상적 존재라면 지금 여기의 나와 무관한 실체적 존재임을 뜻한다.

실체적 존재는 언제나 나와 둘이다. 만약 본성이 지금 여기의 나를

---

51 金富軾,『三國史記』, 4卷 新羅本紀4 眞興王37年, 鸞郞碑序曰, "國有玄妙之道, 曰風流. 設教之源, 備詳仙史, 實乃包含三教, 接化群生. 且如入則孝於家, 出則忠於國, 魯司寇之旨也 處無爲之事, 行不言之教, 周柱史之宗也; 諸惡莫作, 諸善奉行, 竺乾太子之化也."

나타내는 것이 아니라 나와 다른 어떤 것이라면 오로지 인위적人爲的인 수도修道라는 행위가 원인이 되어 나타나는 결과이기 때문에 그 원인이 사라지면 결과도 사라질 것이다.

천도天道 역시 지금 여기의 내가 살아가고 있는 원리가 아니라면 그것도 역시 실체적인 원리이다. 우리는 여기서 일부一夫가 화두로 받은 "덕을 좋아함은 인仁을 실천함이다"[52]라는 부분을 상기할 필요가 있다.

지금 여기서 실천되고 있지 않은 원리, 도道는 오로지 앎의 대상일 뿐이다. 그리고 앎을 이룬 후에 비로소 실천이 가능하다면 그러한 앎은 실천과 둘인 점에서 여전히 실체적인 앎이다. 그러면 그것이 무엇을 의미하는가?

실천은 육신을 통하여 이루어진다. 그리고 앎은 의식에 의하여 이루어진다. 따라서 실천과 하나가 되지 못한 앎은 오로지 의식의 차원에서 이루어지는 앎이라는 점에서 일종의 언어유희言語遊戲에 불과할 뿐이다.

우리는 본래 육신이나 의식이라는 고정된 실체가 아니다. 우리는 다양한 언행이 나타나는 실체적인 육신이나 여러 생각들이 끊임없이 나타나는 실체로서의 마음이 있다고 생각한다.

그러나 의식, 마음이나 언행은 단지 내 안의 나, 참 나라고 말하는 본성이 매 순간 다양하게 드러나는 현상이 있을 뿐이다.

내 안의 나인 본성도 나의 본성이면서 모두의 본성이기에 나 아닌 나이다. 이 나와 본성이 둘이 아닌 차원, 경계의 다양한 드러남이 다양한 현상이다.

---

52 金恒, 『正易』第十九張, "觀淡은 莫如水요 好德은 宜行仁을 影動天心月하니 勸君尋此眞하소."

그리고 이 현상도 고정되지 않아서 드러났다가 사라지고 다시 새로운 드러남으로 이어지기 때문에 그 어떤 현상도 있다고 할 수 없다.

본성, 인도, 역도, 천도天道, 도道는 고정된 실체를 나타내는 것이 아니라 단지 인간에 의하여 생성된 하나의 개념에 불과하다. 그것은 마치 우리가 매 순간 감정적인 따뜻함, 부드러움과 눈으로 보는 모습, 소리, 냄새와 같은 수상행식受想行識[53]이 나타났다가 사라짐에도 그것을 받아들이는 어떤 것으로서의 육신을 설정하여 그것이 나라고 여기는 것과 같다.

세계는 천도, 도가 있어서 그것이 다양한 현상으로 나타나는 것이 아니다. 그것은 우리가 스스로 지금 여기의 나로 드러나는 여러 현상들을 나와 세계의 둘로 구분하고, 그것을 다시 여러 요소로 분석하여 그 어떤 실체적 존재가 매 순간 다양하게 자신을 드러내고 있다고 여기고 있음을 뜻한다.

우리는 일부가 입도시立道詩를 통하여 자신이 어떤 입장에서 정역을 기술하고 있는지를 파악할 수 있는데 그 내용은 다음과 같다.

> 고요히 만 갈래 변하는 한 푸른 공공을 보니, 54세에 비로소 천공天工을 본다. 묘묘하고 현현하여 현묘한 이치는 무無일 때는 무無이고, 유有일 때는 유有이지만 유무有無를 벗어난 중中이다.[54]

---

53 玄奘, 『般若波羅蜜多心經』 1권(ABC, K0020 v5, p.1035a03-a06), "觀自在菩薩行深般若波羅蜜多時, 照見五蘊皆空 度一切苦厄 舍利子 色不異空, 空不異色 色卽是空, 空卽是色。 受想行識 亦復如是."

54 金恒, 『正易』 立道詩, "靜觀萬變一蒼空하니 六九之年에 始見工을 妙妙玄玄에 玄妙理는 无无有有无中을."

일부는 이 부분을 도를 세워서 그 내용을 나타낸 시로 규정하고 있다. 그것은 그가 천지인의 삼재를 일관하는 도를 세워서 나타낸 시가 바로 위의 내용임을 뜻한다. 그러면 그 내용은 무엇인가?

뒷부분을 보면 도의 내용을 현묘한 이치로 규정하고, 그 성격을 밝히고 있다. 묘하고 묘하면서 그윽하고 그윽하여 현묘한 이치는 유무有無를 넘어서 있으면서도 유무有無를 벗어나지 않아서 때로는 무로 때로는 유로 드러나는 중中이라고 하였다.

그는 시작 부분에서는 중中을 공空으로 나타내고 있다. 끊임없이 변화하면서도 한결같은 푸른 공空은 여여如如하여 부동不動하면서도 현상의 온갖 변화를 낳는 근원임을 뜻한다. 그렇기 때문에 이어서 54세가 되는 해에 비로소 천공天工을 보았다고 하였다. 그러면 공空은 무엇인가?

공空은 세계의 본성, 본질을 나타내는 개념이다. 이 공은 유有의 측면에서는 온갖 변화의 근원이다. 일부는 공空의 변화하는 본질을 화옹化翁, 화무옹化無翁, 화화옹化化翁[55]과 같은 개념을 통하여 나타내고 있다.

화옹은 세계가 끊임없이 변화하여 다양한 현상으로 드러남을 인격화하여 나타낸 개념이며, 화무옹은 현상적 변화가 다시 공의 상태로 돌아가는 귀공歸空의 관점에서 세계를 인격화하여 나타낸 개념이고, 화화옹은 변하여 현상으로 화하는 변화와 현상에서 공으로 향하는 변화로서의 귀공이 둘이 아님을 인격화하여 나타내는 개념이다.

---

[55] 金恒, 『正易』 一夫事實, "淵源은 天地無窮化无翁이오", 第十七張, "丁寧我化化翁이 必親施教시리니 是非是好吾好아", 第十九張, "化翁은 无位시고 原天火시니 生地十己土니라", 第二十七張, "世界世界兮여 上帝照臨이로다."

그리고 무의 측면에서 공空을 "천황天皇은 무위無爲"[56]라고 하였을 뿐만 아니라 무위無位[57]라고 하였다. 무위는 공이 시공을 초월함, 시공을 벗어나서 여여如如하여 부동不動함을 나타낸다. 그러면 일부는 공의 세계를 어떻게 나타내고 있는가?

그는 천지의 수를 통하여 구성된 하도와 낙서라는 도상을 사용하고 있다. 그는 금화정역도, 하도와 낙서, 십간원도수와 십이월이십사절기후도수 그리고 삼역팔괘도라는 도상을 사용하여 공空을 나타내고 있다.

그가 제시한 여러 도상들은 상편과 하편의 뒷부분에 있다. 그는 상편의 십오일언十五一言과 하편의 십일일언十一一言의 두 부분으로 나누어서 각각 천지의 수와 간지도수 그리고 언사를 통하여 공空을 설명하고 있다. 따라서 정역은 도상이 중심이 되어 그 내용을 설명한 책이라고 할 수 있다. 그러면 그가 제시한 여러 도상들은 무엇인가?

일부가 제시한 여러 도상들은 금화정역도와 십이월이십사절기후도수로 집약된다. 금화정역도의 내용을 두 측면에서 나타낸 것이 하도와 낙서이며, 하도와 낙서를 다시 대상화하여 나타낸 것이 삼역팔괘도이다. 그리고 삼역팔괘도를 현상적 측면에서 나타낸 것이 십이월이십사절기후도수이다.

일부가 정역을 상편과 하편의 둘로 나누고 그 내용을 십오일언十五一言과 십일일언十一一言으로 나타낸 까닭도 하도와 낙서의 내용을 요약하여 각각 상편과 하편의 제목으로 나타낸 것이다. 따라서 여러 도상들이 나타내는 내용들이 무엇인지는 하도와 낙서를 통하여 파악할

---

[56] 金恒, 『正易』第一張, "嗚呼라 盤古化하시니 天皇无爲시고 地皇載德하시고 人皇作이로다."

[57] 金恒, 『正易』金火五頌, "分은 生空하니 空은 无位시니라."

수 있다. 그러면 하도와 낙서의 내용은 무엇인가?

일부는 하도와 낙서의 도상을 한마디로 나타내어 반고화盤古化로 나타내고 있다. 이때 반고는 시간의 근원을 나타낸다. 그것은 현대적인 개념으로 나타내면 시간의 근원을 나타내는 시간성時間性이라고 할 수 있다. 따라서 시간성을 나타내는 반고가 본성에 의하여 변화함을 뜻하는 것이 반고화이다.

그는 반고화를 세 단계로 구분하여 천황과 지황 그리고 인황으로 나타내고 있다.[58] 그리고 각각의 성격을 무위無爲, 재덕載德, 흥작興作으로 나타내고 있다. 이와 달리 하도와 낙서에서는 무극과 태극 그리고 황극의 삼극을 통하여 시간성을 나타내고 있다.

일부는 하도와 낙서를 통하여 밝히고 있는 시간성의 변화를 도생역성倒生逆成과 역생도성逆生倒成으로 나타내고 있다. 이 도역倒逆의 생성은 시간성의 시간화와 시간의 시간성화이다. 도생역성은 시간성이 시간으로 화하는 변화이며, 역생도성은 시간이 다시 시간성으로 돌아가는 변화이다.

우리는 도역의 생성을 통하여 시간성이 매 순간 시간으로 화化하고, 다시 시간성으로 귀공歸空, 귀체歸體하는 변화가 하도와 낙서가 나타내는 내용임을 알 수 있다. 그러면 도역의 생성은 무엇을 의미하는가?

도생역성은 시간성의 본성에 의하여 시간으로 화함을 뜻한다. 그것은 여여부동의 세계가 그대로 머무는 것이 아니라 끊임없이 시간으로 드러남을 뜻한다. 시간의 생성은 곧 시종始終의 사건으로 드러나고, 그것은 다시 다양한 물건으로 나타난다.

---

58 金恒,『正易』第一張, "嗚呼라 盤古化하시니 天皇无爲시고 地皇載德하시고 人皇作이로다."

그러나 역생도성의 관점에서는 시간이 시간성으로 귀체歸體, 귀공歸空한다. 그것은 매 순간 나타난 시간이 다시 시간성으로 돌아감을 뜻한다.

사건으로 화하여 물건으로 드러나는 현상의 관점에서 보면 모든 물건은 합습하여 하나가 되어 사건으로 돌아가고, 사건은 다시 시간성으로 돌아가서 무화無化한다. 그러면 세계는 무엇인가?

일부는 정역을 통하여 주역에서 물건적 관점에서 형이상과 형이하를 구분하여 나타낸 것을 선천과 후천으로 나타내고 있다. 그는 형이상과 형이하의 물건적 세계를 시간의 관점에서 각각 후천과 선천으로 나타낸 것이다. 그러면 선천과 후천은 어떤 관계인가?

선천과 후천의 관계는 도역의 생성이다. 후천은 선천을 향하여 작용하고, 선천은 후천을 향하여 작용한다. 그렇기 때문에 양자는 별개의 것이 아니라 하나이다. 이처럼 선천과 후천으로 드러나기 이전의 세계를 일부는 원천原天, 원역原易으로 나타내고 있다.

원천은 선천과 후천으로 나누어지기 이전의 영원한 세계이다. 그렇기 때문에 원천이 현상의 측면에서 선천과 후천으로 드러난다. 따라서 정역에서 나타내고 있는 세계는 영원한 현재이다.

그것은 과거와 미래 그리고 현재로 구분되는 물리적 시간과 달리 영원한 점에서 다를 뿐만 아니라 그렇다고 하여 여여부동한 영원한 세계가 아니라 끊임없이 나타나는 현재인 점에서 무無의 세계와는 다르다. 그러면 물리적 세계는 무엇인가?

물리적 시간의 세계는 물건의 세계이다. 그리고 물건적 세계를 나타내는 개념이 자연自然이다. 자연은 세계의 시간을 정지시킴으로써 대상화여 나타낸 것이다. 이처럼 자연은 영원한 현재를 과거화하여 나타낸 것이다. 따라서 자연을 대상으로 하는 과학은 과거화한 세계를 실험과 관찰을 통하여 연구한다.

영원한 현재를 미래화하여 나타낸 것이 형이상의 도, 형이상의 본성, 자성自性, 불성佛性을 제시하는 중국사상의 세계이다. 그것은 인간이 중심이 된 인문학적人文學的 세계라고 할 수 있다. 왜냐하면 중국사상은 영원한 현재를 인간을 중심으로 나타내어 미래의 이상적 인간으로서의 대인大人, 성인聖人, 부처를 중심으로 인도를 나타내고 있기 때문이다.

미래화된 세계로서의 천국天國이나 대인, 성인, 부처는 지금 여기의 내가 아니다. 그것은 세계를 과거화하여 나타낸 자연의 구성요소 가운데 하나인 육신이 인간의 전체가 아니듯이 미래화하여 나타낸 대인, 성인이나 불성, 여래장如來藏, 자성 또는 그것을 세계화하여 나타낸 천국 역시 지금 여기의 내가 아님을 뜻한다.

도는 그 어떤 것이거나를 막론하고 지금 여기의 나를 나타내는 것이어야 한다. 만약 도가 지금 여기의 나를 나타낸 것이 아니라면 그것은 나와 둘임을 뜻한다.

우리가 아무리 수도修道를 통하여 장차 깨달을 수 있는 도라고 하여도 지금은 아직 내가 모르는 도道이다. 이처럼 나와 둘인 도는 설사 몸의 살을 다 발라내고, 뼈를 가루로 만드는 온갖 인위적인 행위를 통하여 깨닫는다고 하여도 여전히 그것은 나와 둘이다.

중용에서는 "도라고 하는 것은 잠시도 떨어질 수 없으니 떨어질 수 있다면 도가 아니다"[59]라고 하였다. 사람들은 이 문장을 아직은 하나가 되지 못하였지만 장차 하나가 되어야 할 관점에서 이해한다. 그들은 우

---

59 子思, 『中庸』第一章, "道也者는 不可須臾離也니 可離면 非道也라."

리의 일상의 삶이 사람다운 삶의 길인 도와 어긋나지 않아야 한다고 이해한다. 그러면 지금 여기의 내가 도와 하나인가?

만약 도와 내가 하나라면 굳이 뼈를 깎는 수도를 하여 도를 깨닫고 다시 그것을 실천하고자 애를 쓸 필요가 없다. 왜냐하면 우리가 본래 도와 하나이기 때문에 일상의 사람들이 모두 부처의 삶을 살고, 공자와 같은 삶을 살아가며, 예수와 같은 삶을 살아가기 때문이다.

그럼에도 불구하고 어진 사람은 도를 인仁이라고 말하고, 지혜로운 사람은 지혜라고 말하나 백성을 날마다 도를 사용하면서도 모른다.[60] 그러면 정역에서는 어떻게 접근하고 있는가?

일부는 정역에서 하도와 낙서, 삼역팔괘도와 같은 도구들을 통하여 시간성의 시간화와 시간의 시간성화를 통하여 인간과 세계를 나타내었다.

시간성은 세계가 고정되지 않아서 끊임없이 변하여 새로운 모습으로 화하지만 나타난 순간 사라지기 때문에 변화하여도 변화함이 없음을 나타낸다.

일부가 도를 논하고, 상제上帝를 논하면서 나와 대면을 하고 대화를 하는 것처럼 나타낸 까닭은 도, 상제가 나와 둘이 아니라 때와 장소에 따라서 다양하게 드러나는 나와 내 안의 여여부동如如不動한 나 아닌 내가 둘이 아님을 나타내기 위함이다.

일부는 도나 본성을 논하면서도 공空, 무위無位, 중中을 논한다. 무위, 중은 도, 반고盤古, 본성이라는 형이상의 실체가 없을 뿐만 아니라 현상의 나와 남, 변화의 사건과 물건이 고정되지 않아서 있다거나 없다

---

[60] 『周易』 繫辭上篇 第五章, "仁者見之謂之仁, 知者見之謂之知, 百姓日用而不知, 故君子之道 鮮矣."

고 할 수 없음을 나타낸다.

도, 성품, 본성, 불성, 반고와 같은 근원적인 존재를 나타내는 개념은 바로 지금 여기의 나의 심층을 나타내며, 유리琉璃 세계, 불국정토와 같은 개념이 나타내는 이상적인 세계는 지금 여기의 나의 삶이 이루어지는 현장을 나타낸다.

그러나 이상적 세계인 천국, 정토와 본성, 불성, 자성이라는 개념이 가리키는 고정된 물건이나 세계는 없다. 단지 매 순간 다양하게 드러났다가 사라질 뿐이다.

그렇다고 하여 나타났다가 사라지는 현상이 허망한 것이 아니다. 왜냐하면 현상이 그대로 나타난 도의 세계, 나타난 실다운 세계이기 때문이다.

우리가 공空, 중中으로 표상되고, 화옹化翁, 화무옹化無翁, 화화옹化化翁으로 표상되며, 반고盤古로 표상된 시간성을 중심으로 물리적 시간과 공간의 세계, 물건적 세계를 이해할 때 비로소 정역에서 밝히고 있는 우리 자신과 세계를 올바로 이해할 수 있다. 그러면 정역의 연구와 지금 여기의 나의 삶은 어떤 관계인가?

우리가 시간성을 중심으로 정역을 연구함은 연구를 통하여 무엇을 얻고자 함이 아니다. 왜냐하면 정역을 연구하는 일 자체가 그대로 우리의 삶의 과정이기 때문이다.

우리는 정역의 연구를 통하여 지금 여기의 내가 어떤 존재인지를 느끼고, 나에 의하여 드러나는 삶이 무엇인지를 체험한다. 그것은 지금 여기의 나의 삶이 정역의 연구라는 하나의 사건으로 나타났음을 뜻한다.

우리는 정역의 연구를 통하여 지금 여기의 나를 통하여 드러나는 삶이 인류, 세계, 우주와 함께 연주하는 한 곡의 아름다운 음악과 같으며,

지금 여기의 나를 통하여 드러나는 삶이 온 우주의 모든 존재가 함께 하는 한편의 아름다운 연극과 같음을 알고 함께 공연하고, 함께 들으면서 즐긴다.

정역이 나타내고자 하는 유무를 넘어선 중中, 공空의 세계는 고정되지 않아서 끊임없는 사건과 물건으로 나타났다가 사라진다. 이때 사라진다는 것은 허무虛無로 돌아가는 것이 아니라 시간성으로 돌아감으로써 과거와 다른 새로운 시간이 되는 점에서 진화라고 할 수 있다. 이처럼 진화한 시간은 시간성의 시간화에 의하여 새로운 시간으로 창조되어 나타난다.[61]

---

61 『정역』에서 나타내고 있는 세계를 시간성과 시간을 통하여 나타내면 시간성의 시간화와 시간의 시간성화이다. 일부는 이 양자를 도역의 생성으로 나타내고 있다. 그것은 세계가 고정되지 않아서 무엇이라고 규정할 수 없음을 뜻한다. 이처럼 분별하여 나타낼 수 없는 세계의 특성을 나타내는 개념이 神道이다. 세계를 영원한 현재로 나타내거나 과학적 차원에서 예언을 하고, 형이상의 차원에서 儒學의 도를 말하며, 시간성을 말하지만 둘이 아니다. 우리가 神道를 하나의 원통에 비유하여 나타내면 예언이나 유학의 도, 시간성은 원통을 하나의 방향을 통하여 원이나 직사각형으로 나타내는 것과 같다. 직사각형과 원은 원통을 나타내지만 직사각형이나 원이 그대로 원통은 아니다.

제2부

시간성과 정역의 창조적 세계관

  우리는 주역과 십익十翼을 통하여 중국적 사유가 공간적 관점에서 물건적 세계관, 인간관, 가치관을 낳았음을 알 수 있다. 주역과 십익에서 밝히고 있는 세계는 형이상의 도道와 형이하의 기器가 근본과 지말의 관계를 이루는 물건적 세계이다.

  우리가 공간적 관점에서 물건적 존재를 통하여 인간과 세계를 이해하는 목적은 인간과 세계가 둘이 아닌 하나임을 나타내는 천인합일天人合一을 밝히는 동시에 인간도 형이상의 본성과 형이하의 물리적 생명이 하나가 된 성명합일性命合一적 존재임을 밝히기 위함이다.

  주역과 십익에서는 성명합일, 천인합일을 주로 형이하의 기器인 물리적 생명, 육신에서 출발하여 현상으로 드러나기 이전의 본성과 하나가 되고, 도와 하나가 되는 역逆방향에서 논하여 응연應然의 성명합일, 응연應然의 천인합일이 중심이 되고 있다.[62]

  그런데 역방향에서 이루어지는 합일이 가능하기 위해서는 형이상의 도道, 본성으로부터 기器, 육신, 언행으로 드러나는 순順방향의 작용이 필요하다.

---

62 『周易』의 說卦 第一章에서는 性命合一을 窮理, 盡性, 至命의 세 단계를 통하여 나타내고 있다. 우리는 이를 통하여 『십익』이 역방향에서 마땅히 이루어야 할 應然의 성명합일, 應然의 천인합일을 논하고 있음을 알 수 있다.

우리가 현상적 측면에서 마땅히 이루어야 할 역방향의 응연應然의 성명합일, 천인합일이 가능하기 위해서는 이미 존재론적으로 이루어진 순방향의 이연已然의 천인합일, 이연의 성명합일이 전제가 되어야 한다.

주역과 십익에서 나타나고 있듯이 우리가 물건적 관점에서 세계를 형이상과 형이하로 구분하여 순과 역의 두 방향을 중심으로 이해하면 반드시 양자를 합일合一해야 하는 문제가 발생한다.

순과 역의 합일에는 앎과 모름(知不知), 앎과 실천, 배움과 실천, 수도修道와 제도濟度와 같은 여러 관점에서 양자를 합일하는 문제가 포함되어 있다. 그러면 순역은 무엇인가?

십익에서는 물리적 시간의 관점에서 과거와 미래를 중심으로 역逆방향에서 "신神으로 미래를 알고"[63], 순順방향에서 "지식으로 과거를 갈무리한다"[64]고 하여 지래知來에서 출발하여 장왕藏往하는 앎의 문제를 주역의 근본 주제[65]로 제시하고 있다.

형이상의 세계는 형상을 갖지 않기 때문에 분별하여 드러낼 수 없다. 그러므로 형이하의 물질적 세계를 나타내는 방법을 통하여 형이상의 세계를 나타내지 않을 수 없다.

십익에서 형이상의 도와 형이하의 기를 구분하면서도 형이하의 기를 중심으로 세계를 천지인의 삼재三才로 나타내고 도를 삼재의 도道로 밝히고 있을 뿐만 아니라 그 구체적인 내용으로 천도天道와 지도地道 그리고 인도人道를 제시하고 있음은 이를 보여 준다.

---

63 『周易』繫辭上篇 第十一章, "神以知來코."
64 『周易』繫辭上篇 第十一章, "知以藏往하나니."
65 『周易』說卦 第三章, "數往者는 順하고 知來者는 逆하니 是故로 易은 逆數也라."

역방향에서 이루어지는 응연의 성명합일, 응연의 천인합일을 앞의 문제를 중심으로 접근하는 주역과 십익의 관점은 공자에서도 나타난다.

그는 하학下學을 통하여 상달上達이 이루어짐을 밝히면서[66] 지천명知天命[67]을 논하였고, 맹자도 학문의 방법으로 지성知性, 지천知天[68]을 제시하였다.

중국불교 역시 수도修道를 통하여 깨달음을 얻어서 성불하는 견성성불見性成佛[69]을 밝히고 있다. 그들은 도가 지부지知不知를 넘어서 있다고 말하면서도 여전히 지부지知不知를 통하여 도를 논하고,[70] 아법구공我法俱空을 논하면서도 불성佛性, 대아大我를 논하고, 공적영지空寂靈知[71]를 논한다.

중국불교가 상구보리와 하화중생을 표방하는 대승불교인 점에서 보면 아무리 하화중생을 위하여 상구보리를 한다고 말하고, 견성성불을 말하지만 깨달음과 성불은 아직 깨닫지 못함과 부처가 아님을 전제로 언급되는 점에서 부처에도 머물지 않고 부처로 살아가는 삶에 대하여

---

66 孔子,『論語』憲問, "子曰 莫我知也夫 子貢曰 何爲其莫知子也 子曰 不怨天 不尤人 下學而上達 知我者其天乎."

67 孔子,『論語』爲政, "五十而知天命."

68 孟子,『孟子』盡心章句上, "孟子曰 盡其心者, 知其性也. 知其性, 則知天矣."

69 延壽,『宗鏡錄』14권(ABC, K1499 v44, p.74a03-a04), "達磨初祖直指人心 見性成佛."

70 慧諶,『禪門拈頌集』10권(ABC, K1505 v46, p.170a11-a15), "師云 不擬 如何知是道 泉云 道不屬知不知 知是妄覺 不知是無記 若是眞達 不擬之道 猶如大虛 廓然虛豁 豈可强是非耶."

71 知訥,『法集別行錄節要幷入私記』(ABC, H0074 v4, p.757a19-b02), "今之所明空寂靈知 雖非分別之識 亦非證悟之智 然亦能生識之與智 或凡或聖 造善造惡 順違之用 勢變萬端 所以然者 以體知故 對諸緣時 能分別一體是非好惡等 雖對諸緣 愛憎嗔喜 似有起滅能知之心 無有間斷 湛然常寂 是知迷時 謂心爲動 悟則知心無起耳."

는 여전히 말을 아낀다. 본래성불이라면 왜 견성성불을 말하고, 견성성불이라면 왜 본래성불을 말하는가?

주역와 십익을 연원으로 하는 중국사상이 물건적 관점에서 출발하여 순역의 합일을 추구하는 것과 달리 한국사상에서는 순역을 구분하여 나타내기 이전의 도 자체의 관점에서 그것이 고정되지 않고 탈자脫自하여 매 순간 다양하게 타자화他者化하였다가 공空으로 돌아가는 시간성을 중심으로 인간과 세계를 이해한다.

한국불교에서는 영원한 현재적 관점에서 지금 여기의 나를 중심으로 부처와 중생을 이해하고, 정토와 예토, 윤회와 해탈을 이해한다.

지금 여기의 나를 심층의 나 아닌 나를 중심으로 무아無我로 나타내고, 공空으로 나타내며, 매 순간 다양한 자아로 드러나는 나 아닌 나를 중생衆生으로 나타내지만 고정된 무아나 자아, 부처와 중생이 있지 않아서 끊임없이 화하여 나투고 돌아간다고 말한다. 그러면 한국불교, 한국유학을 일관하는 한국사상은 무엇인가?

한국사상은 물건적 관점이 아니라 사건적 관점에서 인간과 세계를 이해할 뿐만 아니라 순역을 구분하지 않고 양자가 하나가 된 세계, 양자로 구분하여 나타내기 이전의 세계를 대상으로 하며, 형이상의 시간성과 형이하의 시간이 하나가 된 영원한 현재가 중심이다.

한국사상, 한국문화의 연원인 고조선사상에서는 시간성을 중심으로 시간성이 시간으로 화하는 동시에 시간이 시간성으로 귀공歸空하는 변화의 세계, 끊임없이 새롭게 창조되면서도 끝없이 진화하는 생성의 세계를 제시하고 있다.[72]

---

72 이현중, 『고조선 철학』, 문진, 2019, 203~312쪽.

고조선사상이 중심이 되어 외래의 사상을 주체적으로 수용하면서 발전해 온 한국사상은 조선에 이르러서 초기에는 지도地道 중심의 유학인 중국의 성리학性理學을 수용하였으며, 말기에 이르러서 지도인 서학西學을 수용하여 천도와 지도 그리고 인도가 하나가 된 신도적神道的 한국사상을 형성하였다.

고조선사상을 동아시아의 독특한 문화 체계인 역학易學의 이론 체계로 담아서 천도와 지도 그리고 인도가 하나가 된 신도적神道的 사상으로 제시한 사람은 19세기 말기의 일부一夫 김항金恒이다. 그는 평생 관직에 나가지 않고 오로지 학문에 매진하여 정역을 저술하고 후학들을 지도하였다.

정역에서는 시간성의 관점에서 세계와 삶을 나타낸다. 우리가 물건적 관점에서 정역을 나타내면 삼재三才의 도道 가운데서 천도天道를 중심으로 천문天文을 논하고, 본성과 인문人文을 논하였다고 할 수 있다.

정역에서는 시간성의 끊임없는 시간으로서의 현현顯現을 문제로 삼는다. 시간성에 의하여 이루어지는 시간의 창조, 시간의 드러남, 시간의 생성을 중심으로 세계와 인간을 이해하는 것이 정역의 관점이다. 그러면 한국사상에서는 앎과 실천, 수도와 제도가 어떤 관계인가?

한국사상에서는 앎과 실천을 구분하여 실천을 중심으로 논하는 것이 아니라 앎과 실천이 하나가 된 차원에서 매 순간의 앎과 실천으로 드러남, 지혜知慧와 자비慈悲의 생성을 강조한다.

그렇기 때문에 한국사상에서는 지행합일知行合一이나 학행합일學行合一, 언행합일言行合一의 문제가 없다. 그러면 정역에서는 시간성을 중심으로 이루어지는 시간의 생성, 사건의 생성, 창조의 세계를 어떻게 나타내는가?

정역은 한국사상, 한국역학의 특성을 그대로 드러내고 있다. 중국역학의 전적인 주역이 괘효卦爻와 괘효사卦爻辭, 십익十翼과 같은 언사言辭를 중심으로 구성되는 것과 달리 한국역학은 금화정역도金火正易圖, 하도河圖와 낙서洛書, 삼역팔괘도三易八卦圖, 간지도수干支度數, 십이월이십사절기후도수十二月二十四節氣候度數와 같은 도상圖象, 도수度數가 중심이 된다. 그러면 정역은 어떻게 구성되었는가?

우리는 한 권의 저작을 쓸 때 내용과 더불어 목차 그리고 책의 내용을 어떻게 배치할 것인지를 생각하게 된다. 그것은 모든 책의 구성이 내용을 가장 효율적으로 잘 드러낼 수 있을 뿐만 아니라 독자들로 하여금 그 내용을 잘 파악할 수 있도록 효과적으로 이루어질 수밖에 없음을 뜻한다. 따라서 한 권의 책을 저자의 의도에 따라서 올바로 이해하기 위해서는 그 구성을 면밀하게 살펴보고 그것을 통하여 책을 이해하는 방법을 찾는 것이다.

정역은 크게 상하편의 두 부분으로 구성되어 있다. 그는 상편을 십오일언十五一言으로 규정하였고, 하편은 십일일언十一一言으로 규정하였다. 상편의 앞부분에서는 간지도수와 천지의 수 그리고 언사를 통하여 십오일언을 나타내고 있고, 마지막 부분에서는 금화정역도라는 하나의 도상으로 앞의 내용을 집약하여 나타내고 있다.

하편의 앞부분에서는 간지도수, 천지의 수, 언사를 중심으로 십일일언에 대하여 밝히고 있고, 끝부분에서는 앞의 내용을 집약하여 하도와 낙서, 삼역팔괘도인 복희팔괘도, 문왕팔괘도, 정역팔괘도, 십간원도수 그리고 십이월이십사절기후도수라는 도상으로 나타내고 있다. 그러면 우리는 정역을 어떻게 이해할 것인가?

지금까지 정역을 연구했던 대부분의 사람들은 언사에 의하여 구성된 앞부분을 중심으로 언사, 천지의 수, 간지도수를 중심으로 정역을 연구하였으며, 필요에 따라서 뒷부분의 도상을 보조 자료로 사용하였다.[73]

다양한 관점에서 시간성을 나타내고 있는 상하편의 앞부분이 뒷부분의 도상으로 집약되기 때문에 앞부분의 내용을 중심으로 필요에 의하여 뒷부분의 도상을 참고로 하는 방법은 나타내고자 하는 내용을 자세하고, 체계적으로 설명할 수 있는 효과적인 방법이다.

그러나 시간성의 내용 자체를 중심으로 정역의 내용을 그대로 드러내는 방법은 도상을 중심으로 정역을 이해하면서 필요에 따라서 앞부분의 내용을 활용하는 방법이다. 그것은 일종의 연역적 방법인 점에서 명쾌하고 일목요연하지만 귀납적 방법과 차이가 있다.

우리는 앞으로 연역적 방법을 사용하고자 한다. 왜냐하면 이미 귀납적 방법을 통하여 다양한 측면에서 정역에 대한 많은 선행 연구가 이루어졌을 뿐만 아니라 선행 연구의 대다수가 형이하의 차원에서 물리적 시간을 중심으로 이루어졌다. 그렇기 때문에 이제는 형이상과 형이하로 구분하여 나타내기 이전의 차원에서 정역을 연구하는 것이 필요하다.

---

[73] 『정역』을 학계에 소개하고 본격적인 학술 활동을 통하여 학술적 가치를 밝힌 학자는 충남대학교의 李正浩 총장이다. 그는 최초로 『정역』을 한글로 번역하였을 뿐만 아니라 『정역과 일부』, 『정역연구』를 비롯하여 많은 연구 성과들을 제시하였다. 鶴山 李正浩 교수의 학술 활동을 계승하여 『정역』의 내용을 학술적 차원에서 이론 체계화하여 제시한 학자는 觀中 柳南相 교수이다. 유남상 교수는 평생 동안 『정역』을 연구한 성과를 『周正易經合編』으로 출판하였으며, 자신이 평생 동안 수집한 김일부에 관한 자료들을 임병학 박사와 함께 정리하여 『一夫 傳記와 正易哲學』으로 출간하였다. 이정호 교수와 유남상 교수는 주로 상하편의 앞부분을 대상으로 연구를 진행하여 그 내용을 뒤편의 도상으로 집약하여 이해하는 방법을 취하였다. 우리는 이정호 교수와 유남상 교수를 중심으로 시작된 기존의 연구 성과를 바탕으로 반대의 관점에서 도상을 중심으로 정역을 고찰하고자 한다.

우리는 정역이 저작된 과정을 통해서도 도상이 중심이 되어야 함을 알 수 있다. 일부가 정역을 저작하게 된 동기로 작용하였던 '영동천심월影動天心月'이라는 화두가 풀린 것은 정역팔괘도의 저작 과정을 통해서였다. 그리고 그 내용이 금화정역도, 하도와 낙서와 같은 도상을 통하여 더욱 체계적으로 제시되었다고 할 수 있다.

우리는 도상과 언사 등에 의하여 이루어지는 설명 부분의 관계를 선禪의 제일구와 관련하여 이해할 수 있다. 그것은 제일구第一句, 격외도리格外道理를 나타내고 있는 부분이 도상이며, 언사 등을 통하여 설명하는 부분은 그것에 대하여 친절하게 해석을 가하여 후학들로 하여금 이해를 잘 할 수 있도록 도와주는 역할을 한다고 할 수 있음을 뜻한다. 그러면 정역에서 제시하고 있는 도상들은 어떤 것들이 있는가?

정역의 후반부에 제시된 도상들은 상편의 끝부분에서 하나의 도상이 제시되고, 하편의 끝부분에서 네 개의 도상과 일종의 도표가 제시되어 있다. 상편의 끝부분에서 제시된 도상은 금화정역도이며, 하편의 끝부분에서 제시된 도상은 하도와 낙서, 삼역팔괘도, 십간원도수 그리고 이십사절기후도수이다.

상하편에서 제시된 여러 도상 가운데 가장 중요한 도상은 상편에 제시된 금화정역도金火正易圖이다. 금화정역도는 원도圓圖 안에 방도方圖를 넣어서 각각 하도와 낙서를 나타내어 하도와 낙서가 일체임을 나타내고, 원도 안에 간지도수와 정역팔괘도를 넣어서 천지의 도와 인도가 일체임을 나타내고, 방도 안에 무기일월戊己日月과 임계병정壬癸丙丁을 넣어서 현상의 천지일월이 일체임을 나타내고 있다.

하편의 도상을 제시한 부분에서 첫 번째 제시된 도상은 하도와 낙서이다. 그것은 하도와 낙서를 통하여 천지의 도가 상징적으로 표현되어 있음을 뜻한다. 논어와 서경에서는 천도의 내용을 역수원리曆數原理로 규정[74]하였으며, 서경과 주역에서는 일 년의 기수를 통하여 역수에 관하여 언급[75]하고 있다.

십익에서는 하도와 낙서가 천지의 도를 나타내고 있음을 밝히고 있지만 구체적인 내용을 밝히고 있지 않다. 한대漢代에 형성된 도교道敎에서도 하도와 낙서를 중요하게 여겨진다. 도교의 수련자들은 팔괘를 중심으로 하도와 낙서를 연결하여 수련의 도구로 활용하고 있지만 그 내용이 무엇인지는 밝히고 있지 않다.

일부는 "성인이 밝히지 않은 내용을 어찌 일부가 감히 밝히겠는가! 때가 되었고, 명명命이 있기 때문이다"[76]라고 하였을 뿐만 아니라 "무극無極을 말하지 않고 뜻으로 간직한 것이 공자의 도이다"[77]라고 하여 공자와 자신의 천명天命이 다르기 때문에 공자를 비롯한 선현先賢들이 밝히지 않았던 내용을 밝혔음을 나타내고 있다. 그러면 그가 하도와 낙서를 가장 먼저 제시한 뜻은 무엇인가?

하도와 낙서가 도상의 가장 첫 부분에 놓인 까닭은 정역의 상편과 하편을 각각 십오일언十五一言과 십일일언十一一言이라는 개념으로

---

74 孔子,『論語』堯曰篇, "堯曰 咨爾舜 天之曆數在爾躬, 允執其中. 四海困窮, 天祿永終. 舜亦以命禹." 및『서경』대우모, "天之曆數在汝躬, 汝終陟元后, 人心惟危, 道心惟微, 惟精惟一, 允執厥中, 無稽之言勿聽, 弗詢之謀勿庸, 可愛非君, 可畏非民, 衆非元后何戴, 后非衆罔與守邦, 欽哉, 愼乃有位, 敬修其可願, 四海困窮, 天祿永終."

75 『周易』繫辭上篇 第九章, "乾之策이 二百一十有六이오 坤之策이 百四十有四라 凡三百有六十이니 當期之日하고." 및『書經』堯典, "帝曰 咨汝羲曁和 朞三百有六旬有六日, 以閏月定四時成歲, 允釐百工, 庶績咸熙."

76 金恒,『正易』金火五頌, "聖人所不言이시니 豈一夫敢言이리오마는 時오 命이시니라."

77 金恒,『正易』第一張, "嗚呼至矣哉라 无極之无極이여 夫子之不言이시니라. 不言而信은 夫子之道시니라. 晩而喜之하사 十而翼之하시고 一而貫之하시니 儘我萬世師신져."

나타내고 있는 점을 통하여 찾을 수 있다.

　십오일언은 십오가 하나가 된 내용으로 곧 하도를 가리키며, 십일일언은 십일이 하나가 된 내용으로 낙서를 가리킨다. 따라서 정역의 내용은 하도와 낙서에 집약된다고 할 수 있다. 그러면 다음 부분의 도상은 무엇인가?

　천지의 도를 나타낸 도상을 제시한 후에는 당연히 그것을 집약하여 인간의 관점에서 나타낸 인도 중심의 도상이 제시되지 않을 수 없다. 정역에서는 천지의 도를 나타내는 하도와 낙서에 이어서 인도를 나타내는 삼역팔괘도三易八卦圖를 제시하고 있다.

　삼역팔괘도는 주역의 육십사괘를 천지의 도, 곧 하도와 낙서가 나타내고 있는 역수원리를 통하여 제시하고 있다. 그렇기 때문에 64괘의 괘효를 통하여 인도를 나타내고 있는 주역과 달리 세 개의 도상을 통하여 인도를 나타내고 있다. 그러면 다음 부분은 무엇인가?

　삼역팔괘도에 이어서 제시되고 있는 도상은 십간원도수十干原度數와 십이월이십사절기후도수十二月二十四節氣候度數이다. 두 도상은 앞에서 제시한 천지의 도와 인도가 합일된 세계 곧 천지인의 삼재의 도로 구분하여 나타내기 이전의 세계, 신도神道의 세계를 나타내고 있다.

　현상적 측면에서 역수를 통하여 신도의 세계, 천인인의 삼재의 도가 합일된 세계를 나타내는 십이월이십사절기후도수와 달리 하도와 낙서가 합일된 관점에서 나타내고 있는 도상의 상편의 끝부분에 제시된 금화정역도이다. 그러면 지금부터 일부는 정역을 통하여 하도와 낙서를 어떻게 이해하고 있는지 살펴보자.

1. 시간성과 도서圖書의 도역생성

정역의 상하편의 구조를 살펴보면 각 편의 앞부분에서 언사를 통하여 설명을 한 후에 끝부분에서 도상을 통하여 앞부분의 내용을 정리하여 나타내고 있다.

하편의 여러 도상들 가운데서 가장 먼저 제시된 도상은 하도와 낙서이다. 하도와 낙서라는 도상의 구성요소와 그것이 나타내는 내용에 대한 설명은 십익十翼에서 시작되었다. 하도와 낙서라는 개념이 갖는 의미를 파악할 수 있는 근거는 계사상편의 다음과 같은 부분이다.

> 하河에서 도圖가 나오고, 낙洛에서 서書가 나오니, 성인이 법칙法則으로 삼았다.[78]

위의 내용을 토대로 하여 후대의 사람들은 복희伏羲가 황하黃河에서 하도를 얻어서 팔괘를 그렸고, 우禹가 낙수洛水에서 낙서를 얻어서 홍범구주洪範九疇를 밝혔다고 말한다. 그러면 복희와 우가 황하와 낙수에서 하도와 낙서를 얻었다는 것을 어떻게 이해할 수 있는가?

우리가 위의 내용을 사실적 관점에서 접근하면 황하와 낙수가 오늘날 우리가 볼 수 있는 하도와 낙서라는 도상을 물 밖으로 내보내어 복희伏羲와 우禹로 하여금 그것을 얻도록 했다는 것은 말이 되지 않는다. 따라서 우리는 이 부분을 상징적 의미로 파악하는 것이 필요하다.

---

[78] 『周易』 繫辭上篇 第十一章, "是故天生神物, 聖人則之, 天地變化, 聖人效之, 天垂象, 見吉凶, 聖人象之, 河出圖, 洛出書, 聖人則之. 易有四象, 所以示也, 繫辭焉, 所以告也, 定之以吉凶, 所以斷也."

황하와 낙수는 우리의 마음을 나타낸다. 우리가 분별심分別心으로 생각하고, 행동을 하는 것은 마치 바다에 파도가 치고, 호수에 물결이 일어나는 것과 같아서 바다의 깊은 속이나 호수의 깊은 곳을 드러낼 수 없다.

그리고 호수나 바다에 파도가 일어나지 않아서 고요할 때 비로소 표면에 거울처럼 다른 형상을 나타낼 수 있다. 이와 마찬가지로 사람의 마음이 나와 남을 구분하고 나와 세계를 구분하는 분별심이 사라진 무심無心에 이를 때 비로소 세계와 하나가 되어 감통感通할 수 있다.

사람이 세계와 하나가 된 상태, 곧 분별심이 사라진 무심의 상태에서 천지와 감통하여 천지를 두 개의 도상을 통하여 상징적으로 나타낸 것이 하도와 낙서라는 도상이다.

그것은 하도와 낙서의 구성과 내용에 대하여 나타내고 있는 십익의 다른 부분을 통해서 확인할 수 있다. 그러면 하도와 낙서는 어떻게 구성되는가?

계사상편에서는 하도와 낙서가 일一에서 십十까지의 천지의 수에 의하여 구성됨을 다음과 같이 밝히고 있다.

> 천일天一, 지이地二, 천삼天三, 지사地四, 천오天五, 지육地六, 천칠天七, 지팔地八, 천구天九, 지십地十이니 천수天數가 다섯이며, 지수地數가 다섯이다. 천지의 수가 각각 다섯 위를 얻어서 각각 하나가 되니 천수의 합은 25이고, 지수는 30으로 무릇 천지의 수는 합하여 55이다. 이것이 변화를 이루고, 귀신을 행하는 소이이다.[79]

---

[79] 『周易』繫辭上篇 第九章, "天一地二天三地四天五地六天七地八天九地十이니 天數五, 地數五, 五位相得而各有合. 天數二十有五, 地數三十, 凡天地之數五十有五. 此所以成變化而行鬼神也."

위의 내용은 일에서 십까지의 기우奇偶의 수가 중앙의 위와 상하좌우에 네 곳을 합한 다섯 위치에서 서로 하나가 되어 결합됨으로써 하나의 도상이 형성됨을 밝히고 있다. 그리고 이 도상을 통하여 변화의 도, 신도가 표상됨을 밝히고 있다.

그러나 도상의 구체적인 구조가 무엇인지는 밝히지 않고 있을 뿐만 아니라 도상의 이름도 밝히고 있지 않다. 송대宋代의 주희朱熹는 주역본의周易本義에서 이 부분이 하도의 도상을 설명하고 있는 부분임을 밝히고 그 구조 역시 밝히고 있다.[80] 그러면 낙서의 도상에 대한 설명은 없는가?

계사상편의 다음 부분에서는 대연의 수를 언급하고 있다. 대연의 수를 통하여 육효괘의 구성원리를 나타내고 있는데 그 내용은 다음과 같다.

> 대연大衍의 수數는 오십五十으로 그 작용을 나타내는 수는 사십구四十九이다. 그것을 둘로 나누어서 둘을 상징하고, 하나를 걸어서 셋을 상징하며, 그 수효를 넷을 단위로 세어서 사시四時를 나타내며, 새끼손가락에 남은 기수 奇數를 걸어서 윤달을 상징한다. 오세五世에 다시 윤달을 넣는 까닭에 새끼손가락을 다시 움직여 펴서 괘를 건다.[81]

이 부분에 대하여 다양한 견해들이 있지만 대부분의 사람들은 50개의 산가지를 운용하여 점을 치는 방법을 나타낸 것으로 이해한다.[82]

---

80 朱熹,『周易本義』,"此言天地之數 陽奇陰耦即所謂河圖者也 其位一六居下 二七居上 三八居左 四九居右 五十居中."

81 『周易』繫辭上篇 第九章,"大衍之數五十, 其用四十有九. 分而爲二以象兩, 掛一以象三, 揲之以四以象四時, 歸奇於扐以象閏, 五歲再閏, 故再扐而後掛."

82 黎靖德 編, 王星賢 點校,『朱子語類』65권 易一, 65:44, "河圖五十五, 是天地自然之數. 大衍五十, 是聖人去這河圖裏面, 取那天五地十衍出這簡數. 不知他是如何. 大槪河圖是自然底, 大衍是用以揲蓍求卦者.", 中華書局, 北京, 1994.

그런데 이 부분에서 수의 운용이 시작되는 기본수를 오십으로 제시하고 오십을 대연의 수로 규정하고 있으며, 산가지의 운용을 하는 과정을 일 년의 기수朞數를 제정하는 역법曆法의 구성법칙과 관련하여 논하고 있을 뿐만 아니라 괘에 대하여 논하고 있다.

이 부분이 중괘重卦를 구성하는 근거가 됨은 이 부분에 이어서 건책도수乾策度數와 곤책도수坤策度數를 언급하고 그것이 360의 기수를 형성함을 밝히고 난 후에 팔괘를 언급하면서 그것을 중첩함으로써 인간의 모든 일을 나타내었다고 함[83]을 보면 알 수 있다. 그러면 우리는 이 부분을 어떻게 이해할 것인가?

우리는 대연의 수를 손을 중심으로 계산을 해 보면 쉽게 이해할 수 있다. 오늘날 우리가 사용하는 계산기나 컴퓨터와 같은 대용량의 수를 빠른 속도로 계산하는 도구가 나타나기 전에는 일상의 생활을 하면서 필요한 계산은 손을 사용하여 하였다. 그러면 먼저 대연의 수가 무엇인지를 살펴보자.

대연의 수인 오십五十은 오五와 십十이 하나가 된 수이다. 이 오五와 십十이 만나서 서로가 서로의 개체성을 유지하면서 하나가 되면 십오十五이지만 양자가 화학적으로 결합하여 완전하게 하나가 되면 오십五十이다. 그러면 이 오십이 무엇을 상징하는가?

오십을 대연의 수로 규정한 것은 다음에 이어지는 작용들이 모두 오십을 바탕으로 이루어짐을 보면 알 수 있다. 수의 구성을 보면 하나를 덜어 내고 사십구四十九를 사용하며, 계속 덜어 내어, 둘을 상징하고,

---

83 『周易』 繫辭上篇 第九章, "八卦而小成하야 引而伸之하며 觸類而長之하면 天下之能事畢矣리니 顯道하고 神德行이라 是故로 可與酬酢이며 可與祐神矣니 子曰 知變化之道者 其知神之所爲乎인져."

셋을 상징하며, 넷을 기준으로 수를 헤아리고, 다섯으로 기수를 모은다. 이러한 과정에서 드러나는 수는 각각 일一과 구九, 이二와 팔八, 삼三과 칠七, 사四와 육六, 오五와 오五이다.

물론 이때 49, 48, 47, 46, 45의 수는 손을 통하여 나타내면 9, 8, 7, 6, 5와 같다. 그리고 다시 새끼손가락을 펴면 6이 되면서 그 안에 오를 머금은 수를 나타낸다. 그러면 이것이 무엇을 상징하는가?

대연의 수 오십의 변화를 손가락을 통하여 나타내며 보면 십, 이십, 삼십, 사십, 오십을 막론하고 모두 동일한 상태를 나타낸다. 그렇기 때문에 대연의 수의 변화를 나타내는 손가락의 수는 각각 일一과 구九, 이二와 팔八, 삼三과 칠七, 사四와 육六의 수를 함께 나타낸다.

마지막으로 새끼손가락을 통하여 오五와 십十을 나타냄으로써 대연의 수가 모두 드러나는 동시에 새끼손가락을 다시 펌으로써 일一에서 다시 시작하여 일一과 육六을 나타낸다.

우리는 대연의 수의 변화를 통하여 드러나는 수의 내용을 보면 그것이 오늘날 만나는 낙서의 도상을 구성하는 수들임을 알 수 있다.

그리고 대연의 수가 오와 십으로 나누어지면서 다시 하도가 나타내는 십오를 중심으로 이루어지는 일一과 육六의 수의 변화가 시작됨을 알 수 있다. 이를 통하여 하도와 낙서가 일체임을 알 수 있다.

송대宋代에 이르면 한대漢代 이후에 도교의 수련자들을 통하여 은밀하게 전해져 왔던 하도와 낙서에 관한 도상들이 세상에 드러났다. 주희朱熹는 여러 형태의 도상들을 검토하여 오늘날 우리가 만날 수 있는 하도와 낙서의 도상으로 확정하였다.

하도는 중앙의 십오를 중심으로 상하의 사방에 일육一六, 이칠二七, 삼팔三八, 사구四九가 배치되어 있고, 낙서는 중앙의 오를 중심으로 상하좌우와 그 사이에 일구一九, 이팔二八, 삼칠三七, 사육四六이 마주하고 있다.

그러나 주희가 비록 한대漢代를 거치면서 수많은 사람에 의하여 논란이 제기되었던 하도와 낙서의 도상을 확정하였지만 그것이 상징하는 내용이 무엇인지는 밝히지 못하였다. 그는 하도와 낙서를 막론하고 태극太極을 나타낸다[84]고 하였을 뿐이다.

우리가 십익의 내용을 그대로 인정한다면 하도와 낙서는 괘효卦爻가 나타내는 인도人道의 근거인 천지의 도를 나타내는 동시에 양자가 하나가 된 신도神道를 나타낸다고 할 수 있다. 따라서 주희를 비롯하여 학자들이 하도와 낙서의 내용을 드러내지 못하였음은 천지의 도, 신도가 무엇인지를 드러내지 못하였음을 뜻한다. 그러면 일부가 정역을 통하여 하도와 낙서의 내용을 밝힌 것은 어떤 의미를 갖는가?

그가 정역을 통하여 하도와 낙서의 내용을 서경과 논어 그리고 십익에서 밝히고 있는 천도의 내용인 역수원리로 밝힌 것은 단순하게 하도와 낙서를 설명한 것에 불과한 것이 아니다. 오히려 일부가 고조선 이후의 전통적인 한국사상을 하도와 낙서를 통하여 밝힘으로써 중국사상에서 밝히고 있는 인도의 근거인 천도, 신도를 밝혔다는 사실에 그 의미가 있다. 그러면 하도와 낙서의 내용을 파악하기 위하여 먼저 두 도상을 살펴보자.[85]

---

84 朱熹,『易學啓蒙』, "則河圖者虛其中 則洛書者總其實也 河圖之虛五如十者太極也" 및 "洛書而虛其中 則亦太極也."

85 金恒,『正易』, 第二十八張, 正經學會.

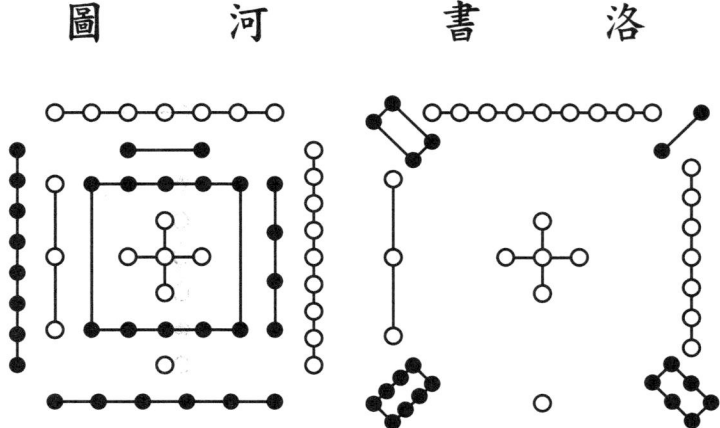

우리가 위의 두 도상을 보면 양자가 모두 검은 점과 하얀 점으로 구성됨을 알 수 있다. 그리고 검은 점과 하얀 점은 개수를 통하여 수를 나타낸다.

그것은 각각의 점들을 모두 연결하여 하나로 나타내고 있음을 보면 알 수 있다. 따라서 두 도상이 모두 우리가 앞에서 살펴본 십익에서 언급되고 있는 천지의 수에 의하여 구성되었음을 알 수 있다.

먼저 수를 중심으로 도상을 이해하면 하도의 중심에 오五가 있고, 그 밖에 십十이 있다. 그러므로 하도의 중앙에는 십오十五가 있다. 그리고 왼쪽에는 삼三과 팔八이 있고, 오른쪽에는 사四와 구九가 있으며, 아래쪽에서는 일一과 육六이 있고, 위쪽에는 이二와 팔八이 있다.

그리고 낙서의 중심에는 오五가 있고 그 아래에는 일一이 있으며, 그 위쪽에는 구九가 있어서 셋을 합하면 십오十五가 된다. 도상의 왼쪽에서는 삼三이 있고, 그 오른쪽에는 칠七이 있어서 역시 셋을 합하면 십오十五가 된다.

86 정역사상과 창조의 삶

도상의 아래 왼쪽에는 팔八이 있고, 오른쪽 위쪽에는 이二가 있어서 역시 중앙의 오五와 마주하는 두 수를 합하면 십오가 된다.

또한 오른쪽의 아랫부분에 육六이 있고, 왼쪽의 위에 사四가 놓여 있어서 마주하는 두 수를 더하면 십十이 되어 중앙의 오五와 합하면 십오 十五가 된다. 그러면 이 도상이 상징하는 의미는 무엇인가?

우리는 비록 하도와 낙서가 둘로 나누어져 있지만 하나를 두 측면에서 나누어서 나타낸 것이기 때문에 양자를 관계를 통하여 양자로 나누어서 나타내기 이전을 이해할 수 있다.

먼저 전체의 수를 합하면 하도의 수 55와 낙서의 수 45를 더하여 100이다. 이 100은 10과 10이 화학적으로 결합하여 하나가 된 수이다. 그러면 100수가 상징하는 것은 무엇인가?

우리말로는 100을 온이라고 한다. 온은 100을 나타낼 뿐만 아니라 모든 것, 전부를 나타낸다. 따라서 온은 훈과 같다. 따라서 100을 우리의 전통사상을 바탕으로 이해하면 다음과 같다.

100은 각각의 개체적 측면에서는 온 우주의 모든 것을 나타내는 동시에 전체이고, 시간상으로는 영원하고, 공간상으로 일체이면서 있지 않은 곳이 없음을 나타낸다.

이 훈, 온을 구분하여 나타낸 것이 바로 55와 45이다. 이때 55는 50에 5가 더하진 수이고, 45는 50으로부터 5가 감해진 수이다. 그러므로 5라는 수가 중심이 되어 100수의 분합分合이 이루어진다. 그러면 5를 중심으로 100수의 분합이 상징하는 것은 무엇인가?

인간과 세계를 구분하고 하나로 하는 합일合一과 분생分生의 작용이 5를 기준으로 하여 이루어진다. 그러면 5를 중심으로 이루어지는 합일과 분생이 의미하는 것이 무엇인가?

우리가 하도와 낙서를 통하여 나타내는 내용이 구체적으로 무엇인지를 파악하기에 앞서 그 내용이 갖는 특성을 파악할 필요가 있다.

하도와 낙서를 막론하고 모두 일에서 십까지의 수에 의하여 구성되었다. 다만 두 도상의 차이는 하도의 중심이 오와 십이 하나가 된 십오이고, 낙서의 중심은 오이다. 이때 낙서의 중심은 오이지만 좌우의 수를 합하면 전체의 수는 십오가 된다. 따라서 하도와 낙서를 막론하고 십오가 중심임을 알 수 있다. 그러면 하도와 낙서의 차이는 무엇인가?

하도의 중심 수는 십오이고, 낙서의 중심 수는 오이다. 그리고 낙서의 중심 수인 오와 사방의 수를 더하면 십오가 된다. 따라서 하도와 낙서를 막론하고 오가 중심이 되어 오와 십을 두 수의 관계를 서로 달리 나타내고 있음을 알 수 있다. 그러면 그것이 무엇을 나타내는가?

하도는 십과 오가 하나가 된 합일을 나타낸다. 그것은 십오의 십이 오와 오가 합일된 수임을 통해서도 드러난다. 그리고 낙서는 분생을 나타낸다. 그것은 오를 중심으로 십十이 각각 일一과 구九, 사四와 육六과 같이 사방의 수로 나누어져 있음을 통하여 확인할 수 있다. 그러면 하도가 나타내는 합일과 낙서가 나타내는 분생은 어떤 관계인가?

우리는 하도의 55와 낙서의 45가 모두 100이라는 수를 구성하는 수임을 상기할 필요가 있다. 하도가 나타내는 합일과 낙서가 나타내는 분생은 모두 100이라는 수의 안에서 이루어진다. 따라서 우리는 하도와 낙서가 나타내는 합일과 분생은 온, 흔이 나타내는 세계, 우주의 두 측면임을 알 수 있다. 그러면 양자가 나타내는 두 측면을 좀 더 구체적으로 살펴보자.

온, 흔이 나타내는 세계는 분생의 차원에서 보면 끊임없이 새롭게 창조되어 나타나는 창조의 연속이자 합일의 차원에서 보면 끊임없이 사라지는 소멸消滅의 연속이다.

그러나 합일이 나타내는 소멸은 단순한 소멸이 아니라 새로운 창조를 위한 소멸이기 때문에 진화이다. 마찬가지로 창조는 소멸, 곧 진화를 위한 창조이기 때문에 창조가 아닌 창조이다. 따라서 창조와 진화로 드러나는 생성과 소멸은 있다고 하거나 없다고 할 수 없다.

우리는 진화로 나타나는 합일과 창조로 나타나는 분생이 세계의 두 측면을 나타냄을 통하여 세계는 합일과 분생, 곧 창조와 진화를 넘어서 있음을 알 수 있다. 그것은 세계는 본래 창조와 진화라는 두 측면을 넘어서 있음을 뜻한다.

그러나 세계는 창조와 진화를 벗어나지 않는다. 그것은 세계가 창조와 진화를 넘어서 있지만 창조, 진화와 무관하지 않아서 매 순간 세계는 끊임없이 창조와 진화로 드러남을 뜻한다. 그러면 그것이 무엇을 의미하는가?

세계 자체는 인간과 자연, 사물과 구분되거나 일체라는 차원을 초월한다. 그렇기 때문에 기독교와 같은 종교에서는 하나님을 통하여 세계, 신의 세계를 이 세계와 다른 세계로 구분하여 나타냄으로써 세계의 초월성을 나타낸다.

그리고 과학에서는 하나님의 세계가 바로 이 세계의 사물과 다르지 않아서 이 세계의 인간과 사물을 일관하는 물리物理라고 하여 끊임없는 창조와 진화로 드러나는 세계의 현상성을 나타낸다.

하도와 낙서를 통하여 제시하는 세계의 관점에서 보면 기독교에서 제시하는 창조의 세계와 과학에서 제시하는 진화의 세계가 다르지 않다. 그것은 하도와 낙서가 나타내는 합일과 분생의 세계가 바로 기독교라는 종교와 과학이라는 학문으로 구분하여 나타내기 이전의 세계 자체를 나타내고 있음을 뜻한다. 그러면 하도와 낙서가 나타내는 합일과 분생이 무엇인지 살펴보자.

먼저 하도의 도상을 살펴보면 하도의 중심은 오五가 십十 안에서 하나가 된 합일의 상태이다. 그것은 오五가 십十으로 가서 십十과 하나가 된 상태를 나타낸다. 그것의 성격을 나타내고 있는 것이 상하좌우의 네 곳에 있는 수이다. 위에는 이칠二七이 있고, 아래에는 일육一六이 있으며, 왼쪽에는 삼팔三八이 있고, 오른쪽에는 사구四九가 있다. 그러면 사방의 수가 무엇을 상징하는가?

사방의 수는 모두 오를 바탕으로 구성된다. 네 쌍의 수는 모두 오를 중심으로 일이삼사一二三四와 육칠팔구六七八九가 결합이 되어 있다. 그것은 일一에 오五를 더하면 육六이 되고, 이二에 오五를 더하면 칠七이 되며, 삼三에 오五를 더하면 팔八이 되고, 사四에 오五를 더하면 구九가 됨을 뜻한다. 이처럼 오를 바탕으로 각각의 수가 합일이 된 상태를 나타내는 것이 하도이다. 그러면 낙서의 도상은 무엇을 나타내는가?

낙서는 중앙에 오五가 있고, 좌우와 그 사이에 있는 수들이 모두 서로 나누어져서 있다. 이처럼 중앙의 오五가 중심이 되어 사방의 수가 서로 상대하여 마주 봄으로써 만물이 분생하여 합일을 지향하여 작용하는 분생의 세계를 나타낸다. 그러면 양자의 관계는 무엇인가?

중앙의 수를 중심으로 두 도상을 살펴보면 하도는 오가 십으로 가서 십과 하나가 된 상태를 나타내고, 낙서는 십이 오로 와서 오와 하나가 된 상태를 나타낸다. 오가 십으로 가서 십과 하나가 됨은 낙서가 상징하는 분생의 세계가 본래의 자리로 돌아가서 사라지는 귀체歸體, 귀공歸空을 나타내고, 십이 오로 가서 오와 하나가 됨은 합일의 세계가 오를 바탕으로 분생分生함을 뜻한다.

낙서가 나타내는 분생의 세계는 형이상의 도가 드러난 기器의 세계이다. 그것은 오五를 바탕으로 도道가 각각 서로 나누어져서 마주 대하는 두 수로 나타내는 사물의 세계로 드러남을 뜻한다. 그러면 하도와 낙서의 도상을 일부一夫는 수와 언사를 통하여 어떻게 설명하고 있는가?

일부는 하도가 나타내는 합일의 세계를 자신과 상제上帝가 하나가 된 상태에서 이루어지는 대화를 통하여 나타내고 있는데 그 내용은 다음과 같다.

> "복상復上에 달을 일으키면 천심天心에 이르고, 황중皇中에 달을 일으키면 황심皇心에 이른다. 감히 말 많은 옛사람들의 달이 몇 번이나 복상을 건너 천심에 이르렀는가?" "달을 복상에 일으키면 천심월天心月이고 달을 황중에 일으키면 황심월皇心月입니다. 한 하늘 널리 화하는 화옹의 마음이 정녕코 황중월皇中月을 분부합니다."[86]

인용문의 내용은 화무상제化无上帝와 일부 사이에 이루어지는 대화를 나타내고 있다. 우리가 이 부분을 상징적 관점에서 이해하면 화무상제는 십수가 표현된 훈님, 온님이라고 할 수 있고, 일부는 오수로 표현된 개체적 본성이라고 할 수 있다. 따라서 위의 내용은 십오의 합일을 나타내는 하도의 도상이 현실적 차원에서 어떻게 이해될 수 있는지를 나타내는 화두話頭이다.

상제와 일부가 하나가 된 상태에서 이루어지는 대화는 하도河圖가 상징하는 합일의 세계를 나타내는 동시에 대화의 내용은 낙서洛書가

---

[86] 金恒, 『正易』 化无上帝言, "復上에 起月하면 當天心이오 皇中에 起月하면 當皇心이라 敢將多辭古人月이 幾度復上當天心고 月起復上하면 天心月이오 月起皇中하면 皇心月이니 普化一天化翁心이 丁寧分付皇中月이로소이다."

상징하는 내용을 나타낸다. 그것은 대화의 구체적인 내용을 살펴보면 알 수 있다. 그러면 황중과 복상, 천심과 황심, 천심월과 황중월은 무엇인가?

복상은 나와 달이 둘이 된 상태를 나타내고, 황중은 나와 달이 하나가 된 상태를 나타낸다. 그러므로 천심월은 낙서의 도상이 상징하는 세계를 나타내며, 황중월은 하도가 상징하는 세계를 나타낸다. 따라서 화무상제와 일부가 황중월을 중심으로 대화를 나누는 것은 두 도상의 관계를 나타낸다. 그러면 두 도상은 어떤 관계인가?

하도를 바탕으로 낙서가 성립되고, 낙서에 의하여 하도의 본성이 드러난다. 그렇기 때문에 하도와 낙서는 비록 둘이지만 일체의 양면을 나타내는 것이다.

우리가 양자를 물건적 관점에서 나타내면 일종의 본체와 작용의 관계에 비유하여 이해할 수 있다. 그러면 우리가 낙서의 도상이 나타내는 세계를 이해할 수 있는 부분은 무엇인가?

일부는 자신이 공자를 비롯하여 요堯, 순舜, 우禹, 탕湯, 문왕文王, 무왕武王과 같은 과거의 성인이 드러내지 않은 내용들을 밝힌 까닭이 때가 되었고, 명명命이 있었기 때문이라고 하였다. 그러나 그것은 때와 명명命이 일부와 둘인 상태에서 하늘이라는 개체적 존재가 일부라는 개체적 존재에게 내린 명을 언급한 것이 아니라 하도를 바탕으로 이루어지는 낙서의 작용의 현현임을 다음과 같이 밝히고 있다.

> 오호嗚呼라 천지가 말이 없으면 일부一夫가 어찌 말을 하리오, 천지天地가 말을 하니 일부一夫가 감히 말을 한다. 천지는 일부一夫의 말을 말하고, 일

부一夫는 천지의 말을 말한다.[87]

인용문을 통하여 일부라는 개체적 존재로서의 한 사람의 말은 독립하여 스스로 존재하는 육체라는 물체가 하는 것이 아니라 온 우주가 하나인 세계가 일부의 육신을 통하여 말로 드러남을 알 수 있다. 그렇기 때문에 일부의 말은 일부의 말이 아니라 천지의 말이고, 천지의 말은 일부를 통하여 드러나는 일부의 말이다. 그러면 두 도상에 대하여 일부는 수와 언사를 통하여 어떻게 설명하고 있는가?

정역의 내용은 한마디로 나타내어 하도와 낙서에 관한 내용이라고 하여도 과한 말이 아니다. 우선 정역의 내용을 상편과 하편으로 나누어서 각각 상편을 하도의 내용인 십오를 중심으로 십오일언十五一言으로 나타내고, 하편의 내용인 십일을 중심으로 십일일언十一一言을 나타내고 있다.

그리고 천지의 수뿐만 아니라 역수, 간지도수를 비롯하여 다양한 도구를 통하여 하도와 낙서의 내용을 나타내고 있다. 일부가 하도와 낙서의 내용을 언사를 통하여 나타내고 있는 부분을 살펴보면 다음과 같다.

> 아! 반고盤古가 화화하니 천황天皇은 무위无爲이고, 지황地皇은 재덕載德하며, 인황人皇이 흥작興作한다.[88]

위의 내용에서 천황과 지황 그리고 인황은 각각 하도의 십과 오 그

---

[87] 金恒, 『正易』第九張, "嗚呼라 天地无言이시면 一夫何言이리오 天地有言하시니 一夫敢言하노라. 天地는 言一夫言하고 一夫는 言天地言이니라."

[88] 金恒, 『正易』十五一言 第一張, "嗚呼라 盤古化하시니 天皇无爲시고 地皇載德하시고 人皇作이로다."

리고 낙서의 중심 수인 오를 가리킨다. 따라서 천황과 지황 그리고 인황은 하도와 낙서의 내용을 천지인이라는 삼재적 관점, 물건적 관점에서 나타낸 개념임을 알 수 있다. 그러면 반고盤古는 무엇인가?

반고는 옛 시간, 오랜 시간이 서려 있는 것이라는 의미이다. 그것은 시간으로 드러나는 근원을 나타내는 개념이다. 따라서 반고는 시간성時間性을 나타내는 개념임을 알 수 있다. 시간성은 우리가 일반적으로 이해하는 물리적 시간이 갖는 속성을 나타내지 않는다.

시간성은 시간의 존재근거를 나타내는 개념이다. 시간성은 자신의 상태에 머물지 않고 자신의 상태를 벗어나서 타자화하여 시간으로 드러난다. 이처럼 시간성의 본성에 의하여 이루어지는 변화를 천황과 지황 그리고 인황을 통하여 나타내고 있는 것이 위의 내용이다. 따라서 위의 내용은 하도와 낙서의 내용이 시간성의 시간화임을 밝히고 있다. 그러면 시간성의 시간화는 어떻게 이루어지는가?

인용문을 보면 반고화로 나타낸 시간성의 시간화를 천황과 지황 그리고 인황의 세 개념을 통하여 나타내고 있다. 그것은 천황의 무위無爲와 지황의 재덕載德 그리고 인황의 흥작興作으로 드러나는 것이 시간성의 시간화임을 뜻한다. 그러면 천황과 지황, 인황은 무엇인가?

그것들은 시간성의 시간화를 세 마디로 구분하여 나타낸 개념들이다. 먼저 천황의 무위적 측면은 낙서를 통하여 알 수 있다. 그것은 하도의 중심 수인 십이 각각 낙서의 오를 중심으로 구와 일, 팔과 이, 칠과 삼, 육과 사로 분생함을 통하여 확인할 수 있다.

지황의 재덕은 시간성이 시의성과 시간으로 분합하는 작용을 나타낸다. 따라서 지황은 하도의 중심에 있는 오를 나타낸다. 그리고 인황은 낙서의 중심에 있는 오를 가리킨다. 이 오五에 의하여 천지가 하나가 되어 분합작용이 이루어진다. 그것을 나타내는 도상이 낙서이다. 그러면 일부는 하도와 낙서의 도상에 대하여 어떻게 설명하고 있는가?

그는 하도와 낙서의 도상을 십과 오 그리고 일의 수와 기제, 미제의 상을 중심으로 설명하고 있는데 그 내용은 다음과 같다.

> 용도龍圖는 미제未濟의 상象으로 도생역성倒生逆成하니 선천先天 태극太極이다. 귀서龜書는 기제旣濟의 수數로 역생도성逆生倒成하니 후천後天 무극无極이다. 오五는 가운데 거처하니 황극皇極이다.[89]

황하黃河에서 용마龍馬의 등에 나타난 도상이 하도이고, 낙수에서 나타난 거북의 등에 있었던 도상이 낙서라는 전설이 있어서 하도와 낙서를 각각 용도龍圖와 귀서龜書로 부르기도 한다. 이 두 개념은 사실을 나타내기보다는 도상이 각각 천도와 지도를 나타내고 있음을 나타내기 위하여 사용된 개념으로 이해할 수 있다. 그러면 하도와 낙서라는 개념은 언제부터 사용되었는가?

십익에서 하도와 낙서라는 개념이 함께 나타나기 시작하였지만 도상은 제시되지 않았다. 그 후에 송대의 주희가 당시에 드러난 도상에 수를 확정함으로써 오늘날의 하도와 낙서가 형성되었다고 할 수 있다.

그는 도구서십圖九書十을 주장하는 유목劉牧과 달리 관자명關子明, 소강절邵康節의 주장을 따라서 도십서구圖十書九[90]로 확정하면서 하도

---

89 金恒, 『正易』第一張, "龍圖는 未濟之象而倒生逆成하니 先天太極이니라. 龜書는 旣濟之數而逆生倒成하니 后天无極이니라. 五居中位하니 皇極이니라."

90 朱熹는 『易學啟蒙』에서 蔡元定의 말을 빌어서 "惟劉牧臆見 以九爲河圖 十爲洛書 託言出語希夷 旣與諸儒舊說不合"이라고 말하고, "關子明 邵康節 皆以十爲河圖 九以洛書"라고 하였다.

의 중심 수와 낙서의 중심 수인 십오와 오를 모두 태극을 나타내는 것으로 이해하였다. 그러면 정역에서 하도와 낙서를 수용한 의미는 무엇인가?

일부는 정역을 통하여 하도와 낙서의 내용이 역수 원리를 내용으로 하는 천도임을 밝혔다. 그러나 그는 하도와 낙서를 통하여 천도를 밝혔을 뿐만 아니라 천도를 바탕으로 인도를 밝히는 삼역팔괘도를 제시하였으며, 이와 더불어 십이월이십사절기후도수를 통하여 지도인 역법의 구성 법칙을 밝힌 동시에 금화정역도를 통하여 천지인의 삼재의 도가 하나가 된 신도神道를 밝히고 있다. 그러면 주희가 제시한 태극과 도서의 이치는 어떻게 다른가?

주희는 이천伊川의 이기론에서 제시된 정리定理를 수용하여 태극을 이理로 규정[91]하였다. 그러나 일부는 도서의 이理를 천지의 도道와 구분하여 나타내었다. 따라서 주희의 태극, 이理와 일부가 밝힌 도서의 이理는 서로 다르다. 그러면 일부가 밝힌 도서의 이치가 무엇인가?

인용문에서 일부는 하도는 미제의 상이며, 낙서는 기제의 수라고 하였다. 그것은 하도가 아직 드러나지 않는 미래의 세계를 상징적으로 나타낸 도상이며, 낙서는 이미 드러난 세계를 수를 통하여 계량화하여 나타낸 도상임을 뜻한다.

미제와 기제는 시간에 관한 언급이다. 그리고 양자를 보면 낙서를 통하여 하도의 내용이 드러나고, 하도를 통하여 낙서의 내용이 드러난다. 기제와 미제라는 두 개념도 과거에서 미래를 향하는 변화와 미래에서 과거를 향하는 변화를 나타낸다.

---

91 朱熹, 『朱子語類』(黎靖德 編, 王星賢 點校, 中華書局, 北京, 1994) 券一, "太極只是天地萬物之理. 在天地言, 則天地中有太極 在萬物言, 則萬物中各有太極. 未有天地之先, 畢竟是先有此理. 動而生陽, 亦只是理; 靜而生陰, 亦只是理."

일부는 하도와 낙서를 통하여 과거와 미래를 넘어선 영원한 세계, 시간성의 세계가 미제와 기제의 시간으로 드러나는 변화를 밝히고 있다.

일부가 하도와 낙서를 시간의 관점에서 그 존재근거를 밝히고 있는 도상으로 이해하는 것은 주희가 물건적 관점에서 사물의 존재근거로서의 도道 곧 태극, 이理로 이해한 것과 다르다. 그러면 양자의 관계는 무엇인가?

우리는 앞에서 반고화가 천황과 지황 그리고 인황으로 드러남을 시간성의 시간화를 통하여 이해하였다. 이때 시간성의 시간화를 나타내는 세 마디를 나타내는 천황과 지황 그리고 인황을 이 부분에서는 무극과 태극, 황극의 삼극三極으로 나타내고 있다. 그것은 무극과 태극 그리고 황극을 수와 관련하여 나타내고 있는 다음과 같은 부분을 통하여 확인할 수 있다.

> (손가락을) 들어 보니 문득 무극無極이니 십十이다. 십十이 곧 일一이니 태극太極이다. 일에 십이 없으면 체가 없고, 십에 일이 없으면 용이 없으니 합하면 토이다. 그 가운데 있는 것이 오五로 황극皇極이다.[92]

위의 내용을 보면 십을 무극으로, 일을 태극으로 그리고 오를 황극으로 규정하고 있음을 알 수 있다. 이 부분의 내용을 통하여 무극과 태극 그리고 황극이 삼극의 내용임을 알 수 있다. 삼극이라는 개념 자체는 십익에서 이미 언급되고 있다. 십익에서는 육효가 표상하는 내용을

---

92 金恒, 『正易』第一張, "擧便无極이시니 十이니라. 十便是太極이니 一이니라. 一이 无十이면 无體요 十이 无一이면 無用이니 合하면 土라 居中이 五니 皇極이니라."

삼재三才의 도[93]로 규정하고 있을 뿐만 아니라 "육효六爻의 변화가 나타내는 것은 삼극의 도"[94]라고 하여 삼극의 도를 언급하고 있다.

그런데 주역의 십익에서는 "변화에는 태극이 있다"[95]고 하여 태극만을 언급하고 있다. 태극은 공간의 관점에서 그 본질인 공간성을 나타내는 개념이다. 이는 삼재라는 공간적 세계를 중심으로 괘효가 형성되었음을 단적으로 보여 주는 것이다.

주희도 삼극三極에 대하여 그것이 천극天極과 지극地極 그리고 인극人極을 나타내는 것[96]이라고 하여 삼재의 관점 곧 공간적 관점에서 이해하였다.

무극은 노자에서 처음 보이는 개념[97]이다. 도덕경의 14장에서는 "옛 도道를 잡고 지금의 유有를 제어하면 능히 옛 시작을 알 수 있으니 이것을 도기道紀라고 한다"[98]고 하였다. 이를 통하여 무극이 시간과 관련되어 이해할 수 있음을 알 수 있다.

황극은 개념은 서경의 홍범洪範에서 제시된 개념[99]이다. 홍범을 보면 정치의 주체를 황극으로 규정하고 황극에 의하여 여덟 가지의 범주에

---

93 『周易』繫辭下篇 第十章, "易之爲書也 廣大悉備하야 有天道焉하며 有人道焉하며 有地道焉하니 兼三才而兩之라 故로 六이니 六者는 非他也라 三才之道也니."

94 『周易』繫辭上篇 第二章, "六爻之動은 三極之道也니."

95 『周易』繫辭上篇 第十一章, "是故로 易有太極하니 是生兩儀하고 兩儀生四象하고 四象이 生八卦하니 八卦定吉凶하고 吉凶이 生大業하나니라."

96 朱熹, 『周易本義』, "三極天地人之至理 三才各一太極也."

97 老子, 『老子』第二十八章, "爲天下式, 常德不忒, 復歸於無極."

98 老子, 『老子』第十四章, "執古之道 以御今之有 能知古始 是謂道紀."

99 『書經』洪範, "五皇極, 皇建其有極, 斂時五福, 用敷錫厥庶民, 惟時厥庶民, 于汝極, 錫汝保極."

의하여 제시되는 천도와 인도가 하나가 된 정치가 구현됨을 나타내고 있다.

무극과 태극 그리고 황극은 노자, 주역, 서경에서 각각 따로 제시되었을 뿐으로 세 개념이 함께 언급되지 않았다. 그러다가 송대宋代에 이르러서 주렴계周濂溪의 태극도설太極圖說에서 비로소 '무극이태극無極而太極'[100]이 언급되면서 무극과 태극을 일체로 여기는 관점이 나타났으나 그것과 황극을 연결하여 삼극을 이해하지는 않았다. 그러면 그것이 무엇을 의미하는가?

주역을 구성하는 괘효사卦爻辭가 비록 은대에 유행하였던 점사占辭를 활용하여 구성되었지만 물리적 시간의 관점에서 미래의 구체적 사실을 중심으로 이해를 헤아려서 길흉吉凶을 판단하는 것에 그치는 것이 아님을 나타낸 것이 십익이다.

십익十翼에서는 형상을 중심으로 세계를 형이상의 도道와 형이하의 기器로 구분하였을 뿐만 아니라 시간적 측면에서도 물리적 시간을 중심으로 과거와 미래를 구분하여 순順과 역逆으로 나타내고, 그것을 바탕으로 역易을 논하고 있다.

십익에서는 괘효와 괘효사를 통하여 나타내고 있는 내용인 인간의 형이상적 측면인 본성과 형이하적 측면의 물리적 생명을 상징적으로 나타내고 있다고 파악하였다.

그리고 물리적 생명으로부터 출발하여 형이상의 본성과 하나가 되는 궁리窮理, 진성盡性, 지명至命의 성명의 원리를 인도로 제시하고 있다고 밝혔다.

---

100 周濂溪,『太極圖說』,"無極而太極 太極動而生陽 動極而靜 靜而生陰 靜極復動."

그것은 십익에서 주역을 물리적 시간의 관점에서 시간을 초월한 영원한 본성을 찾아서 그것과 하나가 됨으로써 세계와 하나가 되는 천인합일天人合一을 제시하고 있다고 파악하였음을 뜻한다. 이처럼 형이하의 천지인의 삼재의 현상 세계를 출발점으로 삼아서 천도와 지도 그리고 인도를 일관하는 도를 찾고자 하였기 때문에 십익에서는 하나의 도인 태극을 제시하였다.

십익에서 "변화에 태극이 있다"[101]고 하여 변화하는 현상의 이면에 변화 원리로서의 역도가 바로 태극임을 밝히고 있다. 이는 주희가 삼극을 천극과 지극, 인극으로 이해한 것과 같은 맥락이다. 그렇기 때문에 천극과 지극 그리고 인극이 모두 태극이라고 하지 않을 수 없다.

그런데 천지의 현상의 근저에는 근원, 근본이 하나의 태극이라면 그것을 굳이 삼극으로 나누어서 나타낼 필요가 없다. 그리고 "육효의 변화가 삼극의 도를 나타낸다"[102]고 하여 음양의 효爻의 변화가 삼극의 도를 나타냄을 밝힐 필요도 없다. 이는 초효에서 상효에 이르는 시위時位의 변화를 통하여 변함이 없는 하나의 근본으로서의 태극을 나타내는 것과는 다르다. 그러면 삼극의 도와 삼재의 도는 어떻게 다른가?

물리적 시간의 변화를 통하여 다양하게 드러나지만 변화하지 않는 적연부동寂然不動의 태극을 찾는 것이 삼재의 도이다. 그리고 태극 자체의 변화를 나타내는 것이 바로 삼극의 도이다. 그것은 삼재의 근원으로서의 역도易道, 태극이 고정적인 실체가 아님을 나타내기 위해서는 태극 자체도 변화하여 고정되지 않음을 나타내야 비로소 실체적 존재

---

101 『周易』 繫辭上篇 第十一章, "易有太極, 是生兩儀, 兩儀生四象, 四象生八卦, 八卦定吉凶, 吉凶生大業."

102 『周易』 繫辭上篇 第一章, "六爻之動, 三極之道也."

가 아님을 밝힐 수 있음을 뜻한다.

역도, 변화의 도는 변화하는 현상의 근원으로서의 불변不變의 도道를 나타내는 것이 아니라 역도 자체도 고정되지 않아서 변화함을 나타내는 것이 삼극의 도다. 이러한 삼극의 도는 물건적 관점에서 나타낼 수 있는 것이 아니라 사건의 관점에서 나타낼 수 있다.

그러나 삼극의 도는 사건의 차원이 아니다. 삼극의 도는 사건으로 드러나기 이전의 차원에서 나타내지 않을 수 없다. 한국역학, 한국사상을 나타내고 있는 정역의 특성이 여기에서 드러난다.

정역에서는 무극과 태극 그리고 황극의 삼극을 하나로 하여 공간성이 아닌 시간성의 차원에서 역도를 밝히고 있다. 주역이 인도人道를 밝히기 위하여 지도地道의 관점에서 역도를 밝히고 있는 것과 달리 정역에서는 천도天道를 밝히기 위하여 삼극을 통하여 시간성을 밝히고 있다.

서경과 논어에서 "천天의 역수曆數가 네 몸에 있으니 진실로 그 중中을 잡으라"[103]고 하여 천도의 내용이 역수원리이며, 그것이 인간의 존재근거임을 밝히고 있다.

그러나 천도의 내용인 역수원리, 시간성의 원리가 무엇인지는 밝히고 있지 않다. 다만 십익에서는 천도가 천지의 수에 의하여 구성된 하도와 낙서를 통하여 상징적으로 표현되었음을 밝혔을 뿐이다.

일부는 "역易이라는 것은 역曆이다"[104]라고 하여 자신이 정역을 통하여 천도인 역수원리를 밝히고자 하였음을 분명하게 나타내고 있다. 역수원리는 역수라는 시간을 나타내는 형식으로서의 기수朞數를 통하여

---

103 孔子,『論語』堯曰篇, "堯曰 咨爾舜 天之曆數在爾躬, 允執其中. 四海困窮, 天祿永終."

104 金恒,『正易』大易序, "易者는 曆也니 無曆이면 無聖이요 無聖이면 無易이라."

상징적으로 표현되는 시간성을 가리킨다.

시간성은 우리가 일반적으로 사용하는 시간이 갖는 속성을 가리키는 개념이 아니다. 시간성은 세계가 갖는 창조적 특성을 나타내는 개념이다.

시간은 과거와 미래 그리고 현재라는 순간으로 분절되어 나타나기 때문에 영원하지 않다. 그러나 시간성은 영원하다. 그것은 형이하적 존재로서의 시간과 달리 시간성이 형이상적임을 뜻한다. 그러면 왜 시간성을 삼극의 도라고 하였는가?

시간성은 완전하고, 충만하기 때문에 시간성에 머물지 않고 자신의 상태에서 벗어나서 타자화他者化하는 특성을 갖는다. 그것은 시간성이 스스로 변變하여 시간으로 화化하는 특성을 본성本性으로 함을 뜻한다.

시간성 자체는 시간화를 통하여 나타낼 수밖에 없다. 그렇기 때문에 일부는 삼극을 통하여 시간성을 시간화의 과정, 곧 변화의 과정으로서의 삼극의 도로 나타낸다.

그는 수를 통하여 무극과 황극, 태극을 언급하고 있을 뿐만 아니라 "무극이면서 태극이다"[105]라고 하여 무극과 태극이 일체임을 밝힌 동시에 "황극이면서 무극이다"[106]라고 하여 비록 삼극을 서로 구분하여 나타내지만 일체임을 밝히고 있다.

인용문에서는 무극과 태극을 체용의 관계로 밝히고 이어서 체용이 하나가 된 것을 토土라고 말하고, 그 가운데 황극이 있다고 하였다.

이는 오행이 삼극의 도를 상징하는 체계임을 나타내는 동시에 황극

---

[105] 金恒, 『正易』雷風正位用政數, "己位는 四金一水八木七火之中이니 无極이니라. 无極而太極이니 十一이니라. 十一은 地德而天道니라."

[106] 金恒, 『正易』雷風正位用政數, "戊位는 二火三木六水九金之中이니 皇極이니라. 皇極而无極이니 五十이니라. 五十은 天度而地數니라."

이 바로 하도와 낙서의 중심이 되는 오임을 나타낸 것이다. 그러면 오황극은 무엇인가?

오황극은 하도와 낙서의 성격을 단적으로 나타내는 수와 개념이다. 따라서 오황극의 성격을 파악하는 것이 하도와 낙서의 내용을 이해하는 관건이다.

우리가 하도를 보면 중앙에 오가 있고, 오를 십이 감싸고 있다. 이때 십은 오와 오가 합일한 수이다. 그리고 상하좌우에 놓여 있는 수들이 모두 중심에 오를 포함하고 있다. 따라서 하도는 오를 바탕으로 중앙과 사방의 모든 수가 합일되어 있다.

또한 낙서는 중앙에 오가 있을 뿐만 아니라 상하와 좌우 그리고 사방의 사이에 위치한 수들이 모두 십이 서로 나누어진 수이다. 그리고 십은 오와 오가 합일하여 형성된 수이다. 따라서 낙서 역시 오가 도상의 중심을 이루고 있다.

우리가 오가 상징하는 의미를 파악하기 위해서는 하도와 낙서의 도상이 나타내는 것이 무엇인지를 파악하는 것이 중요하다. 우리는 앞에서 일부가 정역의 성격을 나타내기 위하여 반고를 통하여 시간성의 시간화를 내용으로 하는 변화를 제시하였음을 살펴보았다. 우리는 이를 통하여 하도가 시간성의 세계를 나타내고 있음을 알 수 있다. 그러면 낙서는 무엇을 상징하는가?

인용문에서는 용도와 귀서를 각각 미제의 상과 기제의 수로 규정하고 있다. 미제는 아직은 건너오지 않는 세계를 나타내고, 기제는 이미 건너온 세계를 나타낸다. 그것은 오황극을 중심으로 드러나기 이전의 세계를 미제로 규정한 것임을 뜻한다.

미제의 세계는 상징적으로 나타낼 수밖에 없기 때문에 象이라고 하였고, 이미 드러난 세계는 수를 통하여 분석하여 나타낼 수 있기 때문에 수數라고 하였다. 따라서 용도龍圖가 나타내는 것은 시간성이며, 귀서龜書가 나타내는 것은 시의성時義性, 곧 공간성空間性이다. 그러면 두 도상이 나타내는 시간성과 시의성, 공간성은 무엇인가?

일부는 하도와 낙서의 특성을 각각 도생역성倒生逆成과 역생도성逆生倒成으로 나타내고 있다. 우리는 이를 통하여 하도와 낙서의 특성을 생성으로 나타내고 있음을 알 수 있다. 다만 양자의 차이는 도역倒逆에 있다. 그러면 도역은 무엇은가?

우리는 십익에서 언급되고 있는 순역順逆을 상기할 필요가 있다. 일부는 순역을 바탕으로 그것을 새로운 의미를 부여하여 사용하고 있다. 십익에서 언급된 순과 역은 형이상과 형이하를 구분하여 나타내는 개념이다.

우리가 순역을 사용하여 세계를 구분하여 도道와 기器를 나타내고 양자를 본말本末 관계로 나타내면 양자의 구분되는 측면이 부각되는 동시에 양자의 일체적 측면이 분명하게 드러나지 않는다. 그렇기 때문에 일부는 순역順逆을 도역倒逆으로 사용한다. 도倒는 순역의 순順을 대신하여 그가 사용한 개념이다. 도倒는 하나의 사태가 극단에 이르러서 그 방향을 바꿈을 뜻한다. 그것은 그가 "역易은 극極에 이르면 돌아온다"[107]라고 한 의미를 갖는 개념이다.

순역이 순과 역을 구분하여 양자가 둘임을 부각시키고 있는 것과 달리 도역은 양자가 서로 이어져서 끊임없이 계속됨을 나타낸다.

그리고 도생역성과 역생도성이 모두 생성이라는 것은 시생始生하여

---

[107] 金恒, 『正易』第一張, "易은 逆也니 極則反하나니라."

종성終成하는 변화의 연속을 나타내어 생성이 끊임없이 이어짐을 나타낸다. 그러면 도생역성과 역생도성은 무엇인가?

  도생역성은 합일의 상태, 곧 순역으로 구분하여 나타내기 이전의 상태로 도와 기가 나누어지기 이전의 세계를 바탕으로 이루어지는 분생작용이다.

  그것은 시간성이 그 본성에 의하여 자신의 상태에서 벗어나는 변變과 타자로 나타나는 화化를 나타낸다. 일부는 그것을 반고의 변화로 나타내면서 천황이 변하여 지황으로 화하는 변화로 나타내고 있다.

  역생도성은 분생의 상태, 곧 순역으로 구분된 도와 기의 세계로부터 출발하여 양자가 하나가 되는 합일작용이다. 그것은 시의성, 공간성이 본성에 의하여 자신의 상태에서 벗어나는 변變과 타자와 하나가 되는 화化를 나타낸다. 그러면 도역생성의 결과는 무엇인가?

  인용문에서는 도생역성의 결과를 태극으로 나타내고, 역생도성의 결과를 무극으로 나타내고 있다. 무극은 십十의 세계를 나타내는 개념이고, 태극은 일一의 세계를 나타내는 개념이다. 그는 무극과 태극을 체용의 관계라고 하였다. 체용의 관계는 십이 각각 나누어져서 일一과 구九, 이二와 팔八, 삼三과 칠七, 사四와 육六으로 분생分生하고 일구一九, 이팔二八, 삼칠三七, 사육四六이 합일合一하는 십의 분합을 통하여 나타낸다.

  하도가 상징하는 시간성의 세계가 도생역성하여 드러나는 결과로서의 일태극은 매 순간의 시간으로 드러난 시의성의 세계를 가리킨다.

  시의성은 매 순간의 시간의 존재근거인 시간성을 나타내는 개념이다. 이처럼 시의성을 대상화하여 나타낸 공간성이 근거가 되어 일구, 이팔, 삼칠, 사육으로 나누어지는 사건의 세계가 성립된다. 그러면 낙서가 상징하는 시의성, 공간성의 세계가 역생도성의 드러난 결과로서의 십무극은 어떤 세계인가?

십무극의 세계는 오와 오가 하나가 된 세계이다. 오가 시간의 측면에서 시간성을 나타낸 시의성을 나타내는 것과 달리 오와 오가 결합된 십은 시간성 자체를 나타낸다.

무극의 특성을 수에 의하여 가장 잘 드러내고 있는 것은 아라비아 숫자 10이다. 10은 0과 1이 결합하여 형성된 수이다. 1이 시간의 세계를 나타낸 것과 달리 0은 시간을 초월한 영원한 세계를 나타낸다. 그러므로 10은 시간성과 시간을 함께 나타낸다.

그것은 무극이 아직은 과거화하지 않았지만 장차 과거로 화할 수 있는 시간성 곧 태극을 포함한 시간성을 나타냄을 뜻한다. 이는 마치 씨로 변하여 화할 수 있는 완성적 존재로서의 열매와 같다. 그러면 태극은 무엇인가?

태극은 본질적 시간, 곧 시의성으로서의 오황극이 나타난 시간, 십무극이 나타내는 시간성이 그대로 드러난 시간을 나타낸다. 시간의 특징은 시종의 사건을 통하여 나타낼 수 있다. 오가 표상하는 황극을 중심으로 하여 이루어지는 시간을 나타내는 것이 낙서이다.

낙서에서는 오를 중심으로 일一과 구九, 이二와 팔八, 삼三과 칠七, 사四와 육六의 관계를 통하여 나타내고 있다. 그것은 두 수가 나타내는 수의 관계로 드러나는 시종의 사건을 통하여 시간을 나타내는 것이 낙서임을 뜻한다. 그러면 하도와 낙서가 나타내는 도역생성은 무엇인가?

도생역성은 시간성의 시간화이다. 그것은 시간성이 본성에 의하여 자신의 상태에 머물지 않고 탈자하여 시간으로 타자화하는 변화이다. 이처럼 시간성이 자신의 상태를 벗어나서 시간으로 화하는 시간성의 시간화는 궁극적으로는 어떤 상황으로 전개되는가?

시간성이 시간으로 화하면서 시간의 시종始終의 사건으로 드러난다. 이 시종의 사건을 공간적 관점에서 대상화하여 실체적 존재로 나타낸 것이 물건의 근본과 지말이다. 따라서 시종의 사건을 대상화함으로써 비로소 본말 관계를 형성하는 물건적 존재가 나타난다. 그러면 사건을 고정화하여 나타낸 본말의 물건은 존재하는가?

역생도성은 시간의 시간성화이다. 그것은 본말의 물건이 시종으로 돌아가고, 다시 종시終始의 시간성과 하나가 되어 귀체歸體, 귀공歸空됨을 뜻한다. 따라서 매 순간 시간성이 시간으로 화하여 물건으로 나타나는 동시에 나타난 물건은 시간으로 돌아가서 시간성으로 귀체歸體, 귀공歸空한다. 그러면 하도와 낙서는 어떤 관계인가?

하도는 오가 역생도성하여 십으로 귀체, 귀공된 세계를 나타내고, 낙서는 귀체, 귀공되어 오와 합일된 십이 오로 가서 도생역성한 세계를 나타낸다.

오가 십으로 귀체, 귀공하였기 때문에 십이 오로 가서 도생역성이 이루어지고, 십이 오로 갔기 때문에 오가 다시 십으로 가는 역생도성의 귀체, 귀공이 이루어진다. 따라서 양자는 비록 서로 나누어져서 나타내고 있지만 하나이다.

그러나 하도와 낙서에서는 정역에서 밝히고 있는 십과 오 그리고 일의 관계를 모두 하나의 오五를 통하여 나타내고 있다. 그렇기 때문에 하도와 낙서를 구성하는 수와 삼극을 수로 나타내는 십, 오, 일과는 구분하여 이해할 필요가 있다.

하도와 낙서라는 도상이 송대의 주희에 의하여 확정된 도상이기 때문에 중국사상이 그대로 담겨 있다. 그것을 한국사상의 관점에서 밝힌 것이 정역이다. 그 점은 하도의 중심 수를 보면 오를 중심으로 오와 십이 함께 있음을 보면 알 수 있다.

하도의 중심 수는 오와 그것을 둘러싸고 있는 십이며, 낙서의 중심 수는 오이다. 이때 낙서의 중심 수인 오는 태극太極을 나타내고, 하도의 중심 수는 무극으로 그 안에 황극을 안고 있다. 이는 인간의 본성이 현상적 측면에서 태극임을 나타내는 낙서와 더불어 우주의 관점에서는 그대로 우주의 본성임을 나타낸다.

무극을 나타내는 십은 본성을 나타내는 오와 오가 결합된 수이다. 그것은 나의 본성과 남의 본성이 하나가 되어 양자의 구분이 없는 세계를 나타낸다. 이처럼 양자가 하나가 되어 구분할 수 없는 세계를 십익에서는 신神으로 규정하고 있다. 따라서 무극은 세계의 본성인 신성神性을 나타내는 개념이다. 그러면 하도와 낙서는 나와 어떤 관계인가?

지금 여기의 나의 본성이 세계의 본성과 하나가 된 상태를 나타내는 것이 하도이다. 그것이 바로 주역에서 나타내는 천인합일天人合一의 상태이다. 불교에서는 아공我空, 법공法空을 넘어서 아법구공我法俱空으로 나타낸 세계가 하도가 나타내는 세계이다.

십오는 그대로 머물지 않고 항상 낙서가 나타내는 상태로 변화한다. 천인합일天人合一의 세계는 지혜로 가득하고, 자비로 가득한 충만의 세계이다. 그렇기 때문에 끊임없이 자신의 상태에서 벗어나서 타자로 화하는 변화를 한다.

십오의 합일에 의하여 드러나는 변화를 나타내는 도상이 낙서이다. 십오가 하나가 되면 오십五十이 된다. 이 오십을 십익에서는 시간이 전개되는 근원을 나타내는 대연大衍의 수數[108]로 규정하고 있다.

오십은 오가 본체가 되어 십이 작용함을 나타낸다. 그것은 오가 나타내는 본성을 주체로 하여 온 우주가 전개됨을 뜻한다. 이처럼 오십에 의하여 천지가 전개됨을 나타내는 도상이 낙서이다.

그러나 정역에서는 물건적 관점이 아닌 사건의 관점에서 시종으로 나타내어 각각을 도생역성과 역생도성으로 나타내었다. 그것은 오에서 시작하여 십에서 마치는 역생도성에 의하여 하도의 도상이 형성되고, 십에서 시작하여 일에서 그치는 도생역성에 의하여 낙서가 형성됨을 뜻한다. 일부는 무극과 태극 그리고 황극의 관계를 다음과 같이 나타내고 있다.

> 무극이면서 태극이니 십일이다. 십일十一은 지덕地德이면서 천도天道이다. 황극이면서 무극이니 오십五十이다. 오십은 천도天度이면서 지수地數이다.[109]

인용문을 보면 십일十一은 무극과 태극이 하나가 된 지천地天의 덕도德道를 나타내며, 오십은 황극과 무극이 하나가 천지天地의 도수度數를 나타냄을 알 수 있다. 이를 통하여 천지의 도수를 나타내는 오십은 시간성을 상징하며, 십일은 천지의 도덕 곧 공간성을 나타냄을 알 수 있다.

정역의 내용이 하도와 낙서로 집약됨을 그 구조를 통해서도 확인된

---

108 『周易』繫辭上篇 第九章, "大衍之數五十이니 其用은 四十有九라."

109 金恒, 『正易』雷風正位用政數, "己位는 四金一水八木七火之中이니 无極이니라. 无極而太極이니 十一이니라. 十一은 地德而天道니라. 天道라 圓하니 庚壬甲丙이니라. 地德이라 方하니 二四六八이니라. 戊位는 二火三木六水九金之中이니 皇極이니라. 皇極而无極이니 五十이니라. 五十은 天度而地數니라."

다. 일부는 정역의 상편과 하편을 구분하여 각각 십오일언十五一言과 십일일언十一一言으로 규정하고 있다. 그것은 저자가 스스로 정역의 내용이 십오일언과 십일인언으로 집약됨을 나타낸 것이다.

십오일언은 십오가 하나가 되는 말이라는 의미이며, 십일일언은 십일이 하나가 되는 말이라는 의미이다. 이는 상편이 십과 오가 하나가 됨을 내용으로 하며, 하편이 십과 일이 하나가 됨을 내용으로 함을 뜻한다. 십오는 하도의 중심 수이며, 십일은 낙서를 나타내는 수이다. 따라서 정역 전편의 내용이 하도와 낙서로 집약됨을 알 수 있다.

일부는 도역의 생성을 중심으로 하도와 낙서를 나타내면서도 반고盤古라는 개념을 통하여 도역의 생성을 논하고 있다. 그것은 하도와 낙서의 둘로 나누어서 나타낸 천지의 도를 하나로 합일合一하여 나타낸 것이 반고임을 뜻한다.

이제 정역에서 나타내고 있는 변화의 의미인 도역생성, 곧 시간성의 시간화와 시간의 시간성화가 언어를 통하여 어떻게 표현되었는지 살펴보자.

정역에서는 변화의 세계를 나타내는 다양한 개념을 사용한다. 그 가운데 비교적 자주 언급되는 개념들은 상제上帝, 화무상제化無上帝, 화옹化翁, 화화옹化化翁, 원천原天, 원역原曆, 천지부모天地父母, 반고盤古와 같은 개념들이다. 우리는 세계를 나타내기 위하여 다양한 개념들이 사용되는 점에 유의할 필요가 있다.

정역에서 세계를 나타내기 위하여 다양한 개념들을 사용하는 까닭은 세계가 고정되지 않아서 무엇이라고 분별하여 규정할 수 없음을 나타낸다. 이때 우리가 유의할 점은 주역이 현상을 출발점으로 삼아서 형상을 중심으로 형이상과 형이하를 구분하고 각각 도道와 기器로 나타내어 양자를 중심으로 세계를 나타내고 있다는 점이다.

주역이 현상을 출발점으로 삼아서 물건적 관점에서 인도, 지도를 중심으로 역도, 변화의 도를 논하고 있는 것과 달리 정역에서는 세계 자체의 관점에서 역도, 변화의 도를 논하고 있다. 그것은 주역에서 삼재의 도로 나타내고 있는 천도와 지도 그리고 인도로 구분하여 나타내기 이전의 신도神道의 세계가 정역의 출발점임을 뜻한다.

정역에서는 "도가 셋으로 나누어지는 것은 이치의 자연스러운 것으로 유儒와 불佛 그리고 선仙이 있다"[110]고 하였다. 이는 물건적 관점에서 천도와 지도 그리고 인도를 중심으로 전개되는 유불도로 드러나기 이전의 신도의 세계를 바탕으로 정역이 전개되고 있음을 단적으로 나타낸다. 그러면 신도의 세계를 나타내는 다양한 개념들은 어떤 의미를 담고 있는가?

신도는 세계가 "이것과 저것으로 분별하여 나타낼 수 없음"[111]을 뜻한 '신神'과 끊임없이 새롭게 드러나는 창조성을 나타내는 '도道'가 결합하여 형성된 개념이다.

신은 고정되지 않아서 끊임없이 변화하기 때문에 무엇이라고 규정할 수 없는 점에서 신이면서 동시에 끊임없이 자신을 드러내는 점에서 도이다.

일부는 신도를 신명神明으로 나타내기도 하였다. 신명神明은 세계의 분별하여 나타낼 수 없는 특성과 더불어 갖고 있는 시간으로 자신을 드러내는 시간성을 나타내기 위하여 사용된 개념이다.

---

110 金恒, 『正易』 无位詩, "道乃分三理自然이니 斯儒斯佛又斯仙을."

111 『周易』 繫辭上篇 第五章, "陰陽不測之謂神이라."

신이 이것과 저것으로 분별하여 나타낼 수 없는 세계의 특성을 나타내는 것과 달리 명明은 끊임없이 시간으로 자신을 드러내는 특성으로서의 시간성을 나타낸다.

상제上帝는 세계를 인격화하여 나타낸 개념으로 지금 여기의 나와 다른 인격체로서의 하느님이나 신을 가리키지 않는다. 단지 세계 자체의 창조적 특성을 인격화하여 상징적으로 나타낸 개념이다.

그런데 상제가 실체적 개념이 아님을 나타내기 위하여 화무상제化无上帝라는 개념을 사용하고 있다. 화무상제는 무無로부터 유有로 변하여 화하는 변화를 상제로 나타냄으로써 그 이면에 유로 드러난 변화는 다시 무로 화함을 나타내고 있다.

세계의 창조적 특성을 그대로 드러내는 개념이 화옹化翁, 화화옹化化翁, 화무옹化无翁이다. 화化, 화화化化, 화무化无는 모두 변화, 역易을 나타내는 개념으로 변화를 인격화시켜서 나타낸 개념이다. 신도, 신명의 측면에서 보면 화, 화화, 화무와 옹이 구분되지 않지만 굳이 양자를 구분하여 이해하면 화, 화화, 화무가 변화를 나타낸다면 옹, 상제는 변화의 도를 나타낸다고 할 수 있다.

현상의 세계, 곧 시간의 세계를 중심을 세계를 나타내는 개념이 원역原易, 원천原天이다. 원역은 윤역閏曆과 정역正曆의 근원이면서 양자를 포함한 기수 전체를 나타내는 개념이다.

그리고 원천은 시간의 관점에서 세계를 선천과 후천으로 구분하여 변화의 세계를 나타내는데 이때 양자의 근원을 나타내는 개념이 원천이다.

우리가 앞에서 살펴본 바와 같이 정역에서 나타내고 있는 세계는 역易, 변화變化라고 할 수 있다. 그것은 시간의 관점에서 시종始終으로 드러나는 사건을 나타내거나 공간의 관점에서 본말本末로 드러나는 물건의 변화를 나타내는 것이 아니라 변화의 도와 변화의 현상을 구분하여 나타내기 이전의 세계를 나타내고 있음을 뜻한다.

세계가 변화, 역이라는 것은 세계가 끊임없이 변하여 화하기 때문에 은하계, 태양계, 지구와 같이 구분할 수 있는 고정된 실체가 없고, 자연과 달리 구분하여 나타낼 수 있는 고정된 인간도 없으며, 나와 남도 없고, 사물도 없으며, 고정된 이치나 원리도 없고, 천국과 지옥도 없으며, 하느님, 알라, 상제라는 고정된 신앙의 대상도 없음을 뜻한다.

끊임없이 변하여 다양한 형상으로 화함으로써 나타나는 세계는 그 어떤 것으로도 고정되지 않아서 오로지 그것을 바라보는 인간에 의하여 다양하게 규정될 수 있을 뿐이다.

그것은 과학의 대상인 자연(地文)과 인문학의 대상인 인문人文 그리고 천문학天文學[112]의 대상인 천문天文이 모두 인간에 의하여 세계를 구분하여 나타낸 것에 불과하기 때문에 다른 세계가 아님을 뜻한다.

지문地文은 원인과 결과로 나타나는 결정론적 관점에서 세계를 나타낸 것이다. 그렇기 때문에 지문은 시공의 세계이자 사물의 세계이다. 그것은 지도地道로 표현된 물리物理, 곧 지도가 드러나는 세계를 나타낸다. 지도의 세계는 분생分生을 바탕으로 합일合一의 세계를 지향한다.

천문天文은 천도天道, 천리天理를 바탕으로 세계를 나타낸 것이다. 그렇기 때문에 천도의 내용인 시간성을 통하여 끊임없이 시간으로 드러나는 창조성이 중심이 되어 세계를 나타낸 결과가 천문天文이다. 천

---

112 여기서 천문학은 형이상의 세계인 시간성을 대상으로 하는 학문이라는 측면에서 물리학의 관점에서 천체라는 실체적 세계, 사물을 대상으로 하는 천문학과 다르다. 천문학은 세계의 근원을 나타내는 측면에서는 신학, 종교학과 유사하지만 신이라는 실체적 대상을 학문의 대상으로 하지 않는 점에서는 신학, 종교학과 차원을 달리한다.

도를 대상으로 하는 학문이 종교학宗教學[113]이라고 할 수 있다. 천도의 세계는 합일을 바탕으로 분생分生을 지향한다.

인문은 성리性理, 인도를 중심으로 나타낸 세계이다. 세계를 지도의 합일과 천도의 분생을 각각 지혜와 자비를 통하여 하나로 나타낸 것이 인문人文이다. 그렇기 때문에 인문을 대상으로 하는 학문으로서의 인문학의 주제는 인도人道이다.

2. 도역생성과 영원한 현재

우리는 앞에서 하도와 낙서에 의하여 표상된 내용이 시간성과 시의성(공간성)이며, 각각 도생역성과 역생도성을 하여 태극과 무극의 세계를 밝히고 있음을 살펴보았다. 그러면 도역의 생성이 무엇을 의미하는가?

도생역성과 역생도성은 모두 생성이다. 우리는 도역생성의 의미를 파악하기 위해서는 생성의 의미를 파악하지 않을 수 없다. 도역생성의 생성은 시생始生과 종성終成이 결합된 개념이다. 그러므로 도역생성은 모두 시종의 사건을 나타낸다.

시간성의 시간화를 나타내는 도생역성은 시간의 생성이 시종의 사건임을 나타낸다. 그것은 시간성이 변하여 시간으로 화하는 변화이다. 이는 시간성이 고정되지 않아서 자신의 상태에서 벗어나는 변變에서 시간이라는 타자他者로 화化하는 종시終始 변화이다.

그러나 시간의 시간성화를 나타내는 역생도성은 시간이 변하여 시간

---

[113] 이는 오늘날의 종교학을 가리키는 것이 아니다. 다만 세계의 근원을 형이상의 차원에서 접근할 때 비로소 종교학이 추구하는 본래의 세계가 드러나는 점을 나타내기 위함이다.

성으로 화하는 변화이다. 그것은 시간이 자신의 상태에 머물지 않고 시간의 상태에서 시간성으로 돌아가는 귀체歸體, 귀공歸空의 변화, 곧 시종의 변화이다. 그러면 도역의 생성은 무엇을 나타내는가?

반고, 화옹, 화화옹, 화무상제로 표현된 시간성을 변화의 측면에서 나타낸 것이 도역의 생성이다. 도생역성에 의하여 시간성은 고정되지 않아서 시간으로 나타남을 나타내는 동시에 역생도성에 의하여 시간이 다시 시간성으로 화함을 나타낸다. 그렇기 때문에 시간성은 시간성으로 고정되지 않기 때문에 있다고 할 수 없지만 매 순간에 시간으로 드러나는 점에서는 없다고 할 수 없다. 그러면 시간은 있는가?

시간성이 자신의 상태를 벗어나서 시간으로 화하는 종시변화를 나타내는 도생역성의 측면에서 보면 시간은 매 순간 나타나기 때문에 없는 것은 아니지만 나타났다가 시간성으로 돌아가는 측면에서 보면 있다고 할 수 없다.

그러나 종시변화를 나타내는 도생역성의 관점에서는 시간성은 없지만 시종의 변화를 나타내는 역생도성의 관점에서는 시간은 없다. 그러면 시간은 무엇인가?

도역생성을 통하여 나타내고 하는 시간은 시간성의 현현顯現이다. 그렇기 때문에 시간은 시간성의 드러남, 나타남인 영원永遠한 현재現在이다. 영원한 현재는 시간성이 매 순간에 시간으로 드러남을 나타내는 동시에 나타난 시간은 다시 시간성으로 화하여 사라짐을 뜻한다.

그것을 물리적 시간과 같이 실체적 존재로서의 시간을 나타내는 것이 아니다. 단지 분별하여 나타낼 수 없는 세계가 매 순간이 고정되지 않고 끊임없는 변화의 과정임을 나타내기 위하여 사용한 개념이다. 그러면 역학자들이 말하는 삼역三易의 측면에서 역도易道는 있는가?

예로부터 역易을 말하는 사람들은 변역變易, 불역不易, 이간易簡의 삼역[114]을 말한다. 그것은 변화의 현상과 변화의 원리인 역도, 변화가 도가 있으며, 변화의 도가 이간의 특성을 갖고 있음을 의미한다. 그러면 불역으로 나타내는 역도, 변화의 도는 있는가?

우리가 이미 살펴본 바와 같이 시간성은 고정되지 않아서 시간으로 화하기 때문에 역도, 변화의 도와 같은 개념으로 나타낼 수는 있지만 실체가 아니다. 시간성과 시간이 모두 실체가 아니라는 것은 변화 역시 실체가 아님을 뜻한다. 그러면 시간성과 시간 그리고 도역생성이라는 변화가 실체가 아님은 무엇을 의미하는가?

그것은 우리가 세계를 영원한 현재, 도역의 생성이라는 개념으로 나타내었지만 영원한 현재나 시간성, 시간을 막론하고 모두 고정된 하나의 물건이 아님을 뜻한다. 그러면 영원한 현재, 곧 영원한 현현顯現은 어떻게 나타내는가?

영원한 현현, 곧 시간성의 시간화는 낙서를 통하여 확인할 수 있다. 낙서의 도상을 보면 중심에 오五가 있다. 그리고 좌우상하에 십수十數가 놓여 있어서 세 수를 더하면 모두 십오十五가 된다. 이는 하도의 중심 수인 십오가 매 순간 나타났다가 사라지는 십오의 영원한 현현을 나타내는 도상이 낙서임을 뜻한다. 그러면 오를 중심으로 이루어지는 십의 수가 나누어지는 것은 무엇을 상징하는가?

낙서의 도상을 보면 오를 중심으로 각각 일一과 구九, 이二와 팔八, 삼三과 칠七, 사四와 육六이 마주 보고 있다. 일구一九와 이팔二八, 삼칠三七, 사육四六과 중앙의 오와 관계를 보면 두 수와 오의 관계가 각

---

114 王弼注, 孔穎達疏,『周易正義』第一 論易之三名, "易緯乾鑿度云 易一名而含三義 所謂易也變易也不易也… 鄭玄依此義作易贊及易論云 易一名而含三義 易簡一也 變易二也 不易三也."

각 사四, 삼三, 이二, 일一 곧 일이삼사一二三四로 변화한다. 그러면 이 것이 무엇을 의미하는가?

오가 상징하는 본래성, 자성自性, 본성을 주체로 하여 천지, 신神, 우주를 나타내는 십十이 각각 두 수로 나누어지는 것을 나타낸다. 그것은 시간성의 시간화가 시간성이라는 무분별의 세계를 분별함으로써 이루어지는 대상화임을 뜻한다.

지금 여기의 나로 드러나는 자성, 본성과 하나인 세계를 대상화여 나타냄으로써 이름과 형상에 의하여 나타낼 수 있는 나와 둘이 된 현상적 세계가 구성된다. 그러면 무분별의 분별화, 일체의 세계의 대상화가 어떻게 이루어지는가?

낙서의 중심 수인 오를 본체로 하여 이루어지는 사상四象의 작용을 나타내는 여덟의 수가 나타내는 것이 일이삼사一二三四이다. 이 일이삼사一二三四는 도역의 생성의 마디를 나타낸다. 그것은 도역의 생성이 분생分生과 합일合一의 네 단계를 통하여 이루어짐을 뜻한다.

우리는 이를 통하여 합일을 바탕으로 이루어지는 도생역성이 네 단계를 통하여 나타나는 분생이며, 분생을 바탕으로 이루어지는 역생도성의 네 단계를 통하여 나타나는 합일임을 알 수 있다.

도역의 생성을 구성하는 네 단계를 각각 둘로 나누어서 나타낼 수 있다. 우리는 일부가 도서의 이치와 천지의 도의 관계를 나타내는 다음과 같은 언급을 통하여 선천과 후천, 기제와 미제로 구분할 수 있음을 알 수 있다.

도서圖書의 이치는 후천이면서 선천이고, 천지의 도는 기제이면서 미제이다.[115]

---

115 金恒, 『正易』第一張, "圖書之理는 后天先天이오 天地之道는 旣濟未濟니라."

도서의 이치가 후천이면서 선천이라는 것은 도서의 이치가 후천에서 드러나고, 선천에서는 감추어짐을 뜻한다. 그것은 천지의 도가 이미 드러난 기제로부터 출발하여 아직 드러나지 않는 미제를 향하는 것과 반대의 방향이다. 선천과 후천, 기제와 미제는 각각 도역의 생성의 세계를 둘로 나누어서 나타낸 것이다.

그런데 도역생성은 네 단계로 나타내거나 둘로 나누어서 나타낼 수도 있고, 세 단계로 나타낼 수 있다. 그것은 네 단계를 구성하는 구간을 중심으로 생장성의 세 단계로 나타낼 수 있음을 뜻한다. 그러면 영원한 현재를 바탕으로 어떻게 물리적 시간의 세계가 구성되는가?

우리가 일상적으로 사용하는 시간의 단위는 일 년一年이다. 일 년一年은 앞에서 살펴본 도역생성의 네 마디를 나타내는 일이삼사와 생장성의 세 단계를 바탕으로 구성된다.

네 단계는 사계절을 나타내고, 사계절의 내용을 나타내는 생장성과 결합하면 12개 단위의 한 달이 구성된다. 일 년을 구성하는 12개의 달은 다시 30일에 의하여 구성되고, 30일은 12시에 의하여 구성된다. 따라서 연월일시年月日時가 시간의 중요한 단위라고 할 수 있다. 그러면 일월은 무엇인가?

일부는 천지와 일월을 통하여 시간성의 시간화에 의하여 드러나는 시간의 세계를 다음과 같이 밝히고 있다.

  오호嗚呼라 일월日月의 덕德이여 천지天地의 분分이니.[116]

---

116 金恒, 『正易』 金火五頌, "嗚呼라 日月之德이여 天地之分이니."

그는 물리적 시간을 일월과 천지의 덕분이라고 하였다. 그것은 천지의 분신分身인 일월의 분합에 의하여 물리적 시간이 이루어짐을 뜻한다. 주역에서는 "천지가 마디를 지음으로써 사시가 이루어진다"[117]고 하여 천지의 나누어짐에 의하여 시간이 형성됨을 밝히고 있다. 그러면 천지의 나누어짐에 의하여 시간이 어떻게 형성되는가?

일부는 천지의 나눔에 의하여 물리적 시간이 형성됨을 밝히고 있는데 그 내용은 다음과 같다.

> 분分을 열다섯 번 쌓으면 각刻이고, 각刻을 여덟 번 쌓으면 시時이며, 시時를 열두 번 쌓으면 일日이고, 일日을 삼십 번 쌓으면 월月이며, 월月을 열두 번 쌓으면 기朞이다. 기朞는 월月을 낳고, 월月은 일日을 낳으며, 일日은 시時를 낳고, 시時는 각刻을 낳으며, 각刻은 분分을 낳고, 분分은 공空을 낳으니 공空은 무위无位이다.[118]

위의 내용을 보면 시간의 가장 기본적인 단위인 일 년의 기수를 통하여 월일시각분의 물리적 시간이 분생하고, 분은 무위無位인 공공에 이른다고 하였다. 그리고 천지와 일월의 덕분이 모여서 일 년의 기수가 된다.

그는 현상적인 일월을 통하여 천지를 매듭을 지음으로써 시간의 단위인 분, 각, 시, 일, 월, 년이 시작되지만 일 년의 기수는 월, 일, 시, 각, 분에 의하여 형성되고, 분은 공공에 의하여 이루어진다고 하였다.

---

117 『周易』水澤節卦 彖辭, "天地節而四時成하나니 節以制度하야 不傷財하며 不害民하나니라."

118 金恒, 『正易』 金火五頌, "分을 積十五하면 刻이오 刻을 積八하면 時요 時를 積十二하면 日이오 日을 積三十하면 月이오 月을 積十二하면 朞니라. 朞는 生月하고 月은 生日하고 日은 生時하고 時는 生刻하고 刻은 生分하고 分은 生空하니 空은 无位시니라."

그렇다면 시간의 근원은 공空임을 알 수 있다. 그러면 공空이 절대무 絶對無를 나타내는가?

만약 물리적 시간으로서의 분分 자체가 없다면 분을 언급할 필요도 없을 뿐만 아니라 그것을 다시 공이라고 말할 필요도 없다. 그리고 다시 공을 무위라고 언급할 필요는 더욱 없다. 그러면 공과 무위는 무엇을 의미하는가?

무위는 시간적 측면에서는 시간적 위상이 없음을 나타내는 동시에 공간적 측면에서는 공간적 위상이 없음을 뜻한다. 그것은 시공의 위상이 없음을 나타낸다. 그러면 왜 무위無位를 다시 공空이라고 하였는가?

무위라는 측면에서 보면 분과 분이 합일하여 형성된 각刻 이상의 시간의 단위들은 시공의 위상이 없음을 뜻한다. 그것은 물리적 시간 자체가 고정되지 않음을 뜻한다. 우리는 여기서 분을 공空으로 규정한 것을 유의할 필요가 있다.

공空은 없음을 나타내는 것이 아니라 고정되지 않음을 나타낸다. 그것은 공空이 유무有無를 넘어서 있으면서도 유무有無를 벗어나지 않음을 뜻함을 나타낸다. 그러면 시간의 본질을 나타내는 공이 유무를 넘어서면서도 유무를 벗어나지 않음은 무엇을 의미하는가?

시간은 물리적 시간이나 그 존재근거인 시간성을 막론하고 공空하다. 시간성이 공空하기 때문에 시간성에 머물지 않고, 시간으로 화할 뿐만 아니라 시간 역시 공空하기 때문에 시간에 머물지 않고 시간성으로 귀체歸體, 귀공歸空한다.

그런데 시간성이 시간으로 드러남은 시간성이 시종始終의 사건으로 드러나고, 그것이 다시 공간적 측면에서 이것과 저것으로 구분되는 물건物件으로 나타난다.

물건적 관점, 곧 시간이 정지된 공간적 차원, 고정된 관점, 실체적 차원에서는 마치 고정된 형상을 가진 물체가 있는 것으로 여기게 된다.

실체적 관점에서 보면 시간은 둘이 하나로 합하고, 하나가 다시 둘로 나누어지는 합일과 분생으로 나타낼 수 있다. 그것은 분합分合이 가능한 물체처럼 대상화하여 이해하는 것이 바로 물리적 시간임을 뜻한다. 바로 인용문에서 일부가 시간을 나타내는 관점은 물건적 관점, 실체적 관점이다. 그러면 이것이 무엇을 의미하는가?

물리적 시간은 실재하지 않는 것으로 일월日月을 기준으로 천지를 마디 지어서 분생과 합일함으로써 이루어진다. 일부는 이어서 요순堯舜에 의하여 제시된 366일의 기수와 365와 1/4일의 기수를 밝히고, 일부의 기가 375일이며, 15를 존공尊空하면 공자의 기朞인 360일과 일치한다고 하였다.

그것은 일월을 기준으로 천지의 마디를 지음이 성인이라는 인간에 의하여 이루어짐을 뜻한다. 그렇기 때문에 그는 "천지에 일월이 없으면 빈껍데기이고, 일월에 지인至人이 없으면 빈 그림자이다"[119]라고 하였다. 이때 지인은 사람다운 사람인 성인을 가리킴을 알 수 있다. 그러면 지인이라는 실체적 존재가 있어서 그가 천지를 마디 지어서 시간을 생성하는가?

우리는 도역생성에 의하여 시간이 생성되고, 그것이 다시 분합에 의하여 물리적 시간으로 드러남을 살펴보았다. 이때 물리적 시간은 바로 물건적 존재이다. 그렇기 때문에 시간성의 시간화에 의하여 시간이 드러나고, 시간의 대상화, 곧 분합작용에 의하여 물건적 천지의 세계가

---

119 金恒,『正易』第八張, "天地는 匪日月이면 空殼이오 日月은 匪至人이면 虛影이니라."

전개됨을 알 수 있다. 그러면 일월은 무엇인가?

일부는 일월을 성리性理와 수數, 기氣를 통하여 밝히고 있다. 먼저 그가 천지와 일월의 관계에 대하여 밝히고 있는 내용은 다음과 같다.

> 수토水土가 도道를 이룬 것이 천지天地이며, 천지天地가 합덕合德한 것이 일월日月이다.[120]

수토는 십오十五와 일육一六이다. 따라서 수토의 성도는 하도의 도생역성에 의하여 천지가 생성됨을 뜻한다. 그리고 천지가 합덕한 것이 일월이라는 것은 일월이 천지의 분신分身임을 뜻한다. 천지와 일월의 관계를 밝힌 일부는 일월의 특성을 다음과 같이 밝히고 있다.

> 태양太陽이 항상恒常 함은 성性이 온전하고, 이理가 곧기 때문이다. 태음太陰이 소장消長함은 수數가 차면 기氣가 비워지기 때문이다. 가득 찼다가 비워짐은 기氣로 선천先天이며, 소멸하였다가 자라남은 이理로 후천后天이다.[121]

위의 내용을 통하여 태양은 항상 한 성리性理를 나타내고, 태음은 소장하는 기氣를 나타냄을 알 수 있다. 태양은 성품과 이치가 하나가 된 합일의 세계를 나타내고, 태음은 수에 따라서 소장消長하는 분생의 세계를 나타낸다.

그런데 태양의 항상 함은 태음의 영허盈虛, 소장消長으로 나타난다.

---

120 金恒, 『正易』第八張, "水土之成道가 天地요 天地之合德이 日月이니라."

121 金恒, 『正易』第八張, "太陽恒常은 性全理直이니라. 太陰消長은 數盈氣虛니라. 盈虛는 氣也니 先天이니라. 消長은 理也니 后天이니라."

태음의 작용은 15일을 기본 단위로 이루어진다. 선보름은 기氣가 중심이 되어 이루어지는 영허盈虛로 선천을 나타내고, 후보름은 이理가 중심이 되어 이루어지는 소장消長으로 후천을 나타낸다. 그러면 일월의 영허소장은 어떻게 이루어지는가?

일월의 작용은 천지의 분합작용이다. 그것은 천지의 합덕에 의하여 일월이 분생하고, 일월은 천지의 분합작용을 대신하여 작용함을 뜻한다. 일부는 천지와 일월에 대하여 다음과 같이 밝히고 있다.

> 천지天地의 합덕合德은 32이며, 지천地天의 합도合道는 61이다. 일월日月은 유무지有无地에서 동궁同宮하고, 월일月日은 선후천先后天을 동도同度한다. 36궁宮의 선천월先天月이 후천后天의 30일日을 크게 밝힌다.[122]

위의 내용을 보면 천지도 합덕, 합도를 하고, 일월도 유무지有無地에서 동궁同宮하여 하나가 되어, 월일이 동도함을 알 수 있다. 그러면 천지와 일월의 합일과 분생에 의하여 시간이 어떻게 이루어지는가?

무위인 공이 합일하여 분, 각, 시, 일, 월, 년이 되고, 기는 다시 분생하여 월, 일, 시, 각, 분이 되고 공으로 돌아간다. 이처럼 공의 합일과 분생에 의하여 일 년의 기수에 대하여 일부는 다음과 같이 밝히고 있다.

> 요堯의 기朞는 366일이며, 순舜의 기朞는 365와 1/4일이고, 일부一夫의 기는 375일로 15도를 존공尊空하면 공자孔子의 기朞로 360일에 해당한다.[123]

---

122 金恒, 『正易』 第三張, "天地合德三十二요 地天合道六十一을 日月同宮有无地요 月日同度 先后天을 三十六宮先天月이 大明后天三十日을."

123 金恒, 『正易』 第六張, "帝堯之朞는 三百有六旬有六日이니라. 帝舜之朞는 三百六十五度 四分度之一이니라. 一夫之朞는 三百七十五度니 十五를 尊空하면 正吾夫子之朞로 當朞 三百六十日이니라."

우리는 여기서 일 년의 기수가 모두 요, 순, 공자, 일부와 같은 사람과 관련하여 제시되고 있을 뿐만 아니라 15도를 공空으로 받든다고 하여 공空으로 돌리는 귀체歸體를 인격적 관점에서 논하고 있음을 알 수 있다. 그러면 이것이 무엇을 의미하는가?

일부는 요, 순, 공자 그리고 일부가 밝힌 네 기수를 각각 윤역과 정역 그리고 원역으로 규정하여 사력의 관계를 밝히고 있는데 그 내용은 다음과 같다.

> 천지의 수는 일월을 헤아림이니, 일월이 바르지 않으면 역易이 역易이 아니다.
> 역이 정역이 되어야 역이니, 원역이 어찌 항상 윤역으로만 작용하겠는가![124]

인용문을 보면 천지의 수는 일월의 운행을 나타내는 수이다. 그렇기 때문에 천지의 수에 의하여 일월의 운행 도수가 올바르지 않으면 역이 역이라고 할 수 없다. 그러면 역이 역易이 됨은 무엇을 뜻하는가?

역의 역됨, 곧 역을 역이라고 할 수 있는 것은 정역正易에 있다. 일부는 정역正曆을 공자가 주역에서 제시한 360일의 기수로 규정하고 있다.

그것은 음윤역과 양윤역의 기준이 되는 동시에 음역과 양력이 하나가 된 역으로서의 중정역임을 뜻한다. 그러면 일부가 윤역과 정역 그리고 원역을 언급한 까닭이 무엇인가?

우리는 원역이 어찌 윤역으로만 작용하겠는가라는 말을 통하여 원역과 세 역曆이 체용의 관계임을 알 수 있다. 우리는 요와 순 그리고 공자와 일부가 차례로 살았을 뿐만 아니라 역수의 관계를 살펴보면 366일

---

[124] 金恒, 『正易』 正易詩, "天地之數는 數日月이니 日月이 不正이면 易匪易이라 易爲正易이라사 易爲易이니 原易이 何常用閏易고."

에서 365와 1/4일로 그리고 365와 1/4일에서 360일로 변화할 것을 유추할 수 있다. 그러면 일부의 기수는 무엇인가?

일부가 존공, 귀체한다고 하였던 15도는 하도의 중심 수와 일치한다. 그것을 통하여 15도가 역수에 있어서 366일역, 365와 1/4일의 두 윤역과 360의 정역의 본체임을 알 수 있다. 따라서 일부가 밝힌 375일역이 바로 원역임을 알 수 있다. 그러면 두 윤역과 정역 그리고 원역의 사역의 변화가 나타나는 것은 무엇인가?

사역을 밝힌 네 사람들은 모두 지금은 생존하지 않는 과거의 사람들이다. 그것은 비록 일부가 사역四曆을 네 사람과 관련하여 밝혔을 뿐만 아니라 현행의 양력이 365와 1/4일역이기 때문에 장차 360의 정역으로 바뀔 것을 나타낸 것이라고 생각할 수 있다. 그러면 기수가 변하는 것은 무엇을 의미하는가?

우리는 천지의 수가 일월의 운행 도수를 나타낸 것임을 살펴보았다. 그것은 기수를 통하여 제시되는 물리적 시간의 세계를 대상화하여 나타낸 것이 바로 물건의 세계임을 뜻한다.

기제의 세계는 이미 드러난 시간의 세계, 곧 물리적 시간의 세계이면서 공간의 세계 곧 물건의 세계이다. 그것을 주역에서는 천지와 일월, 사시의 만물의 세계로 규정하고 있다.

주역의 64괘의 내용을 집약하여 나타내고 있는 중천건괘와 중지곤괘를 보면 중천건괘는 시의성이 공간성이 되어 전개되는 시간의 세계를 나타내고, 중지곤괘는 시간이 바탕이 되어 전개되는 공간적 세계로서의 물건적 세계를 나타낸다.

중천건괘에서는 시의성을 바탕으로 전개되는 물리적 시간의 세계를 양효陽爻를 통하여 나타내고 있다. 그리고 중천건괘의 단사彖辭에서는

"종시終始를 크게 밝혀서 육위六位가 이루어진다"[125]고 하여 종시의 세계가 바탕이 되어 시종의 세계를 나타내는 중천건괘의 육효가 형성됨을 밝히고 있다. 종시는 시의성을 나타내며, 시종의 시의성을 바탕으로 전개되는 시간의 세계를 나타낸다.

중천건괘의 효사爻辭에서는 시의성을 용龍으로 나타내어 여섯의 효爻가 나타내는 시위時位에 상관이 없이 항상 하는 본성을 나타내고 있다. 그리고 중지곤괘에서는 언행으로 드러나는 근저에 있는 물건적 존재로서의 물리적 생명을 나타내고 있다. 그러면 일월의 합일合一, 분생分生과 천지의 도는 어떤 관계인가?

시간성의 시간화, 곧 시간성의 현현은 영원한 현재이다. 그것은 매 순간에 드러나는 시간을 나타낸다. 일부는 영원한 현재를 인간을 중심으로 다음과 같이 나타내고 있다.

> 유소有巢가 이미 집을 지었으며, 수인燧人이 이어 불을 사용하였다. 신령스럽구나, 복희伏羲가 괘卦를 긋고, 성스럽구나, 신농神農이 농사農事를 시작하였다. 황제黃帝는 남두南斗 육성六星을 관찰하여 간지도수干支度數를 제정制定하였고, 신령스러운 요堯임금은 갑진년甲辰年에 등극登極하였다. 제순帝舜은 선기옥형璇璣玉衡을 관찰하여 칠정七政을 행하였으며, 대우大禹는 현묘玄妙한 낙서원리洛書原理를 응용하여 나라를 구주九州로 나누어 다스렸다. 은묘殷廟에서 탕湯임금의 덕德을 볼 수 있으며, 기자箕子도 이에 성인聖人이시니 주周나라의 덕德이 이로부터 시작된다. 주나라의 건국建國은 문왕文王과 무왕武王에 있으며, 문물文物 제도制度의 완비는 주공周公의 덕德이다. 기린麒麟스럽다, 우리의 성인聖人인 공자孔子여! 건곤乾坤 중립中立하여 위로는 천시天時를 본받고 아래로는 성인의 도를 물려받아 오늘에 전하였다. 아아, 오늘, 오늘이여! 육십삼六十三과 칠십이七十二

---

125 『周易』 重天乾卦 彖辭, "大明終始하면 六位時成하나니 時乘六龍하야 以御天하나니라."

와 팔십일八十一은 일부一夫에서 하나가 된다.[126]

인용문은 일부가 반고盤古의 자화自化에 의하여 천황의 무위無爲와 지황의 재덕載德이 이루어지고, 인황이 흥작興作함을 밝힌 후에 제시한 내용이다. 그것은 그가 시간성의 시간화를 시간성, 시의성, 시간으로 구분하여 각각 천황, 지황, 인황으로 나타내고, 그 특성을 무위와 재덕, 흥작으로 나타내었음을 뜻한다.

그는 시간성의 시간화를 인간의 역사를 통하여 사람과 사람을 통하여 하나로 연결되는 도통道統으로 나타내었다. 우선 도통에 참여한 사람들의 면면을 보면 유소, 수인, 복희, 신농, 황제, 요, 순, 우, 탕, 문왕, 무왕, 주공, 공자와 일부를 논하고 있다.

도통에 참여한 소위 성인들은 중국의 주역과 논어, 맹자를 비롯한 여러 전적들에서 언급되고 있는 내용과 비슷하다. 우리가 위의 내용을 피상적으로 이해하면 일부가 중국이라는 특정한 국가의 사람들을 중심으로 형성된 성통을 통하여 자신의 연원을 밝히고 있는 점에서 사대주의자事大主義者라고 생각할 수 있다.

우리는 그가 유학자이면서 역학자임을 상기할 필요가 있다. 그러나 앞에서 살펴본 바와 같이 일부는 공자와 자신의 관점이 서로 다름을 분명하게 밝히고 있다.

일부가 제시한 도통은 성리학자들이나 심학자心學者들이 자신의 입

---

126 金恒, 『正易』第一張, "嗚呼라 盤古化하시니 天皇无爲시고 地皇載德하시고 人皇作이로다. 有巢旣巢하시고 燧人乃燧로다. 神哉라 伏羲劃結하시고 聖哉라 神農耕市로다. 黃帝甲子星斗요 神堯日月甲辰이로다. 帝舜七政玉衡이오 大禹九州玄龜로다. 殷廟에 可以觀德이오 箕聖乃聖이시니 周德在玆하야 二南七月이로다. 麟兮我聖이여 乾坤中立하사 上律下襲하시니 襲于今日이로다. 嗚呼라 今日今日이여 六十三 七十二 八十一은 一乎一夫니라."

장에서 서로 다르게 논하는 도통, 학통과는 그 의미가 다르다. 그러면 그가 나타내고자 하는 내용은 무엇인가?

일부가 이 부분을 통하여 나타내고자 하는 내용이 무엇인지는 인용문의 마지막 부분에서 파악할 수 있다. 그는 마지막 부분에서 "아아, 오늘, 오늘이여! 육십삼六十三과 칠십이七十二와 팔십일八十一은 일부一夫에서 하나가 된다"고 하였다.

육십삼六十三과 칠십이七十二와 팔십일八十一은 건책도수를 나타내는 216이다. 이를 통하여 63, 72, 81이 일부에서 하나가 된다고 한 것은 성통을 통하여 제시된 천도가 지금 여기의 나로 집약됨을 나타낸다. 그러면 이러한 내용은 이전의 모든 도통이 일부 자신으로 집약됨을 나타내는가?

우리는 먼저 성통의 성격이 무엇인지를 파악해야 한다. 중국유학에서 성통을 제시하는 까닭은 성인의 도의 전수 계통을 통하여 중국의 역사를 나타내기 위함이다.

우리는 십익에서 성통을 통하여 상고시대에서 주나라에 이르는 중국 역사를 역학사로 나타내고 있음을 볼 수 있다. 그러면 일부는 인용문의 내용을 통하여 중국 역사가 자신에게 집약됨을 나타내는가?

성통사, 역학사가 나타내는 상고시대 이후의 역사는 물론 더 나아가서 인류의 역사, 우주의 역사는 시간성의 시간화이다. 이 시간성의 시간화가 바로 지금 여기의 나로 드러난다. 그러면 시간성의 시간화가 지금 여기의 나라는 것은 무엇을 의미하는가?

우리는 일부가 금일今日을 세 번 언급한 것을 생각할 필요가 있다. 그것은 과거도 현재이며, 미래도 현재이고, 현재도 현재임을 뜻한다. 이처럼 시간성의 시간화를 한마디로 나타낸 개념이 바로 영원한 현재이다. 따라서 영원한 현재가 일부에서 하나가 된다는 것은 지금 여기의 내가 바로 영원한 현재적 존재임을 나타낸다.

지금 여기의 나를 나타내는 영원한 현재는 시간과 공간 그리고 만물이 모두 고정되지 않고 매 순간 다양한 현상으로 나타났다가 사라질 뿐이어서 있다거나 없다는 유무有無의 어느 일면으로 나타낼 수 없음을 뜻한다.

현재는 나타나 있음이 아니라 매 순간 끊임없이 나타남의 의미이다. 그것은 나타남과 사라짐의 두 의미, 곧 생성과 소멸을 함께 나타낸다. 왜냐하면 도생역생이 매 순간의 끊임없이 생성을 나타내는 것과 달리 역생도성은 생성된 사건이 소멸되는 측면을 나타내는데, 이 두 측면을 함께 나타내는 개념이 영원한 현재이기 때문이다.

그러나 나타남은 고정되지 않아서 사라짐이듯이 나타났다가 소멸되는 현재도 고정되지 않는다. 그렇기 때문에 영원한 현재라고 말한다. 그렇다고 하여 영원한 현재가 나타남과 사라짐의 반복을 나타내지 않는다.

매 순간의 나타남은 새로운 나타남이기 때문에 끊임없는 창조이고, 사라짐은 단순한 소멸이 아니라 새로운 창조로 드러나는 점에서 진화이다.

그러나 창조와 진화, 생성과 소멸을 나타나는 변화, 현재, 창발, 현현도 고정되지 않기 때문에 영원한 현재라고 말한다. 따라서 현재, 생성, 현현에 의하여 영원함이 성립되고, 영원함에 의하여 현재, 현현이 성립되지만 그와 반대로 영원함에 의하여 현재가 부정되고, 현재에 의하여 영원함이 부정된다. 그러면 중국유학자들이 내세우는 성통, 도통, 학통과 일부가 제시한 내용이 어떻게 다른가?

주역을 비롯한 서경, 논어, 맹자와 같은 유가의 전적들과 송대宋代의 성리학자, 명대明代의 심학자心學者들에 의하여 제시된 도통은 그것을 근거로 자신들의 이론이 정통正統이고, 나머지의 다른 학문들은 이단異端이라는 가치판단의 기준으로 삼기 위하여 제시한 것이다.

그러나 도는 유형적인 것이 아니기 때문에 사람과 사람이 서로 주고받을 수 없다. 그리고 도는 사람이 주고받지 않거나 주고받거나와 상관이 없을 뿐만 아니라 심지어는 사람이 깨닫지 못한다고 하여 도가 사라지는 것은 아니다.

사람이 깨닫는 순간 없던 도가 비로소 생겨나는 것도 아니고, 인간이 깨닫지 못하였다고 하여 도가 사라지는 것도 아니다. 마찬가지로 도는 사람이 다른 사람에게 전해 줌으로써 전달되고, 그렇지 않으면 사라지는 것이 아니다. 그러면 도와 인간이 무관한가?

만약 인간이 없다면 도가 무슨 의미가 있겠는가. 다만 도라는 실체가 있다고 할 수 없지만 그렇다고 하여 없다고 할 수는 없어서 유무를 넘어서면서도 유무를 벗어나지 않기 때문에 중中, 중도中道라고 표현한다.

우리가 아무런 생각이 없다가 어느 순간에 한 생각을 낼 때 그것은 육신이라는 물건의 작용도 아니고, 그렇다고 하여 마음이라는 실체가 있어서 생각을 내는 것이 아니다. 그렇기 때문에 육신과 마음 이전이라고 나타낼 수 있는 본성, 내 안의 나 곧 나 아닌 나가 없다고 할 수는 없다.

그럼에도 불구하고 유학儒學자들은 서로 다른 도통을 제시하고 그것을 기준으로 이학理學과 심학心學이 정통을 다투고, 시대상으로는 훈고학訓詁學, 이학理學, 심학心學, 고증학考證學이 서로 정통을 다툰다.

중국 불교학자들도 불교와 다른 학문을 구분하여 내도內道와 외도外道로 나타내고, 교종教宗과 선종禪宗을 구분하며, 남종과 북종을 구분하여 정통과 이단을 논한다.

세상에 그리고 삶 자체에는 시비, 선악, 미추, 이단과 정통이 없다. 단지 인간이 자신과 세계에 대하여 제시하는 다양한 주장과 주장을 대상으로 시비是非, 선악善惡, 미추美醜, 정통正統과 이단異端이라는 분별을 만들어 낼 뿐이다.

도통을 바탕으로 송대宋代의 도학道學이 형성되면서 성리학과 심학心學이 정통을 다투었듯이 한국 성리학자들도 도통道統을 통하여 이단과 정통을 논하고 있다. 물론 그 어떤 주장이나 이론 체계, 사상, 이념은 모두 본성, 자성, 내 안의 나로부터 나타난 것이기 때문에 둘이 아니다. 그렇다면 우리는 어떻게 이해할 것인가?

일부는 반고, 화옹, 화화옹, 화무상제와 같은 다양한 개념을 통하여 세계가 유무를 넘어섬을 나타내면서도 변화, 생성을 통하여 유무를 벗어나지 않음을 나타내어 세계가 고정되지 않아서 무엇이라고 할 수 없음을 밝히고 있다.

그가 공空, 중中으로 나타내는 세계는 영원한 현재이다. 무無의 측면에서는 세계는 영원하지만 영원에 머물지 않아서 시간으로 화하기 때문에 시간성이고, 유有의 측면에서는 세계는 현재이지만 현재에 머물지 않아서 시간성으로 화하기 때문에 시간이다.

3. 영원한 현재와 본래성

우리는 앞에서 시간성이 매 순간 시간화함으로써 지금 여기의 나에 의하여 드러나는 다양한 사건의 세계, 현상의 세계가 전개됨을 살펴보았다.

그리고 사건의 세계는 고정되지 않고 매 순간 나타났다가 다시 본래의 자리로 돌아가는 소멸의 연속이기 때문에 있다거나 없다는 유무有無를 넘어서 있음을 살펴보았다.

시간성이 매 순간 시간화하고 다시 시간성으로 돌아가는 영원한 현재는 끊임없이 움직이는 세계, 생명이 넘치는 활발발活潑潑한 세계이다. 영원한 현재의 세계에서 죽음은 새로운 생명으로 살아나는 죽음이며, 소멸은 새롭게 창조되는 진화로서의 소멸이다.

어떤 제약이나 통제가 없는 자유로운 세계, 아무런 부족함이 없이 충만한 세계, 끊임없이 타자로 화하여 채워 주는 세계가 영원한 현재이다. 그러면 우리가 일상적으로 경험하는 만물의 세계, 현상의 세계는 없는가?

현상의 세계는 수많은 물건에 의하여 구성된 만물의 세계이다. 이때 만물의 세계는 이것과 저것, 생물과 무생물과 같은 다양한 기준에 의하여 분석과 종합이 가능한 세계이다. 이처럼 분석과 종합이 가능한 만물의 세계는 시간이 정지된 세계이다.

그것은 만물의 세계가 시간을 정지시켜서 고정된 세계를 대상으로 분석함으로써 드러나는 세계임을 뜻한다. 이처럼 분석을 통하여 드러나는 세계는 매 순간에 집중執中하여 드러나는 세계라고 할 수 있다. 그러면 만물의 세계는 어떻게 드러나는가?

만물의 세계는 고정된 실체적 존재가 아니라 지금 여기의 나를 통하여 드러난다. 그렇기 때문에 만물의 세계를 이해하기 위해서는 지금 여기의 나를 중심으로 이해하지 않을 수 없다. 그러면 지금 여기의 나를 통하여 만물의 세계를 이해할 수 있음은 무엇을 의미하는가?

지금 여기의 나는 영원한 현재의 다른 표현이다. 그리고 영원한 현재는 하도와 낙서를 통하여 상징적으로 나타내고 있다. 이때 현상의 세계를 중심으로 영원한 현재를 나타내는 도상이 낙서이다. 따라서 우리는 낙서를 통하여 만물의 세계를 이해할 수 있다.

영원한 현재의 영원함, 곧 영원한 현재의 현재 이전을 나타내는 것은 낙서의 오황극이다. 그러므로 낙서의 오황극을 통하여 만물의 세계를 이해하게 된다.

오황극은 시간성의 관점에서는 현재성이다. 현재성은 과거성과 미래성이 하나가 된 본래성이다. 이 본래성에 의하여 만물의 세계가 전개된다.

일부는 시간성이 지금 여기의 나를 통하여 본래성으로 드러남을 도서를 중심으로 다음과 같이 밝히고 있다.

> 이치가 본원에 모이는데 본원을 성性이라고 한다.[127]

우리는 인용문을 통하여 시간성의 본래성이 만물의 관점에서는 만물의 존재근거로서의 만물성, 사물성으로 표현되고 있음을 알 수 있다. 이처럼 만물을 만물이게 하는 근거를 인간의 관점에서는 인간성, 인성人性, 자성自性, 본성本性이라고 한다.

우리가 시간성의 시간화에 의하여 사건의 세계를 나타내고, 사건의 세계를 다시 대상화하여 만물의 세계를 나타낼 때 시간성은 시간의 차원에서는 시의성이 되고, 그것은 다시 물건의 차원에서 만물의 본성이 된다.

만물의 세계는 인간을 중심으로 나타내면 사건의 세계와 물건의 세계,

---

[127] 金恒, 『正易』 第七張, "理會本原은 原是性이오 乾坤天地에 雷風中이라."

곧 시간과 공간의 세계로 구분하여 나타낼 수 있다. 일부는 반고를 나타내는 도역생성의 세계를 둘로 나타낸 하도와 낙서를 대상화여 물건적 관점에서 나타내어 각각 시간성의 세계를 나타내는 천도와 공간성, 물건성의 세계를 나타내는 지도의 표상 체계로 규정하였다.

그것은 우리가 도역의 생성으로 드러나는 변화의 세계, 고정되지 않는 세계를 형이상과 형이하의 양자로 구분하여 나타낼 때 비로소 시간성과 시간의 세계, 곧 천도天道, 천문天文의 세계와 지도地道, 지문地文의 세계로 구분됨을 뜻한다.

우리가 시간성의 세계를 고정화하고 물건화하여 나타냄으로써 비로소 천도와 천문이라는 형이상과 지도와 지문이라는 형이하의 세계가 형성된다. 그러면 시간성의 대상화, 곧 공간성화에 대하여 구체적으로 살펴보자.

우리는 시간성의 세계를 영원한 세계로 그리고 그것이 나타난 시간의 세계를 순간으로 구분하여 나타냄으로써 비로소 영원과 순간이라는 하나가 될 수 없는 분별의 세계를 갖게 된다.

본래 시간은 영원이 나타난 순간이기 때문에 영원과 별개의 것이 아니다. 그럼에도 불구하고 시간을 다시 대상화하여 과거와 미래, 그리고 현재로 구분하여 물리적 시간을 나타낸다.

그리고 우리는 물리적 시간의 존재근거를 천도라고 말한다. 천도는 시간성을 물리적 시간의 관점에서 대상화하여 나타낸 것이다. 물리적 시간의 관점에서 시간성은 시간의 존재근거인 시의성時義性이다. 이것이 서경書經이나 논어論語에서 천도의 내용으로 제시하고 있는 '역수원리'이다. 그러면 천도는 무엇인가?

천도는 시간성이 본성에 의하여 탈자脫自하여 시간으로 화化하는 변화이다. 그것은 본성에 의하여 스스로 이루어지는 점에서 자연自然이지만 인연에 따라서 이루어지는 점에서는 연기緣起이다.

그러나 천도는 본성에 의하여 이루어지는 자연도 아닐 뿐만 아니라 인연에 따라서 이루어지는 연기도 아니다. 그렇기 때문에 인연과 자연을 넘어서면서도 인연과 자연을 벗어나지 않는다.

그럼에도 불구하고 우리가 천도에 의하여 지도地道와 인도人道가 형성됨을 논하기 시작하면서 인도라는 실체의 근거가 되는 천도라는 실체가 있다고 생각하게 된다.

그리고 천도가 인간의 존재근거라고 생각하게 되면서 인격성이 더해져서 천명天命이라는 개념이 생성되고, 다시 상제上帝, 제帝라는 개념이 나타나기 시작한다.

상제라는 우리와 별개의 인격적 존재가 있어서 우리 자신과 세계를 창조하고 통제를 한다는 사고는 시간성과 지금 여기의 나를 둘로 보는 사고이다.

시간성의 시간화에 의하여 드러나는 사건을 객관화하여 물건처럼 나타낸 것이 남과 구분되는 지금 여기의 나이다. 따라서 남과 구분되고, 자연과 구분되며, 세계와 구분되는 나는 없다.

그것은 나와 구분되는 별개의 천도天道가 없고, 나와 무관한 상제上帝가 없으며, 나와 둘인 천명天命이 없음을 뜻한다. 천도는 지금 여기의 나를 시간성의 차원에서 나타낸 것이고, 상제는 지금 여기의 나를 다양한 삶으로 드러나기 이전의 창조적 작용을 주재主宰하는 주체를 중심으로 나타낸 것이며, 천명天命은 나와 별개의 하늘이 있어서 그가 내려 준 사명使命을 말하는 것이 아니라 지금 여기의 내가 자각하여 실천하는 삶의 방향, 목표를 나타낸다. 그러면 시간성, 시간과 우리는 어떤 관계인가?

시간성은 우리의 삶이 매 순간 변變하여 화化하는 과정을 대상화하여 나타낸 개념이다. 그것은 우리 자신이 고정되지 않고 끊임없이 변하여 화함으로써 시공에서 다양하게 나타남을 뜻한다.

그런데 시간성의 시간화는 시간성이 변하여 시의성時義性으로 그리고 시의성이 화化하여 시간으로 나타나는 과정을 거친다. 이처럼 시간으로 나타남은 시종始終의 사건으로 드러남을 뜻한다. 이 사건을 대상화하여 물건의 세계가 전개된다.

주역에서는 일월의 합일과 분생을 물건화하여 천지의 도로 나타내고, 그것을 바탕으로 물건적 존재의 본성을 밝히고 있는데 그 내용은 다음과 같다.

> 한번은 음陰으로 작용하고, 한번은 양陽으로 작용하는 것을 도道라고 하며, (음양의 작용이) 계속되는 것을 선善이라고 하고, 이루어진 것을 성性이라고 한다.[128]

위의 내용을 보면 일월의 분생分生과 합일合一을 각각 음陰의 작용과 양陽의 작용으로 나타내고 있음을 알 수 있다. 그것은 시간을 나타내는 일월日月을 대상화하여 물건적 존재로 나타내어 도라는 실체적 존재에 의하여 이루어지는 작용으로 이해하였음을 뜻한다.

그리고 도를 다시 가치론적 관점에서 선善으로 규정한 후에 사물의 관점에서 그 본질을 나타내는 성性으로 이해하였다.

우리는 십익에서 음양의 작용과 본체인 도를 구분하여 양자를 각각

---

[128] 『周易』 繫辭上篇 第五章, "一陰一陽之謂道니 繼之者善也오 成之者性也라."

형이상적 존재와 형이하적 존재로 나타내었음을 알 수 있다.

십익에서는 "천도를 세워서 음과 양이라고 하고, 지도를 세워서 유柔와 강剛이라고 한다"[129]고 하였다. 이는 도역생성에 의하여 이루어지는 시간성의 시간화를 물리적 차원에서 대상화하여 천도와 지도로 구분하여 그것을 각각 음양과 강유를 통하여 나타내었음을 뜻한다. 그러면 천도와 지도는 어떤 관계인가?

천도와 지도에 대하여 십익에서는 공간적 상하 관계를 통하여 다음과 같이 나타내고 있다.

> 천도는 아래로 건너와 빛나 밝고, 지도는 아래에서 위로 작용한다.[130]

천도가 광명光明이라는 것은 시간성임을 나타내며, 아래로 내려옴은 도생역성을 나타낸다. 그리고 지도는 공간성을 나타내고, 아래에서 위로 작용함은 역생도성을 나타낸다.

이때 천지의 도는 도역생성원리를 대상화하여 물건적 관점에서 나타낸 것이다. 그것은 일월원리를 중심으로 천도와 지도를 나타내어 일월작용을 천도 그리고 일월에 의하여 드러나는 현상적 작용을 강유로 나타낸 것임을 뜻한다. 그러면 천지의 도는 실재하는가?

시간의 세계는 공空, 무위無位의 세계가 드러난 것이다. 그렇기 때문에 시간성의 시간화, 곧 도역생성에 의하여 나타난 시간은 다시 시간성

---

129 『周易』說卦 第二章, "是以 立天之道曰陰與陽이오 立地之道曰柔與剛이오 立人之道曰仁與義니."

130 『周易』 地山謙卦 彖辭, "天道下濟而光明하고 地道卑而上行이라. 天道는 虧盈而益謙하고 地道는 變盈而流謙하고 鬼神은 害盈而福謙하고 人道는 惡盈而好謙하나니 謙은 尊而光하고 卑而不可踰니 君子之終也라."

으로 귀체, 귀공하기 때문에 시간이라는 고정되어 변화가 없는 실체적 존재가 없다.

우리가 세계를 시간성의 시간화와 시간의 시간성화를 내용으로 하는 변화로 나타내는 까닭은 세계 자체가 유와 무라는 개념을 통하여 나타낼 수 있는 고정된 물건적 존재가 아님을 밝히기 위함이다.

도생역성의 관점에서는 시간이 생성되기 때문에 시간이 없지는 않지만 역생도성의 관점에서는 시간이 시간성으로 귀체, 귀공하기 때문에 있다고 할 수 없다.

그리고 시간성이 시간화하는 측면에서는 시간성이 없지는 않지만 그러나 시간의 측면에서는 시간성은 없다. 따라서 시간성과 시간이 모두 없지는 않지만 있다고 할 수 없다.

시간성의 시간화와 시간의 시간성화와 마찬가지로 물건적 관점에서 제시되고 있는 천도와 지도 역시 매 순간 나타났다가 사라지기 때문에 없다고 할 수 없지만 고정되지 않아서 있다고 할 수 없다. 그러면 도역의 생성을 대상화하여 물건적 관점에서 합일과 분생으로 나타내는 것은 무엇을 의미하는가?

우리는 앞에서 하도와 낙서를 고찰하면서 양자의 관계를 나타내는 기준이 오五임을 살펴보았다. 이 오五에 의하여 도역의 생성이 이루어지고, 기제와 미제, 선천과 후천이 구분되며, 양자가 하나가 된다. 따라서 황극皇極의 의미를 파악함으로써 도서의 이치와 천지의 도의 관계를 알 수 있다. 그러면 도역생성의 근거가 되는 황극皇極은 무엇인가?

일부는 황극을 십十과 일一 곧 무극無極과 태극太極이 하나가 된 것으로 규정하고 있다. 그것은 무극과 태극의 도역생성이 이루어지는 기준이 황극임을 뜻한다.

시간성의 차원에서는 현재성現在性, 현현성顯現性, 본래성本來性이 바로 황극이다. 그러면 공간성의 차원에서 언급된 황극은 무엇인가?

일부는 "이치理致는 본원本原에 모이니 성품이다"[131]라고 하였다. 그것은 도서의 이치, 곧 도역의 생성 원리가 지금 여기의 나의 성품에 의하여 밝혀짐을 뜻한다.

그는 "천지는 일월이 없으면 빈껍데기이며, 일월은 지인至人이 없으면 빈 그림자이다"[132]라고 하여 공간성의 차원에서 인간을 언급하고 있다.

일월은 지구와의 관계를 통하여 시간을 규정하는 수단이 되는 해와 달을 가리키는 동시에 시간의 단위를 가리킨다. 이를 통하여 천지가 일월이 없으면 빈껍데기라는 것은 천지의 근원이 시간성임을 나타낸다.

그리고 지인至人은 인간다운 인간, 곧 본성을 주체로 살아가는 사람을 가리킨다. 따라서 지인이 없다면 일월이 빈 그림자라는 것은 인간의 본성이 바로 시간성임을 뜻한다. 따라서 시간성과 공간성이 모두 인간의 본성, 성품을 바탕으로 성립됨을 알 수 있다.

그것은 세계를 인간의 본성을 중심으로 나타내어 각각 시간성과 공간성으로 나타내기도 하고, 천도와 지도로 나타내기도 함을 뜻한다. 황극은 시간성의 차원에서는 현재성, 현현성, 본래성이다.

황극皇極은 시간성이 시간화하는 창조적 특성을 나타내는 개념인 동시에 공간성의 차원에서는 천도와 지도가 분생分生하고, 합일合一하는 근거를 나타내는 개념이다.

공간성의 차원에서 보면 형이상과 형이하, 무극과 태극, 영원과 순간

131　金恒, 『正易』第七章, "理會本原은 原是性이오 乾坤天地에 雷風中이라."

132　金恒, 『正易』第七章, "天地는 匪日月이면 空殼이오 日月은 匪至人이면 虛影이니라."

과 같은 모든 분별을 낳거나 분별을 합일하여 그것을 넘어서 무분별에 이르는 것이 모두 오황극五皇極에 의하여 이루어진다.

인간의 관점에서는 본성이 바로 세계와 개체적 존재를 하나로 하는 천인합일天人合一을 이루는 근거이자 천인분생天人分生이 이루어지는 근거이다.

개체적 존재와 세계의 합일은 인간의 본성에 의하여 이루어진다. 따라서 천인합일은 인간의 형이상적 본성과 물리적 생명이 하나가 되는 성명합일性命合一에 의하여 이루어진다. 우리는 이를 통하여 인간의 본성이 오황극임을 알 수 있다.

정치의 측면에서는 정치의 중심인 지도자가 오황극五皇極이다. 서경에서는 정치를 여덟 개의 범주를 통하여 나타내고 그 중심에 오황극을 제시하여 군주를 언급하고 있다.[133] 그것은 정치의 중심이 그것을 운용하는 주체인 지도자를 중심으로 이루어짐을 나타낸 것이다.

서경의 홍범구주에서 황극을 국가 사회의 측면에서 정치 원리의 주체로 나타내고 있는 것과 달리 정역에서는 황극을 인류사적 측면에서 밝히고 있다. 그러면 우리는 왜 영원한 현재를 대상으로 그것을 다시 물건화하여 나타내는가?

오황극은 인간의 관점에서는 내 안의 나를 나타낸다. 이 내 안의 나는 마음과 다양한 언행으로 나타나는 표면의 나와 달리 비록 나라고 하였지만 나와 남의 구분이 없을 뿐만 아니라 세계와 구분이 없다. 그렇기 때문에 나 아닌 나, 본성, 자성, 인성, 불성과 같이 다양한 개념으

---

133 『書經』洪範, "五皇極, 皇建其有極, 斂時五福, 用敷錫厥庶民, 惟時厥庶民, 于汝極, 錫汝保極."

로 나타낸다.

우리가 본성, 본래성을 중심으로 우리 자신을 이해하면 우리 자신이 고정되지 않아서 매 순간 다양하게 드러나기 때문에 무아無我라고 할 수 있지만 매 순간 드러나는 측면에서는 자아自我, 개아個我라고 할 수 있다.

이처럼 나도 유무有無에 의하여 나타낼 수 없을 뿐만 아니라 내 삶도 역시 유무有無로 나타낼 수 없다. 그러면 우리는 왜 고정되지 않는 나를 내 안의 나로 나타내고, 표면의 나로 나타내어 각각 본성, 마음 그리고 육신으로 구분하는가?

우리가 고정되지 않는 세계를 물건으로 나타냄은 곧 세계의 대상화이다. 그리고 대상화는 곧 물건화이고, 물건화는 현상화이다.

그것은 시간성의 시간화를 다시 물건화하여 현상적 관점에서 나타냄을 뜻한다. 왜냐하면 도역의 생성을 현상적 관점에서 이해할 때 비로소 인간의 삶이 무엇인지를 나타낼 수 있기 때문이다. 그러면 도역생성의 대상화는 어떻게 이루어지는가?

일부는 도역의 생성을 각각 무극과 태극의 작용으로 나타내고 있다. 그리고 무극과 태극의 중심에 황극이 있다고 하여 황극을 중심으로 무극과 태극의 분합이 이루어짐을 밝히고 있다. 따라서 황극을 중심으로 시간성을 대상화하여 나타낸 것이 천도와 지도이다.

황극을 통하여 무극과 태극을 함께 나타낸 것이 영원한 현재이다. 태극은 유의 세계, 현상의 세계를 바탕으로 시간성을 나타내고, 무극은 무의 세계, 형이상의 세계를 바탕으로 시간성을 나타낸다. 그리고 양자가 하나가 된 세계를 나타내는 개념이 황극이다. 무극과 태극이 하나가 된 황극이 바로 영원한 현재이다.

우리가 영원한 현재를 대상화하여 마치 세 가지의 물건처럼 나타낸 것이 천도와 지도 그리고 인도이다. 그것은 무극과 태극 그리고 황극을 대상화하여 물건적 관점에서 나타낸 것이 삼재의 도임을 뜻한다.

우리가 시간성을 대상화하여 시간의 관점에서 나타내면 시간성은 매 시간이 나타내는 의미, 근거인 시의성이 된다. 이 시의성을 천도라고 말한다.

그리고 시의성을 대상화하여 사물의 근거인 사물성이라고 한다. 이 사물성을 지도라고 말한다. 그것은 시간성의 시간화를 통하여 시의성時義性과 공간성空間性, 사물성事物性으로 구분하여 양자를 각각 천도와 지도로 나타냄을 뜻한다.

물건적 관점에서 대상화하여 나타낸 시간성으로서의 시의성은 끊임없이 새롭게 창조하는 창조성이며, 사물성은 하나가 되는 합일성合一性을 특성으로 한다. 일부는 천도의 창조성과 지도의 합일성을 인간의 관점에서 성품이라고 말한다.

그는 인간의 본성이 갖는 합일성을 상제와 자신의 대화를 통하여 나타내고 있다. 그것은 현상적 측면에서 매 순간 다양하게 드러나는 만물은 수많은 개체적 존재로 드러나지만 모두 서로 만나서 하나가 되는 것이 만물의 존재 방식임을 뜻한다.

지도地道는 역생도성을 본성으로 한다. 이 역생도성을 물건적 관점에서 나타낸 것이 합일성이다. 따라서 합일성은 현상적 측면에서 드러나는 물건이 고정된 것이 아니라 언제나 본래의 자리로 돌아가는 귀체, 귀공을 본성으로 한다.

사물의 본성인 합일성을 과학자들은 진화를 중심으로 나타내어 생명체가 갖는 특성으로 나타낸다. 그들은 인간과 무관한 자연의 선택에 의하여 진화가 이루어진다고 말할 뿐만 아니라 현대에는 인간이 스스로 지적 설계를 통하여 진화를 선택한다고 주장한다.

지도는 천도의 다른 측면이다. 그것은 천도의 창조성을 대상화하여 나타낸 것이 지도의 합일성임을 뜻한다. 그렇기 때문에 합일성을 중심으로 진화를 주장하면 창조성의 측면을 놓치게 된다. 우리가 오로지 합일만을 추구할 때 만나게 되는 문제가 바로 이것이다.

시간성의 시간화를 나타내는 도생역성은 물건적 관점에서는 창조성, 주재성, 변화성으로 표현된다. 일부는 창조성, 주재성을 화옹, 화화옹, 화무상제로 나타내기도 하였다.

화옹化翁은 변화의 주재자라는 의미이다. 그가 "천공을 인간이 대신한다"[134]라고 한 것도 창조성이 인간으로 드러남을 나타낸다.

앞의 인용문에서는 천도의 작용이 끊어짐이 없이 영원히 계속됨을 선善이라고 하였다. 그것은 시간성이 본성에 의하여 끊임없이 시간화함을 선善으로 규정한 것이다.

선성善性을 매 순간을 중심으로 대상화하여 나타낸 개념이 성품이다. 성품은 개체적 사물의 본성을 나타낸다. 성품은 사건적 측면에서는 시종으로 드러나는 변화성을 뜻하는 동시에 물건적 측면에서는 본말로 드러나는 변화성을 나타낸다.

본말로 드러나는 변화성은 합일성이며, 시종으로 드러나는 변화성은 창조성이다. 이러한 창조성과 합일성을 내용으로 하는 것이 성품이다. 이 성품을 바탕으로 현상을 규정하여 사물이라고 말한다. 그러면 인간의 성품이란 무엇인가?

---

[134] 金恒, 『正易』 布圖詩, "萬古文章日月明하니 一張圖畵雷風生이라 靜觀宇宙无中碧하니 誰識天工待人成가."

인용문의 다음 부분에서는 이어서 성품을 보는 사람에 따라서 때로는 지성智性으로, 때로는 인성仁性으로 규정됨을 다음과 같이 밝히고 있다.

> 어진 사람이 그것을 보면 인仁이라고 말하고, 지혜로운 사람은 그것을 보면 지知라고 말하며, 백성들은 날마다 사용하지만 그것을 모른다.[135]

위의 내용을 보면 어진 사람이 그것을 보면 인仁이라고 말하고, 지혜로운 사람이 그것을 보면 지혜라고 말하고, 백성들이 그것을 보면 날마다 사용하여도 모른다고 하였다. 그것은 성품이 때로는 인仁으로 드러나고, 때로는 지知로 드러나며, 때로는 부지不知로 드러나지만 지知와 부지不知도 아니고, 인仁도 아님을 알 수 있다. 그러면 인과 지는 무엇인가?

인仁은 합일성을 내용으로 하며, 지知는 창조성을 내용으로 한다. 그것은 시간성의 도역생성을 중심으로 성품의 내용을 나타낸 것이다. 인仁은 역생도성을 물건화하여 나타낸 개념이며, 지知는 도생역성을 물건화하여 나타낸 개념이다.

우리는 인仁을 통하여 본성과 합일을 하고, 지知를 통하여 본성과 나누어져서 새로운 나를 드러내는 분생分生을 한다. 합일合一은 내 안의 나로 돌아가는 귀공, 귀체이며, 분생은 내 안의 나의 드러남, 현현이다. 그러면 인과 지는 무엇인가?

인仁과 지知는 지금 여기의 내가 바로 도의 드러남, 시간성의 드러남이자 동시에 소멸임을 뜻한다. 따라서 지知를 통하여 끊임없이 새롭게

---

[135] 『周易』 繫辭上篇 第五章, "仁者見之애 謂之仁하며 知者見之애 謂之知오 百姓은 日用而不知라 故로 君子之道鮮矣니라."

드러나는 나와 세계가 있지만 인仁을 통하여 나와 세계는 일체이기 때문에 없다. 그러면 우리는 나와 세계를 어떻게 이해할 것인가?

인용문의 끝부분에서 밝히고 있는 내용이 일종의 결론이라고 할 수 있다. 끝부분에서는 백성들은 날마다 사용하여도 모른다고 하였다. 우리는 일반적으로 앎과 모름을 구분하여 일상의 백성들은 무지無知하다는 관점에서 도를 날마다 사용하면서도 모른다고 이해한다.

그러나 우리가 삶을 대상화하여 나타내지 않고, 우리 자신을 대상화하여 나타내지 않으면 인仁과 지知라는 개념으로 나타낼 수 없다. 그것은 나 아닌 내가 인仁과 지知를 통하여 매 순간의 다양한 언행으로 드러나지만 드러나도 드러남이 없음을 뜻한다.

본성이 작용하여 지혜로 드러남으로써 수많은 언행과 다양한 세계가 창조되어 끊임없이 전개된다. 그리고 창조된 언행은 하나의 다양한 드러남이기 때문에 다시 본래의 자리로 돌아간다.

그것은 본성이 작용하여 자비로 드러남으로써 수많은 언행과 다양한 세계가 창조되었다가 다시 본래의 세계로 돌아가서 소멸됨을 뜻한다.

우리는 세계를 시간성을 통하여 나타냄으로써 매 순간 끊임없이 새로운 사건이 나타났다가 사라지는 영원한 현재라고 말한다. 사물의 관점에서 영원한 현재는 끊임없이 나타났다가 사라짐을 뜻한다. 그러면 매 순간 나타나는 사물은 있다고 할 수 있는가?

사물은 찰나에 나타났다가 다시 사라지기 때문에 있다고 할 수 없다. 그러나 나타남 자체는 없는 것이 아니기 때문에 없다고 할 수 없다.

우리는 이처럼 내 안의 나와 나의 삶 그리고 사물이 유무를 넘어서 있는 점에서 중도라고 말하지만 유무를 벗어나지 않기 때문에 중도中道라고 말한다.

그러나 중도라는 어떤 실체가 있음을 의미하지 않다. 바로 사물의 본성을 가리키는 개념이 중도일 뿐이다. 중도中道를 작용의 측면에서 나타내면 중용中庸이 된다.

그것은 사물이 끊임없이 나타나는 측면에서 중도를 나타내면 중용이 됨을 뜻한다. 그러면 중용은 무엇을 뜻하는가?

현상의 세계 자체가 그대로 중용임을 뜻한다. 인간의 측면에서 중용은 본성을 주체로 살아가는 삶, 곧 본성의 작용에 의하여 드러나는 삶이 중용이다. 따라서 지금 여기의 나의 삶을 벗어나서 본성이나 중도, 중용과 같은 실체적 존재는 없다.

이제 앞에서 인용한 부분의 결론을 다시 살펴보자. 인용문에서는 백성들은 날마다 사용하면서도 모른다고 하였다. 그것은 우리가 일상적으로 이해하는 앎과 모름의 관점에서 하는 말일까?

우리 자신은 매 순간에 이루어지는 시간성의 시간화이다. 그것을 물건적 관점에서 대상화하여 나타낸 것이 바로 매 순간 끊임없이 다양하게 나타났다가 사라지는 영원한 현재, 영원한 나툼이라는 의미이다.

도생역성의 관점에서 보면 끊임없이 시간성이 시간으로 화하였다가 역생도성의 관점에서 다시 그 자리로 돌아가기 때문에 나타나도 나타남이 없다. 따라서 우리가 도를 활용하는 것이 아니라 도가 우리 자신의 삶을 통하여 매 순간 드러났다가 사라질 뿐이다. 그렇기 때문에 날마다 매 순간 도를 사용하여도 사용한다고 할 수 없다.

우리는 여기서 무지無知와 지부지知不知라는 앎의 문제를 살펴보지 않을 수 없다. 왜냐하면 우리가 삶을 학문과 실천의 둘로 나누어서 접근할 때 학문은 앎의 문제이고, 실천은 행의 문제이기 때문이다.

우리는 먼저 자신이 어떤 존재인지를 알아야 비로소 자신으로 살아갈 수 있다. 그렇기 때문에 먼저 알고 난 후에 앎의 내용을 실천하는 일이 뒤에 이루어질 수 있다고 생각한다. 그것이 우리들이 알고 있는 선지후행先知後行이라는 개념이다.

여기에는 앎의 대상이 있고, 앎의 주체인 우리 자신이 있다는 실체적인 사고를 바탕으로 한다. 그것은 오로지 물건적 세계를 전제로 할 때 비로소 앎과 실천의 문제가 제기되어짐을 뜻한다. 이처럼 우리가 삶을 앎과 실천이라는 둘로 나누었을 때 수많은 문제가 일어난다.

선불교를 수행하는 사람들은 깨달음을 얻어서 부처가 된다는 견성성불見性成佛을 주장한다. 이때 견성성불을 오로지 깨달음의 문제로 이해하면 견성見性이 그대로 성불成佛이라고 하지 않을 수 없다. 이것이 돈오돈수頓悟頓修라는 주장이다.

그러나 본래성불의 관점에서 보면 견성성불은 수행이라는 인과因果의 속에서 이루어진 유위법有爲法이라는 점에서 무위법無爲法이 아니다. 그렇기 때문에 수행마저도 부처의 작용, 부처의 삶, 불성의 현현이라고 하지 않을 수 없다. 따라서 돈오점수頓悟漸修와 돈오돈수를 막론하고 오수悟修가 둘일 수 없다.

우리가 도를 대상으로 앎과 모름을 논하는 때는 성품, 도와 그것을 논하는 우리 자신을 둘로 나누어서 나타낼 때이다. 그러나 지금 여기의 나의 성품을 떠나서 천지의 도, 세계의 본성, 불성이 있지 않다.

그것은 삶 자체가 그대로 성품의 작용이고, 도의 활용이어서 내가 성품을 작용시키고, 도를 활용한다고 말할 수 없음을 뜻한다. 그러면 도, 성품, 수도, 수행에 대하여 말하지 말라는 것인가?

그것은 우리가 역방향에서 오로지 수도, 수행, 앎, 깨달음만을 논할 때 그 전모를 드러낼 수 없음을 뜻한다. 그렇기 때문에 앎, 깨달음, 모름이 모두 본성의 작용임을 알고 집착하지 말고 그 자리에 놓아 버리는 역생도성이 필요하다.

역생도성이 이루어진 상태에서 일어나는 도생역성은 그대로 생각하지만 생각함이 없는 무사無思, 모든 것을 하여도 함이 없는 무위無爲이다. 그렇기 때문에 인간의 모든 사고와 언행이 매 순간 드러나면서 드러남이 없어서 고요하여 적연부동寂然不動하다고 말한다.

무사, 무위의 적연부동의 상태는 그대로 머무는 것이 아니라 지금 여기의 나를 통하여 생각하고, 언행으로 나타나는 삶으로 드러난다. 이처럼 도생역성의 상태에서 이루어지는 앎은 알아도 앎이 없기 때문에 무지無知라고 말한다.

무지, 무사, 무위의 측면에서 보면 어진 사람도 사람이고, 지혜로운 사람도 사람이며, 백성도 사람이다. 그것은 모든 사람이 본래 본성을 주체로 살아감을 뜻한다. 이러한 본성의 다양한 드러남이 어떤 사람을 통하여 인仁이라고 말함으로 나타나고, 어떤 사람을 통하여 지知라고 말함으로 나타나며, 어떤 사람을 통하여 모름으로 나타난다.

적연부동의 무지無知, 무사無思, 무위無爲가 지부지知不知로 끊임없이 드러남이 바로 영원한 현재의 물건적 표현이다. 무지無知가 지부지知不知로 드러남을 불교에서는 공적영지空寂靈知라고 말하기도 한다.

무지는 지부지知不知를 넘어서기 때문에 공적空寂하다고 말한다. 그러나 무지無知는 항상 그대로 있는 것이 아니라 지知와 부지不知, 본각本覺과 불각不覺으로 드러난다. 그렇기 때문에 신령한 알아차림으로서의 영지靈知라고 말한다.

영원한 현재를 영원의 측면에서 물건화하여 세계와 사물을 나타내어 공空, 공법空法이라고 말한다. 그러나 영원한 세계를 그대로 영원에 머무는 것이 아니라 끊임없이 만물로 드러난다. 그렇기 때문에 텅 빈 충만充滿이라고 말하기도 한다.

공, 공법이 그대로 공에 머물지 않고, 매 순간 끊임없이 사물로 드러남을 오온五蘊, 만법萬法이라고 말한다. 그것이 바로 색이 공이면서도 동시에 공이 색으로 드러나서 공과 색이 둘이 아닌 중도, 실상이다.

영원한 현재의 관점에서 보면 오온이 공함을 추구하여 현상의 세계로부터 영원히 벗어나서 열반의 경계에 머물고자 하는 소승小乘과 아법구공我法俱空이기 때문에 삼계가 그대로 중도, 실상임을 알고, 영원히 삼계에서 중생을 제도하고자 하는 보살의 삶을 추구하는 대승大乘은 둘이 아니다. 공한 세계가 공하지 않아서 끊임없이 인간과 세계로 드러나기 때문에 본래 삼계三界와 법계가 둘이 아닐 뿐만 아니라 인간과 세계가 그대로 중도의 드러남이고 실상이다.

그러나 소승과 대승이 본래 없기에 일승一乘, 불승佛乘이 없으며, 유무가 없기 때문에 양자를 넘어서 중도 역시 없다. 부처와 중생, 번뇌와 보리, 천국과 지옥과 같은 개념들이 가리키는 실체적인 세계, 지금 여기의 나와 별개의 세계는 없다.

우리는 지금 여기의 나를 영원한 세계의 차원에서 나타내어 부처라고 말하고, 끊임없이 새롭게 자신을 드러내는 측면에서는 여래如來라고 말하며, 나타난 사물, 만물의 측면에서는 중용中庸, 중생衆生이라고 말한다.

그리고 부처, 불성에 의하여 이루어지는 작용을 보살이라고 말한다. 따라서 부처와 보살, 중생은 셋이 아니다. 이는 부처와 보살, 중생이 물건적 존재, 셋으로 구분되는 실체적 존재가 아니라 매 순간 다양하게 드러날 뿐으로 고정되지 않음을 뜻한다.

제3부

영원한 현재와 정역의 변화적 시간관

　우리는 앞에서 일부가 정역을 통하여 제시하고 있는 세계가 무엇인지를 하도와 낙서를 중심으로 시간성의 차원에서 살펴보았다. 그는 상편의 끝부분에서 금화정역도金火正易圖를 제시하고 있고, 하편의 끝부분에서는 십간원도수와 십이월이십사절기후도수를 제시하고 있다.

　십이월이십사절기후도수는 현행의 역曆이 음력과 양력으로 구분되어 있는 것과 달리 음력과 양력이 하나가 된 음양의 합덕역合德曆이다.

　음양의 합덕역이 나타내는 세계는 음양이 합일된 세계이다. 그것은 본체와 작용 그리고 현상이 하나가 된 세계 자체를 나타내는 것이 바로 음양이 합덕된 역이라는 점에서 중정역中正曆이라고 할 수 있음을 뜻한다.

　중정역은 중도中道와 정도正道를 나타내는 역曆이라는 의미이다. 중도中道는 본체를 나타내고, 정도正道는 작용을 나타낸다. 그리고 역曆이라는 개념을 통하여 중정이 드러난 현상 세계, 곧 중도가 정도로 드러난 세계를 나타낸다.

　중정의 세계를 나타내는 중정역은 간지도수에 의하여 구성된다. 그것은 간지도수 자체가 음양으로 나누어지기 이전의 세계, 선천과 후천의 나누어지기 이전의 세계를 나타내는 도구, 수단임을 뜻한다.

　시간의 측면에서 중정역의 세계를 나타내면 영원한 현재이며, 공간적 측면에서 나타내면 중정역의 세계는 천지인이 합일된 세계, 신도神道의 세계라고 할 수 있다.

한국역학의 내용인 천도, 신도를 밝히고 있는 정역의 중정역의 세계, 영원한 현재를 대상화하여 나타낸 물건적 세계가 바로 중국역학의 전적인 주역의 세계이다.

주역에서 형이상과 형이하, 도와 기, 순과 역, 천도와 지도, 인도로 구분하여 나타내기 이전의 형이상과 형이하가 합일되고, 도와 기가 합일되며, 순과 역이 합일되고, 천도와 지도, 인도가 합일된 세계, 양자로 구분하여 나타낼 수 없는 신도의 세계가 바로 정역에서 제시하고 있는 중정역의 세계이다. 그러면 천지인의 삼재가 합일된 세계, 곧 천지인으로 구분하여 나타내기 이전의 세계는 무엇인가?

그것은 하도와 낙서를 통하여 나타내는 도역생성이 하나가 된 세계이다. 그것을 우리는 영원한 현재라고 말할 수 있다. 시간성의 차원에서 나타낸 영원한 현재의 세계는 공간성의 차원에서는 천도와 지도가 합일된 세계, 성性과 명命이 합일된 세계, 천지인의 삼재가 합일된 세계이다. 그러면 정역에서는 천지인이 합일된 세계를 어떻게 나타내고 있는가?

일부는 역수曆數를 통하여 영원한 현재를 나타내고 있다. 역수는 현상의 세계를 물리적 시간을 중심으로 계량화하여 나타낸 수이다. 우리는 시간을 나타내는 단위를 주로 1년을 바탕으로 12개의 달을 구분하여 한 달을 중심으로 시간을 나타낸다. 그렇기 때문에 우리는 역수를 나타낸 책자를 달력이라고 말한다.

그런데 우리가 사용하는 달력은 음력과 양력이 서로 차이가 있다. 그것은 현상의 측면에서는 달이 지구를 운행하는 속도와 지구가 태양을 운행하는 속도가 서로 다름을 뜻한다. 그렇기 때문에 달의 운행을 중심으로 나타낸 달력이나 지구의 운행을 중심으로 나타낸 달력이 일치하지 않는다.

서양의 달력은 아라비아 숫자를 통하여 달력이 구성된다. 그러나 동아시아의 한자문화권에서는 갑을甲乙, 병정丙丁, 무기戊己, 경신庚辛, 임계壬癸의 십간十干과 자축子丑, 인묘寅卯, 진사辰巳, 오미午未, 신유申酉, 술해戌亥의 십이지十二地를 결합하여 형성된 간지도수干支度數를 통하여 달력을 나타내었다.

일부는 정역의 끝부분에 십간원도수를 제시하여 마지막 부분의 십이월이십사절기후도수의 구성요소가 간지도수임을 밝히고 있다. 그런데 십이월이십사절기후도수는 음력과 양력의 차이가 없다. 그러면 우리는 십이월이십사절기후도수를 어떻게 이해할 것인가?

우리가 십이월이십사절기후도수를 물리적 시간을 중심으로 이해하면 장차 일어날 물리적 천체의 변화를 미리 예언한 것으로 이해할 수 있다.

그러나 시간성의 차원에서 보면 그것은 현상을 나타내는 것이 아니라 하도와 낙서가 그렇듯이 물리적 시간을 나타내는 단위를 통하여 시간성의 세계를 나타낸다.

그것은 십이월이십사절기후도수가 인류가 장차 이루어야 할 이상 세계를 상징적으로 나타낸 것이라고 이해할 수도 있고, 과거적 측면에서는 인류의 고유하고 본유한 세계이자 천지인의 세계의 본성을 상징적으로 나타낸 것이라고 할 수 있음을 뜻한다.

영원한 현재적 관점에서 보면 십이월이십사절기후도수가 현상에서 음력과 양력으로 드러난 것임을 뜻한다. 그것은 현행의 음력과 양력이 모두 십이월이십사절기후도수를 근거로 하여 어느 일면을 중심으로 나타낸 것임을 나타낸다.

그러면 지금부터는 하편의 마지막 부분에서 제시하고 있는 십간원도수와 십이월이십사절기후도수를 중심으로 정역의 내용을 살펴보자.

1. 십이월이십사절기후도수와 영원한 현재

우리는 먼저 십이월이십사절기후도수를 이해하기 위하여 그것을 구성하고 있는 천간과 지지의 성격을 나타내고 있는 십간원도수를 살펴볼 필요가 있다. 그러면 일부가 제시하고 있는 십간원도수의 도상[136]이 무엇인지 살펴보자.

---

136 金恒, 『正易』第三十張, 正經學會.

동아시아에서 시간을 나타내는 도구로 사용되어 왔던 천간과 지지를 우리는 육갑六甲이라고 부른다. 그것은 우리가 일반적으로 갑甲에서 천간天干을 시작하고, 자子에서 지지地支를 시작하는 것을 그대로 나타낸 것이다.

그러나 십간원도수에는 기己로부터 시작하여 무戊로 끝을 맺고 있다. 이때 기와 무의 수는 각각 십과 오이다. 따라서 기와 무의 본질은 천과 지를 나타낸다고 할 수 있다. 그런데 원 밖에 제시되어 있는 수는 기己는 일一이고 무는 십十이다. 그것은 십이 일이 되고, 오가 십이 되는 변화를 나타낸다. 그러면 이것이 무엇을 의미하는가?

십이 일이 되고, 오가 십이 되는 변화는 각각 낙서의 역생도성과 하도의 도생역성을 나타낸다. 이러한 도역생성에 의하여 지십地十이 천天이 되고, 천天五가 지地가 되는[137] 지천태地天泰와 천지비天地否의 선후천이 전개됨을 나타내고 있다. 그러면 천간과 지지가 결합된 간지도수가 나타내는 것은 무엇인가?

우리는 시간의 측면에서 세계를 양자로 구분하여 선천과 후천으로 이해한다. 그렇기 때문에 시간을 나타내는 도구인 간지도수 역시 선천과 후천을 나타내는 데 사용된다. 그러면 선천과 후천이라는 시간이 존재하는가?

그것은 간지도수가 나타내는 시간이 우리가 일상적으로 이해하는 물리적 시간과 같은가의 문제이기도 하다. 간지도수가 나타내는 시간은 물리적 시간과 다르다. 우리가 일반적으로 알고 있는 물리적 시간은 그

---

[137] 金恒,『正易』十一歸體詩, "火入金鄕金入火요 金入火鄕火入金을 火金金火原天道라 誰遺龍華歲月今고 政令은 己庚壬甲丙이오 呂律은 戊丁乙癸辛을 地十爲天天五地하니 卯兮歸丑戌依申을."

본질인 시간성이 배제된 시간이다.

 물리적 시간은 반드시 과거와 미래 그리고 현재라는 세 양상으로 나타난다. 그리고 과거에서 출발하여 미래를 향하여 흘러가지만 그와 반대로 미래에서 출발하여 과거를 향하는 흐름은 있을 수 없다.

 그러나 간지도수를 통하여 나타내는 시간은 물리적 시간을 넘어선 시간성의 드러남이다. 그리고 과거에서 미래를 향하는 방향의 역생도성과 미래에서 과거를 향하여 방향의 도생역성의 두 방향으로의 작용을 갖는다.

 물리적 시간과 간지도수가 나타내는 시간성의 현현으로서의 시간의 차이를 알 수 있는 결정적인 요인은 인간과의 관계이다. 물리적 시간은 인간과 둘이기 때문에 인간이 시간에 아무런 영향을 미치지 못한다.

 물리적 시간의 특성은 선천에서 후천으로서의 변화를 통하여 분명하게 확인할 수 있다. 우리가 선천과 후천을 물리적 시간의 차원에서 이해하면 하루의 선천은 낮이고, 후천은 밤으로 이해할 수 있고, 낮을 다시 선천과 후천으로 구분하여 오전은 선천이고, 오후는 후천이라고 할 수 있다. 그러면 선천에서 후천으로의 변화는 무엇인가?

 물리적 시간의 관점에서 선천에서 후천으로의 변화는 물리적 변화이다. 오늘날 우리나라의 사람들이 주역과 정역에 많은 관심을 갖는 까닭은 지구에서 일어나는 물리적 변화와 그것이 우리나라의 국토에 미칠 영향 때문이다.

 요즈음에 주역과 정역을 연구하는 사람들에게 자주 회자되는 내용은 23.5도度 기울어진 지구의 중심축이 반듯하게 일어서면서 지구에서 나타나는 물리적 변화이다. 그들은 일본이 바다 속으로 가라앉고, 우리나라의 서쪽 바다에서 육지가 솟아오르고, 동쪽의 일부의 땅이 바다 속으로 가라앉아서 우리나라의 국토가 더욱 넓어진다고 말한다.

그리고 남과 북이 통일이 되고, 몽골 지역과 연해주 지역이 우리의 영토가 되어 옛 고조선의 영토를 회복함으로써 강대국이 되어 세계의 중심이 된다고 말한다. 우리나라가 강대국이 되는 것이 우리에게 어떤 의미가 있는가?

우리는 이스라엘의 경우처럼 국토와 인구는 작지만 강한 나라가 될 수도 있고, 미국이나 중국처럼 국토와 인구 그리고 경제력이 모두 세계의 다른 나라보다 강한 강대국이 될 수도 있다. 앞의 두 경우는 모두 물리적 힘을 중심으로 다른 나라와 비교하여 강한 힘을 가진 나라를 강대국으로 인식하는 것이다. 강대국은 오로지 넓은 국토와 많은 인구에 의하여 경제력에 의하여 결정되는가?

한 나라의 국력은 단순하게 경제력이나 국방력과 같은 외적인 힘이 아니라 국민들의 마음의 수준이 가장 근원적인 요소이다. 한 나라를 구성하는 국민들의 의식이 높으면 비록 현재는 물질적인 힘이 약할지라도 미래에는 반드시 강력한 나라를 만들 수 있다.

그러나 어느 나라의 국민들의 마음의 수준이 낮으면 비록 현재는 다른 나라와 비교하여 물질적 힘이 강할지라도 머지않아 무너지게 된다. 우리가 현재의 강대국인 미국과 중국을 비교하여 보면 그 점을 확인할 수 있다.

미국은 자유민주주의 국가체제이다. 자유민주주의체제에서 위정자들은 객체적인 국민 각자의 자유와 인권을 보장하고자 노력한다. 그러나 중국은 소수의 공산당이라는 집단에 의하여 대다수의 국민들을 통제하고 억압하여 인권을 유린하는 국가이다.

만약 우리가 현재의 중공처럼 세계의 모든 문화, 예술, 사상, 기술이 자기들의 것이라고 억지 주장을 펼치고, 세계를 소유하고자 하는 또 하나의 강대국이 되고자 한다면 그것은 홍익인간弘益人間의 이념에도 어긋날 뿐만 아니라 인류를 위하여 불행한 일이다. 그러면 인류에게 필요한 국가체제는 무엇인가?

오늘날의 인류는 과거의 어떤 시대와도 비교할 수 없을 정도로 과학기술이 발달함으로써 물질문명이 풍요로울 뿐만 아니라 문화, 예술, 종교를 비롯한 정신문화도 고도로 발달하였다. 따라서 오늘날 인류에게 필요한 국가체제는 공산주의, 사회주의, 전체주의가 아니지만 그렇다고 하여 민주주의, 자본주의, 자유주의에 머물러 있는 국가체제도 아니다.

오늘날 인류에게 필요한 국가를 결정하는 요소는 국토의 대소, 경제력, 인구수와 같은 외적 요소와 더불어 이념이나 종교, 사상, 문화를 비롯한 정신문화도 필요하지만 가장 중요한 요소는 한 나라의 주체인 국민들의 마음의 차원이다.

만약 우리나라가 스스로 통일을 하고, 몽골을 비롯하여 주변의 나라들과 연합하여 넓은 영토의 나라를 구성하여 홍익인간의 이념에 따라서 경영할 수 있는 역량을 갖추지 못한 상태에서 자연현상이나 외적인 요인에 의하여 강대한 국가가 형성된다면 반드시 스스로 무너지게 된다. 그러면 그것이 지금 우리가 정역을 연구하는 것과 어떤 관계인가?

우리가 자신과 세계를 대할 때 매 순간 다양하게 드러나는 현상을 실체로 여기고, 그것을 시비, 선악, 미추美醜로 나누어서 시是, 선善, 미美에 집착하여 소유하고자 하는 욕심을 가지면 개인의 삶이 그릇된 것은 물론 그러한 사고에 의하여 한 국가를 경영하면 그 나라는 물론 인류에게 해악을 끼치게 된다.

우리가 영원한 현재의 관점에서 자신과 세계 그리고 삶을 이해하면 일어나는 그 어떤 현상에도 집착하지 않는다. 그 사람은 현상에 머물지 않고, 현상을 보는 자신을 보고, 다시 자신을 보는 나 아닌 나, 세계와 둘이 아닌 나를 보기 때문에 그 어떤 것에도 집착하지 않는다.

  우리가 안팎에서 만나는 모든 것은 물론 만나는 자신마저도 집착하지 않음은 인위적인 수도와 같은 행위를 통하여 밖으로부터 얻어지는 것이 아니라 본래 분별할 주체도 대상도 없기 때문이다. 이처럼 모든 분별을 넘어서면서도 무분별에도 머물지 않는 세계가 일부가 간지도수를 통하여 나타낸 십이월이십사절기후도수[138]이다.

十二月二十四節氣候度數

卯月 初三日 乙酉酉正一刻 十一分 元和

　　十八日 庚子子正一刻 十一分 中化

辰月 初三日 乙卯卯正一刻 十一分 大和

　　十八日 庚午午正一刻 十一分 布化

巳月 初三日 乙酉酉正一刻 十一分 雷和

　　十八日 庚子子正一刻 十一分 風化

午月 初三日 乙卯卯正一刻 十一分 立和

　　十八日 庚午午正一刻 十一分 行化

未月 初三日 乙酉酉正一刻 十一分 建和

　　十八日 庚子子正一刻 十一分 普化

申月 初三日 乙卯卯正一刻 十一分 清和

138 　金恒, 『正易』第三十一張~第三十二張.

　　　　十八日 庚午午正一刻 十一分 平化

　　酉月 初三日 乙酉酉正一刻 十一分 成和

　　　　十八日 庚子子正一刻 十一分 入化

　　戌月 初三日 乙卯卯正一刻 十一分 咸和

　　　　十八日 庚午午正一刻 十一分 亨化

　　亥月 初三日 乙酉酉正一刻 十一分 正和

　　　　十八日 庚子子正一刻 十一分 明化

　　子月 初三日 乙卯卯正一刻 十一分 至和

　　　　十八日 庚午午正一刻 十一分 貞化

　　丑月 初三日 乙酉酉正一刻 十一分 太和

　　　　十八日 庚子子正一刻 十一分 體化

　　寅月 初三日 乙卯卯正一刻 十一分 仁和

　　　　十八日 庚午午正一刻 十一分 性化

　십이월이십사절기후도수를 보면 가장 눈에 띄는 특징은 1년의 기수가 360일이라는 점이다. 오늘날의 우리가 사용하는 양력과 음력은 대략 1년에 11일 정도의 차이가 있다. 왜냐하면 양력은 360일을 기준으로 5와 1/4일이 더하여지고, 음력은 360일에서 대략 6일이 덜어져서 354일로 구성되기 때문이다.

　음력과 양력의 1년이 다르기 때문에 매달의 길이 역시 서로 다르다. 양력은 1년 가운데 2월은 28일 또는 29일로 구성되고, 나머지 달들은 30일 또는 31일로 구성된다. 그리고 음역의 경우에도 3년에 1번씩 윤달을 넣어서 사용한다. 그러면 십이월이십사절기후도수는 어떻게 구성되는가?

위의 십이월이십사절기후도수를 보면 묘월卯月로 시작하여 인월寅月에서 끝나는 묘월 세수이다. 그리고 매달은 초삼일과 십팔일의 보름을 기준으로 구성된다. 그러면 먼저 음력과 양력이 하나가 된 역이 무엇을 의미하는지 살펴보자.

우리가 360일력을 천체현상을 중심으로 이해하면 달이 지구를 운행하는 시간과 지구가 태양을 운행하는 시간이 같아졌음을 뜻한다.

그것은 지구의 중심축이 반듯하게 일어서서 운행할 뿐만 아니라 지구의 태양을 운행하는 주기 역시 타원형이 아닌 원형이 되었음을 뜻한다. 그러면 십이월이십사절기후도수가 단순하게 물리적 시간을 나타내는 것인가?

우리는 앞에서 하도와 낙서를 통하여 시간성의 시간화와 시간의 시간성화를 통하여 물리적 시간이 고정되지 않을 뿐만 아니라 시간성도 고정되지 않아서 물리적 시간이 있다거나 없다고 할 수 없을 뿐만 아니라 시간성도 있다거나 없다고 할 수 없음을 살펴보았다.

그것은 시간에 있어서 1년의 시간이 항상 360일로 고정되고, 1년이 12달로 고정되며, 매달 역시 30일로 고정되지 않음을 뜻한다. 따라서 십이월이십사절기후도수는 단순하게 물리적인 시간을 나타내지 않는다. 그러면 십이월이십사절기후도수는 무엇을 나타내는가?

십이월이십사절기후도수는 묘월卯月 세수歲首를 사용하고 있다. 그것은 현행의 책력의 세수가 인월寅月 세수인 것과 다를 뿐만 아니라 과거의 자월子月, 축월丑月 세수와도 다르다. 그러면 묘월 세수가 갖는 의미는 무엇인가?

우리는 자월子月, 축월丑月, 인월寅月 세수를 각각 천정동지天正冬至, 지정동지地正冬至, 인정동지人正冬至라고 하여 동지와 관련하여 천지인의 삼재적 관점에서 규정한 것을 참고하여 이해할 필요가 있다. 그러면 십이월이십사절기후도수는 한마디로 무엇인가?

우리는 십이월이십사절기후도수가 묘월 세수를 사용하고 있는 점을 통해서 단순하게 물리적 시간만을 나타내는 달력이 아님을 알 수 있다. 그것은 앞에서 살펴본 바와 같이 현행의 음력과 양력이 하나가 된 것을 통해서도 확인할 수 있다.

우리는 여기서 일부가 세계를 시간의 관점에서 선천과 후천으로 나누어서 각각 기수碁數를 통하여 나타내고 있는 것을 살펴볼 필요가 있다. 그는 원역原易과 두 윤역閏易 그리고 정역正易에 대하여 다음과 같이 밝히고 있다.

> 천지의 수는 일월을 헤아림이니, 일월이 바르지 않으면 역이 역이 아니다. 역이 정역이라야 역이 역이니, 원역이 어찌 항상 윤역으로 작용하겠는가![139]

일부는 천지의 수가 일월을 나타내는 수이기 때문에 일월이 바르지 않으면 역易이 역易이 아니라고 하였다. 이는 그가 "역易이라는 것은 역曆이다"[140]라고 하여 변화의 도를 논하는 역학은 물건적 존재의 변화를 나타내는 것이 아니라 시간성의 변화를 나타내고 있음을 밝힌 것과 같다.

주역의 중천건괘에서는 인간의 형이상적 측면인 본성을 용龍을 통하여 시간이 흘러도 변하지 않으면서 현상의 차원에서 다양하게 드러나

139　金恒,『正易』正易詩, "天地之數는 數日月이니 日月이 不正이면 易匪易이라 易爲正易이라사 易爲易이니 原易이 何常用閏易고."

140　金恒,『正易』大易序, "聖哉라 易之爲易이여 易者는 曆也니 無曆이면 無聖이오 無聖이면 無易이라."

는 어떤 것으로 나타내고 있다.

그것은 본성이라는 하나의 실체적 존재를 상정하고 그것을 바탕으로 여러 현상으로 드러나는 변화를 통하여 인간의 삶을 나타낸 것이다.

그러나 일부는 역이 역이기 위해서는 일월을 물건적 존재, 실체적 존재로 이해하여 물리적 시간의 변화로 이해하지 않아야 함을 밝히고 있다. 그것은 물건적 존재의 변화가 역학의 본령을 나타내는 것이 아님을 뜻한다.

그는 인간의 본성이나 천지의 도라는 고정된 법칙이 있지 않다고 말한다. 그것은 일부가 시간성의 시간화로서의 도생역성과 시간의 시간성화로서의 역생도성을 통하여 양자를 논하면서도 양자의 관계를 통하여 서로 부정함으로써 양자가 고정되지 않음을 통하여 알 수 있다. 그러면 일부는 역학, 곧 변화의 도, 역도를 어떻게 나타내고 있는가?

그는 현행의 역인 윤역이 정역이 되어야 한다고 말하였다. 그러면서 그는 원역이 어찌 항상 윤역으로 작용하겠느냐고 하여 원역이 윤역과 정역의 본체임을 밝히고 있다. 그러면 원역과 정역 그리고 윤역은 무엇인가?

일부는 사역四曆을 밝힌 성인과 관련하여 네 기수를 구분하여 나타내고 있는데 그 내용은 다음과 같다.

> 제요帝堯의 기朞는 366일이다. 제순帝舜의 기朞는 365와 1/4일이다. 일부一夫의 기朞는 375도로 십오十五를 존공尊空하면 우리 부자夫子의 기朞와 일치하니 360일이다.[141]

---

141 金恒, 『正易』第六張, "帝堯之朞는 三百有六旬有六日이니라. 帝舜之朞는 三百六十五度四分度之一이니라. 一夫之朞는 三百七十五度니 十五를 尊空하면 正吾夫子之朞로 當朞 三百六十日이니라."

요의 366일은 서경에서 밝힌 기수이고, 공자의 360일은 주역에서 밝힌 기수이며, 순의 기수는 현행의 기수이고, 일부의 기수는 정역에서 그가 처음을 밝힌 기수이다. 여기서 366일력과 365와 1/4일력은 음력과 양력이 서로 나누어진 윤역이다.

오늘날 우리는 음양의 윤역을 일치시키기 위하여 음력에 윤달을 더하여 사용한다. 그것은 천체현상과 달력을 일치시키기 위하여 하는 조치이다.

그런데 윤역도 366일력이 변화하여 365와 1/4일 기수로 변화하였기 때문에 그것이 다시 360일의 기수로 변화할 것임을 미루어 알 수 있다. 360일력은 음력과 양력이 하나가 된 역이기 때문에 정역이며, 음력과 양력의 중심이 되는 역曆이다. 그렇기 때문에 360일의 역은 중정역이라고 말 수 있다. 그러면 일부가 제시한 375일역은 무엇인가?

375일역은 정역인 360일력에 15도가 더하여진 역수이다. 우리가 앞에서 언급되고 있는 원역, 윤력, 정역과 네 기수를 결합하면 요순은 윤력을 제시하였고, 공자는 정역을 제시하였음을 알 수 있다. 따라서 375일력은 원역原易임을 알 수 있다. 그러면 원역은 무엇인가?

그는 원역이 윤역으로 작용한다고 하였다. 따라서 음양의 윤역 역시 원역에 의하여 작용함을 알 수 있다. 그러므로 원역은 세 역수의 본체가 되는 역曆을 나타냄을 알 수 있다. 그러면 본체를 나타내는 도수는 무엇인가?

원역의 360은 정역도수이다. 그러므로 375도에서 360을 제외한 15도가 본체를 나타내는 수라고 할 수 있다. 이 수는 하도와 낙서의 중심 수인 15수와 일치한다. 하도의 중심은 15이며, 낙서의 중심은 5이다. 이를 통하여 15가 본체가 되어 360을 중심으로 음양의 윤역이 전개됨을 알 수 있다. 그러면 네 역의 관계를 나타내는 윤역과 윤력 그리고 정역은 무엇을 나타내는가?

우리는 여기서 그가 네 역을 언급하면서 모두 그것을 제시한 사람과 관련하여 논하고 있음을 주목할 필요가 있다. 그것은 사람에 의하여 물리적인 시간도 성립하고, 그 존재근거인 시간성 역시 성립됨을 뜻한다. 그러면 요순에 의하여 윤역의 기수가 밝혀지고, 공자에 의하여 정역의 세계가 밝혀지며, 일부에 의하여 원역의 기수가 밝혀짐은 무엇을 나타내는가?

요순이 밝힌 기수는 그대로 요순의 시대를 나타내고, 공자가 밝힌 기수는 그대로 공자의 시대를 나타낸다. 음양의 윤역이 생성하는 시대는 생장의 시대이다. 그리고 정역의 시대는 장성의 시대이다.

인간의 삶을 통하여 네 역이 상징하는 것을 나타내면 윤역의 시대는 남녀가 부모로부터 출생하여 생장하는 시대라면 정역의 시대는 장성하여 결혼을 하여 가정을 꾸려서 새로운 가정을 이룰 수 있는 시대를 나타낸다. 그러면 원역은 무엇을 상징하는가?

정역과 윤역의 본체와 작용을 모두 나타내는 수가 원역이다. 그것은 원역이 시간성과 시간을 함께 나타냄을 뜻한다. 이는 원역이 도역생성과 그 출발점인 반고, 화옹, 화무상제를 함께 나타냄을 뜻한다. 그러면 사역四曆과 선후천은 어떤 관계인가?

두 윤역의 시대는 선천이며, 정역의 시대는 후천이다. 그리고 윤역과 정역이 모두 원역에 의하여 형성된다. 그러므로 원역은 선후천의 근거인 동시에 원역이 선후천으로 자신을 드러낸다고 할 수 있다. 그러면 원역은 무엇인가?

원역을 한마디로 나타내면 시간성과 시간이 하나가 된 영원한 현재이다. 그것은 아무리 긴 시간일지라도 시종의 한계가 있는 물리적 시간과 달리 영원하지만 영원에 머물지 않고 매 순간으로 드러나는 점에서는 시간일 뿐임을 뜻한다. 이때 현재는 어떤 것을 나타내는 것이 아니라 과거와 미래가 하나가 되어 매 순간 드러남을 가리킨다.

영원한 현재는 본질적 시간이라고 할 수 있고, 영원의 본질이라고 할 수도 있다. 영원은 영원에 그대로 머물지 않고 항상 순간으로 자신을 드러내기 때문에 현재이지만 과거와 미래가 나누어진 물리적 시간이 아니기 때문에 영원하다. 따라서 영원한 현재는 물리적 시간이 아니지만 물리적 시간을 벗어나지 않고, 영원한 현재는 영원하지 않고 매 순간으로 드러나지만 영원을 벗어나지 않는다.

영원한 현재는 현재를 통하여 영원함이 부정되고, 영원함을 통하여 현재가 부정되는 동시에 현재를 통하여 영원함이 긍정되고, 영원함을 통하여 현재가 긍정된다. 그렇기 때문에 영원한 현재를 작용의 측면에서 나타낸 도역의 생성도 역시 둘이면서도 하나여서 긍정과 부정의 양면을 포함한 대긍정의 세계를 나타낸다고 할 수 있다. 그러면 십이월이십사절기후도수는 무엇을 나타내는가?

십이월이십사절기후도수는 물리적 시간의 관점에서 미래를 나타내거나 후천을 나타내는 것이 아니라 영원한 현재를 나타낸다. 그것은 원역의 세계를 기수를 통하여 나타낸 것이 십이월이십사절기후도수임을 뜻한다.

십이월이십사절기후도수가 나타내는 세계는 간지도수가 나타내는 갑자甲子에서 시작되어 계해癸亥로 끝나는 도수와 다르다. 물론 우리가 간지도수를 통하여 드러내는 세계는 본질적으로 음양의 구분, 선후천의 구분이 없기 때문에 그것 자체가 그대로 원역의 세계를 나타낸다고 할 수 있다.

　우리가 영원한 현재를 십이월이십사절기후도수와 같이 간지도수를 통하여 구성된 책력과 같은 상징체계를 통하여 드러내지 않으면 그 의미를 파악하기가 쉽지 않다.

　그것은 설사 간지도수가 선천과 후천, 형이상과 형이하, 천지의 도와 인도를 구분하여 나타내기 이전의 세계를 나타낸다고 할지라도 그러한 실체적 세계가 없음을 뜻한다.

　우리는 여기서 일부가 상제와 대화를 나누고, 천지가 일부의 말을 하고, 일부가 천지의 말을 한다는 표현을 다시 생각해 볼 필요가 있다.

　원역의 차원, 반고, 상제로 표현된 영원한 현재의 차원에서 보면 말을 할 필요도 없고 그 세계를 굳이 간지도수를 통하여 상징적으로 나타낼 필요도 없다.

　그러나 영원한 현재는 고정된 것이 아니라 끊임없이 새롭게 나타나는 창조이고, 끝없이 확장하고, 차원이 높아지며, 깊어지고, 더욱 발전하는 진화이다.

　영원한 현재는 고정된 것이 아니라 창조적이고 진화적인 현상으로 끊임없이 자신을 드러내고 다시 사라진다.

　일부가 정역을 논하고, 십이월이십사절기수도를 밝히며, 하도와 낙서의 내용을 제시하고, 삼역팔괘도를 정리하여 나타냄도 영원한 현재의 드러남이다. 영원함이 일부를 통하여 그의 삶으로 그리고 삶의 과정에서 일어난 정역의 저작으로 나타난 것이다.

2. 영원한 현재와 원천原天

우리는 앞에서 십이월이십사절기후도수가 역수의 차원에서 정역을 통하여 원역을 상징적으로 나타냄을 살펴보았다. 그러면 원역과 선후천이 어떤 관계인지 살펴보자.

원역과 선후천의 관계를 살펴보기 위해서는 먼저 선천과 후천이 무엇인지를 살펴보지 않을 수 없다. 일부는 선천과 후천을 사역의 관점에서 다음과 같이 밝히고 있다.

> 선천先天은 체體는 방방이고, 용用은 원圓으로 27삭에 윤달을 더한다. 후천后天은 체體는 원圓이고, 용用은 방방으로 360일이기 때문에 바르다. 원천原天은 무량无量하다.[142]

인용문에서 선천과 후천을 구분하는 데 사용된 개념은 원방이다. 원은 시간성의 세계를 나타내고, 방은 공간성의 세계를 나타낸다.

시간성의 세계를 상징하는 도상은 하도이며, 공간성의 세계를 나타내는 도상은 낙서이다. 그러므로 선후천이 하도, 낙서와 관련이 있음을 알 수 있다. 그러면 선후천이 무엇인지 살펴보자.

선천의 체가 방이고, 용이 원이라는 것은 공간성을 본체로 삼아서 시간성으로 작용함을 뜻한다. 그것은 공간성을 출발점으로 삼아서 시간성을 향하는 세계가 바로 선천임을 뜻한다.

공간성의 세계는 태극이 상징하는 것처럼 만물의 차원에서 만물의

---

142 金恒,『正易』先后天正閏度數, "先天은 體方用圓하니 二十七朔而閏이니라. 后天은 體圓用方하니 三百六旬而正이니라. 原天은 无量이니라."

근거인 태극을 찾고, 태극으로부터 출발하여 무극을 향하는 방향이다.

만물로부터 시작하여 시종의 차원에서 태극을 찾고, 다시 종시의 차원에서 무극과 하나가 되는 것이 선천의 세계이다. 그러므로 도역의 생성의 관점에서 보면 역생도성이 선천의 세계이다.

그런데 뒷부분에서는 선천의 세계는 27개월 만에 윤달을 더하여 음역과 양력의 조화를 맞춘다고 하였다. 그것은 음력과 양력이 나누어져서 서로 성장하는 세계가 선천임을 뜻한다. 음양의 윤역이 시생하여 생장하는 세계가 선천이다. 그러면 후천은 어떤 세계인가?

후천은 체가 시간성이고, 용이 공간성이라고 하였다. 그것은 시간성을 출발점으로 삼아서 공간성에 이르는 세계이다. 바로 무극으로부터 출발하여 태극에 이르는 작용인 도생역성이 후천의 세계이다.

그것은 시간성이 공간성으로 드러나는 세계, 시간성의 시간화의 세계가 후천임을 뜻한다. 후천은 본체의 작용이 그대로 현상으로 드러나는 세계이다.

일부는 후천의 세계를 사역의 관점에서 360일의 세계이기 때문에 바르다고 하였다. 그것은 후천이 장성한 역수로서의 정역의 세계를 가리킴을 뜻한다. 그러면 원천은 무엇인가?

일부는 선천과 후천을 언급한 후에 원천은 무량하다고 하였다. 선천과 후천이 각각 시생과 생장 그리고 장성을 나타낸다면 장성은 다시 합덕하여 시생, 생장, 장성을 반복한다. 그렇기 때문에 선천과 후천으로 구분하여 나타내기 이전을 원천으로 규정한 것임을 알 수 있다.

원천이 시간상으로 선천과 후천으로 구분하여 나타내기 이전의 세계라는 것은 사역의 원역原曆의 세계가 바로 원천임을 뜻한다. 원천에 의하여 선천과 후천이 구분될 뿐만 아니라 원천에 의하여 선천과 후천이 하나가 된다. 그렇기 때문에 원천은 원역과 같은 세계를 나타내는 개념이라고 할 수 있다. 그러면 선천과 후천은 어떤 관계인가?

우리는 앞에서 선천과 후천이 체용이 서로 바뀐 세계임을 살펴보았다. 우리는 일반적으로 본체가 작용이 되고, 작용이 본체가 된다고 여기지 않는다.

예를 들면 형이상의 도와 형이하의 기는 체용의 관계일 뿐으로 양자의 관계가 바뀌어서 체용이 변하지 않는다. 그렇기 때문에 십익에서는 양자를 체용의 관계이면서 근본과 지말의 본말本末 관계로 규정하고 있다.

주역에서는 천도와 지도 역시 체용의 관계로 규정하고 있다. 그것은 음양과 강유의 관계를 통하여 중천건괘와 중지곤괘를 체용의 관계로 나타내고 있는 다음을 통하여 확인할 수 있다.

> 공자가 말하였다. 건곤乾坤은 역易의 문門이로구나. 건乾은 양물陽物이고, 곤坤은 음물陰物로 음양陰陽이 합덕合德하여 강유剛柔의 체體가 된다. 천지의 근원을 체득함으로써 신명神明한 덕德에 통한다.[143]

인용문의 내용을 보면 음양 곧 천도가 합덕合德함으로써 지도인 강유의 본체가 된다고 하였다. 이처럼 물건적 관점에서 세계를 이해하면 천도과 지도, 천도와 인도의 관계가 체용의 본말 관계일 뿐이다. 그렇기 때문에 물건적 관점, 곧 삼재의 관점에서는 역도, 변화의 도의 본령이 드러나지 않는다.

---

[143] 『周易』 繫辭下篇 第六章, "子曰 乾坤은 其易之門邪인져 乾은 陽物也오 坤은 陰物也니 陰陽이 合德하야 而剛柔有體라 以體天地之撰하며 以通神明之德하니."

그러나 인용문에서는 선천의 체용과 후천의 체용이 서로 바뀐다고 하였다. 그것은 물건적 관점에서의 체용과 사건적 관점에서의 체용이 서로 다름을 뜻한다. 따라서 선후천도 물건적 관점, 곧 물리적 시간의 관점에서 보면 고정되지만 시간성의 차원에서 보면 고정되지 않는다. 그것이 무엇을 의미하는가?

일부는 선천과 후천을 구분하여 나타내지만 양자가 모두 원천에 근거하고 있음을 밝히고 있다. 그것은 선천과 후천 역시 상호작용할 뿐으로 별개의 존재가 아님을 뜻한다. 그는 선천과 후천의 관계를 다음과 같이 밝히고 있다.

> 선천은 후천에 정사政事하니 수화水火이고, 후천은 선천에 정사政事하니 화수火水이다.[144]

위의 내용을 보면 선천과 후천은 별개의 것이 아니라 서로 작용함으로 알 수 있다. 그것은 형상을 중심으로 형이상과 형이하를 구분하는 물건적 세계는 실재하지 않는 세계임을 나타낸다. 이는 주역의 수화기제괘水火旣濟卦와 화수미제괘火水未濟卦가 표상하는 내용 역시 상호작용하는 관계일 뿐으로 별개의 내용이 아님을 뜻한다. 그러면 선후천은 무엇인가?

선후천을 이해하기 위해서는 삼극三極과 관련하여 살펴보지 않을 수 없다. 왜냐하면 일부는 하도와 낙서에 대하여 논하는 과정에서 선천과 후천을 태극, 무극과 관련하여 논하고 있기 때문이다.

그는 하도를 언급하면서 미제의 상을 나타낸다고 하였을 뿐만 아니

---

[144] 金恒, 『正易』第三張, "后天은 政於先天하니 水火니라. 先天은 政於后天하니 火水니라."

라 낙서를 언급하면서는 기제의 수를 나타낸다고 하였다. 미제의 상은 아직은 오지 않은 미래의 세계를 상징적으로 나타낸 것이라고 할 수 있다.

그리고 낙서가 기제의 수라는 것은 이미 현상화한 세계를 수를 통하여 계량화하여 나타낸 도상임을 뜻한다. 그러면서 역생도성하니 후천의 무극이라고 하였다. 그리고 하도는 도생역성하여 선천의 태극이라고 하였다. 이를 통하여 선천은 태극의 세계이고, 후천은 무극의 세계임을 알 수 있다. 그러면 태극과 무극은 어떤 세계인가?

무극은 어떤 분별도 개재되지 않은 세계를 나타낸다. 그렇기 때문에 무상無相, 무명無名, 무념無念, 무분별無分別, 무심無心과 같은 그 어떤 개념을 사용하여 나타내더라도 개념이란 이미 분별화된 세계를 나타내기 때문에 그것 자체라고 할 수는 없다.

무극은 무규정적無規定的 세계이다. 그러므로 이것과 저것으로 구분하여 나타낼 수 없는 점에서 신神이라고 표현하기도 한다. 때로는 시간성이라고 말하기도 하고, 시의성이라고 말하기도 한다.

태극은 무극을 현상화하여 나타낸 것이다. 그렇기 때문에 태극은 무극의 현상적 표현이라고 할 수 있다. 현상은 사물의 세계이다. 사물의 관점에서 보면 무극은 모든 사물의 존재근거로서의 태극으로 존재한다.

사물은 사건과 물건을 나타낸다. 이때 사건은 물건의 근본이다. 우리가 끊임없이 이어지는 사건을 대상화하여 나타낸 것이 물건의 세계이다. 그렇기 때문에 물건의 세계를 실재하지 않는 환상이라는 것은 일견 타당하다.

사건을 대상화함으로써 드러나는 물건은 실체적 존재가 아니다. 그것은 사건이나 물건이 존재하지 않음을 뜻하지 않는다. 다만 고정되지 않고 끊임없이 변화하기 때문에 실체적 존재가 있다고 할 수 없다. 그러면 선천의 태극과 후천의 무극은 어떤 관계인가?

무극은 후천의 세계이고, 태극은 선천의 세계이다. 그러므로 선천은 후천으로 작용하고, 후천은 선천으로 작용하듯이 무극은 태극을 향하여 작용하고, 태극은 무극을 향하여 작용한다. 그것을 일부는 도역의 생성으로 나타내고 있다.

도생역성은 무극에서 태극을 향하는 작용이며, 역생도성은 태극에서 무극을 향하는 작용이다. 그러므로 양자는 각각 선후천의 작용을 나타내는 개념이라고 할 수도 있다. 다만 선후천은 물리적 시간의 관점에서 구분하여 나타낸 개념이기 때문에 도역의 생성과는 범주가 서로 다르다.

3. 원천과 선후천

우리는 앞에서 선후천이 하나가 된 원천의 세계, 선천과 후천의 구분이 없는 무분별의 세계, 사역四曆의 근원인 원역을 나타내는 것이 십이월이십사절기후도수임을 살펴보았다.

일부는 음력陰曆과 양력陽曆이 하나가 된 합덕역이면서 중정역인 정역을 십이월이십사절기후도수로 나타내었다. 십이월이십사절기후도수는 현상적 측면에서는 정역이지만 그 이면에는 정역正曆으로 드러나기 이전의 원역을 머금고 있다. 따라서 그는 정역을 통하여 원역을 나타내고 있음을 알 수 있다. 그러면 십이월이십사절기후도수가 원천, 원역의 세계를 나타낸다는 것은 무엇을 의미하는가?

원천은 선천과 후천이 하나가 된 세계이고, 원역原曆은 사역四曆의 본체와 작용이 모두 포함된 역수曆數이다. 그러므로 원천, 원역이 나타내는 세계는 시간상으로는 영원한 현재를 나타낸다.

영원한 현재는 영원한 측면에서는 과거와 미래 그리고 현재라는 물리적 시간으로 구분하여 나타낼 수 없는 세계이기 때문에 시간을 넘어선 세계이지만 현재적 측면에서는 끊임없이 새로운 시간으로 드러나는 영원함이다.

일부는 영원한 현재를 두 측면에서 나타내어 도생역성과 역생도성으로 규정하였다. 도생역성은 시간성의 시간화이며, 역생도성은 시간의 시간성화이다.

시간성의 시간화로서의 도생역성은 끊임없는 시간의 생성이며, 시간의 시간성화인 역생도성은 끊임없는 시간성과의 합일, 시간성으로의 귀체, 귀공이다.

도생역성의 측면에서 보면 시간은 끊임없이 나타나는 현재적 사건이지만 역생도성을 통하여 끊임없이 소멸하여 시간성으로 돌아가는 사건이다. 그러면 영원한 현재는 선후천과 어떤 관계인가?

정역에서는 영원한 세계를 원천으로 나타내고, 영원한 세계의 드러남, 곧 원천의 드러남을 선천과 후천으로 나타내고 있다. 그것은 원천이 선천과 후천으로 드러나기 때문에 선천과 후천을 구분하여 양자를 가치상의 우열을 부여하여 오로지 선천에서 후천으로의 변화만을 논하지 않음을 뜻한다.

일부는 "선천은 후천으로 작용하고, 후천은 선천으로 작용한다"[145]고 하여 양자가 둘이 아님을 밝히고 있다. 우리가 윤역閏曆의 세계를 선천으로 그리고 정역正曆의 세계를 후천으로 규정하여 오로지 선천에서

---

145 金恒, 『正易』第三張, "后天은 政於先天하니 水火니라. 先天은 政於后天하니 火水니라."

후천으로의 변화를 논하고 후천에서 선천으로의 변화를 논하지 않으면 원천의 전모를 드러낼 수 없다.

선천과 후천의 관계는 도역생성을 통하여 분명하게 파악할 수 있다. 후천에서 선천으로의 변화는 도생역성의 변화이며, 선천에서 후천으로의 변화는 역생도성의 변화이다.

이때 역생도성의 귀체, 귀공에 의하여 도생역성의 생성이 이루어지며, 도생역성의 시간성의 시간화에 의하여 역생도성의 시간의 시간성화가 이루어진다. 따라서 양자는 일체이면서도 구분되는 관계이다. 그러면 원천과 선후천의 관계는 무엇인가?

원천이 선후천의 근원이라는 것은 선천과 후천이라는 물리적 시간의 세계를 넘어선 세계임을 뜻하며, 선후천이 원천으로부터 생성된 세계라는 것은 선후천이 곧 나타난 영원이기 때문에 단순하게 물리적 시간을 나타내는 것은 아님을 뜻한다.

현상의 차원에서는 원천은 드러나지 않고 오로지 선천과 후천으로 드러날 뿐이다. 그렇기 때문에 원천이 있다고 할 수 없다. 그러나 선천과 후천으로 드러나기 이전의 원천이 없다면 선후천이 있을 수 없기 때문에 원천이 없다고 할 수 없다. 그러면 삼자와 영원한 현재를 어떻게 이해할 것인가?

원천은 선천과 후천으로 드러나기 때문에 없지는 않다. 그것은 현상적 측면에서는 현재만이 있을 뿐으로 영원함이 없지만 현재가 끊임없이 계속되는 측면에서는 영원함이 없다고 할 수 없음을 뜻한다.

그러나 현재는 하나의 사건, 사태의 반복이 아니다. 매 순간 수많은 다양한 사건이 나타났다가 사라지고 다시 나타났다가 사라진다.

그러나 나타났다가 사라지기 때문에 나타나도 나타남이 없고, 나타남이 없기 때문에 사라져도 사라짐이 없다. 그러면 그가 십이월이십사절기후도수를 통하여 나타내고자 하는 뜻은 무엇인가?

일부가 십이월이십사절기후도를 통하여 현상적 측면에서 원천, 반고를 나타내기도 하고, 도역의 생성의 측면에서 삼극을 중심으로 하도와 낙서로 나타내기도 하며, 금화정역도, 삼역팔괘를 통하여 여러 관점에서 세계를 나타낸 것은 그렇게 나타내기 이전에는 다양한 측면에서 나타낼 수 있는 고정된 세계가 없음을 뜻한다.

그러나 세계는 반고, 원천, 원역과 같은 다양한 개념으로 나타낼 수 있는 대상이 아니지만 텅 빈 허공과 같은 절대무絶對無는 아니다. 바로 매 순간 도역의 생성에 의하여 시간성의 시간화와 시간의 시간성화가 이루어짐이 없이 이루어짐이 이것을 나타낸다. 그러면 영원한 현재라는 시간이 나타내는 것은 무엇인가?

우리가 영원한 현재를 언급하는 까닭은 우리와 무관한 형이상의 세계나 형이하의 물리적 시간으로서의 선천과 후천을 논하기 위함이 아니다. 우리의 삶 가운데서 일어나는 모든 일들은 우리 자신과 무관한 일들이 아니라 우리 자신에 의하여 일어나는 일이다.

우리가 선천과 후천을 구분하여 다시 선천과 후천으로 구분하기 이전의 원천을 논하여 원천과 선후천이 둘이면서도 둘이 아니어서 하나임을 논하는 까닭은 지금 여기 나와 나를 통하여 드러나는 삶을 나타내기 위함이다. 그러면 지금 여기의 나와 영원한 현재는 어떤 관계인가?

선천이 육신, 의식의 세계라면 후천은 마음의 세계이고, 원천은 세계와 내가 둘이 아닌 본성本性, 자성自性을 나타낸다. 그리고 원천과 선후천을 함께 나타내는 개념이 영원한 현재이다. 영원한 현재의 영원함은 원천에 의하여 나타내고, 현재는 선천과 후천을 통하여 나타낸 것이다.

그러면 영원한 현재, 원천과 선후천이라는 실체적 존재가 있는가?

우리는 지금 여기의 나를 물건적 관점에서 본성과 마음 그리고 육신으로 구분하여 나타낸다. 그리고 삼자를 하나의 마음으로 나타내기도 하고, 물질적 관점에서 육신으로 나타내기도 하며, 본성으로 나타내기도 한다.

그런데 우리가 본성과 마음 그리고 육신을 통하여 자신을 나타낸다는 것은 우리 자신이 본성과 마음 그리고 육신으로 구분되지 않음을 뜻한다.

우리가 아공我空, 법공法空, 아법구공我法俱空을 통하여 남과 구분되고, 세계와 구분되는 나도 없고, 세계도 없음을 나타내는 것을 보면 이 점을 알 수 있다. 그러면 아법구공我法俱空이라고 말하는 사건은 있는가?

물건의 세계가 공空하다는 것은 있거나 없음으로 나타낼 수 없음을 뜻한다. 그렇기 때문에 나와 세계가 없는 것은 아니지만 있다고 할 수 없다고 말한다. 이처럼 유무有無를 넘어선 세계, 나와 남, 나와 세계의 구분이 없는 경계 아닌 경계를 나타내기 위하여 일부는 원천과 선후천을 말하고, 금화정역도, 하도와 낙서, 십이월이십사절기후도수를 나타낸 것이다. 그러면 지금 여기의 나를 나타내는 영원한 현재를 어떻게 이해할 것인가?

우리가 지금 여기의 나에 의하여 이루어지는 삶이라는 실체가 있다고 생각하거나 없다고 생각하는 것은 어느 일면에 치우친 사고이다.

우리는 지금이라는 시간과 여기라는 공간에 의하여 구분하고 다시 남과 구분되는 나를 더하여 지금 여기의 나를 통하여 일어나는 사건으로서의 삶이 있다고 생각한다.

그러나 지금이라는 시간은 과거와 미래가 구분된 현재라는 시간이 아니라 과거와 미래 그리고 현재로 구분할 수 없는 영원한 세계로서의 시간성의 매 순간의 드러남일 뿐이며, 여기라는 공간은 천국과 지옥, 천상과 지하와 구분되는 여기가 아니라 이곳과 저곳의 분별이 없는 공간성의 드러남으로서의 여기일 뿐이다.

그리고 나라는 것도 남과 구분되고, 세계와 구분되는 육신이 내가 아니라 본성과 마음 그리고 육신의 분별이 없는 본성, 본래성이 매 순간 다양한 나로 드러날 뿐이며, 내가 살아간다고 생각하는 삶도 시공과 온갖 요인들에 의하여 잠시 일어났다가 사라지는 것일 뿐이다.

지금 여기의 나의 지금은 과거와 미래가 하나가 된 현재이면서 영원한 현재이다. 그것은 지금이라는 시간은 과거와 미래가 구분된 현재가 아니라 시간성이라는 영원한 세계가 나타난 매 순간이라는 의미의 지금이다. 바로 시간성이 나타난 현재, 항상 새롭게 드러나는 순간이 지금이라는 시간이다.

지금 여기의 나의 여기라는 공간은 영원한 현재를 공간적 관점에서 물건화하여 나타낸 것이다. 그것은 영원한 현재를 대상화하여 물건적 존재로 나타낸 것이 공간상의 여기임을 뜻한다. 공간성이 드러난 물건으로서의 여기는 저곳과 이곳, 정토淨土와 예토穢土, 천국과 지옥이 하나가 된 여기이다.

그러나 여기는 고정되지 않아서 때로는 정토로 드러나고, 때로는 예토로 드러나며, 때로는 천국으로 드러나고, 때로는 지옥으로 드러나서 고정되지 않는다. 그렇기 때문에 이곳, 저곳과 구분되는 별개의 여기는 없다.

지금 여기의 나의 나는 육신도 아니며, 본성도 아니고, 부처도 아니며, 중생도 아니다. 그것은 지금 여기의 나는 때로는 본성으로, 때로는 마음으로, 때로는 육신으로, 때로는 언행으로 나타내지만 그 어떤 것도 아님을 뜻한다. 그렇기 때문에 그 모두는 다양하게 드러나는 지금 여기의 나의 한 측면일 뿐으로 고정되지 않는다.

일부가 십이월이십사절기후도수를 통하여 나타내고자 한 세계는 어떤 개념이나 시간, 공간과 같은 범주 그리고 언어나 도수度數, 괘효卦爻를 통하여 드러낼 수 없는 세계이다. 물론 그것은 실체적 세계가 있음을 전제로 하여 말하는 것이 아니다.

고정된 세계라고 말할 수 있는 어떤 것이 없기 때문에 때로는 시간을 통하여 시종으로 드러나는 끊임없는 사건의 변화로 나타내기도 하고, 때로는 공간을 통하여 본말로 드러나는 만물의 형상적 변화로 나타내기도 한다.

십이월이십사절기후도수는 형이상의 도나 시간성, 반고, 상제를 나타내거나 형이하의 시간, 역수, 시간, 사물을 나타내고자 한 것이 아니라 지금 여기의 나를 나타낸다.

우리는 지금 여기의 나를 본성을 중심으로 나타내어서 끊임없이 도역생성하는 창조의 세계라고 말하고, 육신, 언행을 중심으로 나타내어 끊임없이 역생도성하는 진화의 세계라고 말한다.

그러나 우리는 본성도, 마음도, 언행도 아니다. 단지 때에 따라서 그렇게 드러내며 살아갈 뿐이다. 그러므로 본성의 세계를 고정화하여 물리적 세계가 있는 것처럼 나타내어서 천국, 정토라고 말하고 그 세계에 신, 부처, 구세주가 거주하여 세계를 다스리는 것처럼 나타내기도 하지만 그러한 세계나 존재는 없다.

수많은 종교에서는 때로는 지금 여기의 나를 죄인으로 만들고, 중생으로 만들어 수도를 하고, 수행을 하며, 기도를 하여 천국으로 가라고 말한다. 그러나 과연 죄를 지은 사람이 있고, 부처가 되어야 할 중생이 있는가?

구원을 받아야 할 죄인과 세상을 구원하는 구세주 그리고 구원을 내려 주는 신神은 없다. 깨달은 부처도 없고, 깨닫지 못했기 때문에 장차 깨달아야 할 중생도 없으며, 그들이 도달할 열반涅槃의 세계도 없다. 그러면 왜 스스로 깨달았다고 하거나 구세주라는 사람들이 때로는 자신이 신이라고 말하거나 수도修道를 하고, 성불成佛을 해야 한다고 말하는 것인가?

상제上帝, 화무옹化無翁, 천제天帝, 신, 하느님, 구세주, 성령, 부처, 중생이라는 것은 고정됨이 없이 끊임없이 새롭게 나타났다가 사라지는 사건을 고정시켜서 마치 하나의 물건과 같이 실재하는 것처럼 나타낸 방편상의 개념에 불과하다. 그렇기 때문에 그 어떤 개념도 실재하는 것을 그대로 나타내는 개념은 없다.

영원한 현재적 관점에서 보면 나도 세계도 고정되지 않아서 매 순간에 끊임없이 다양하게 나타났다가 사라진다. 그것을 불교에서는 나툼과 회향이라고 말하기도 한다. 도생역성의 관점에서는 나와 세계가 끊임없이 새롭게 나타나기 때문에 없는 것은 아니지만 역생도성의 관점에서는 나와 세계가 나타나는 순간 다시 사라지기 때문에 그 어떤 것도 있다고 할 수 없다.

시간성의 현현顯現으로서의 도생역성을 고정시켜서 마치 움직이는 세계를 사진을 찍는 것과 같이 정지를 시켜서 그것을 다시 분석하여 나타낸 것이 물건의 세계이다. 그렇기 때문에 이것과 저것을 구분하여 나타내는 모든 개념은 인간의 마음의 산물일 뿐이다.

진리는 고정된 이치나 어떤 것이 아니며, 지혜와 깨달음도 고정되지 않는다. 다만 사람과 때에 따라서 필요한 만큼 다양하게 드러나는 것이 지혜이다.

어느 시대의 어떤 종교나 사상, 이념도 모두 시대적인 필요에 의하여 나타난 것일 뿐으로 영원한 것이 아니다. 그렇기 때문에 하나의 종교나 사상이 생명을 갖기 위해서는 때에 따라서 끊임없이 변화해야 한다. 그러면 나와 세상은 없는 환상일 뿐인가?

만약 나와 세계가 환상이라면 우리가 열심히 살아갈 필요가 없다. 나와 세계는 고정되지 않지만 없는 것은 아니다. 그리고 지금 여기의 나 그리고 삶은 진실하다.

현실現實이란 글자 그대로 나타난 실다운 세계, 곧 실상이다. 그러므로 지금 여기의 나를 떠나서 진실한 나, 완전한 나가 없다.

그리고 지금 여기의 나의 삶을 떠나서 진실한 삶이 없다. 부처, 대인, 성인은 본성의 차원에서 지금 여기의 나를 나타낸 것이며, 신, 상제, 하느님, 구세주도 지금 여기의 나를 본성, 자성, 불성의 차원에서 나와 남이 없고, 나와 세계가 없음을 나타내는 개념일 뿐이다.

소인, 죄인, 중생은 지금 여기의 나를 육신의 차원에서 나타낸 것일 뿐이다. 지옥과 천국, 정토와 예토 역시 육신의 차원과 본성의 차원을 마치 하나의 실재적인 세계가 있는 것처럼 실체화하여 나타낸 개념이다. 그러면 영원한 현재의 특성을 나타내는 창조와 진화는 무엇인가?

우리는 종교적 관점에서 신에 의하여 절대무絶對無에서 갑자기 어떤 것이 나타남을 창조라고 말하고, 그와 달리 과학적 관점에서 진화를 이해한다. 이는 창조와 과학을 각각 무와 유의 두 측면에서 이해한 것이라고 할 수 있다.

그러나 우리가 앞에서 살펴본 바와 같이 세계는 무無와 유有의 어느 일면에 치우치지 않기 때문에 공空이라고 말하기도 하고, 중中이라고 말하기도 한다. 그러면 우리가 말하는 창조와 진화는 무엇인가?

우리는 지금 여기의 나를 마음을 중심으로 나타내어 자유자재自由自在, 창조創造, 진화進化라고 말한다. 마음은 끊임없이 새롭게 나타나는 점에서 창조적이면서 진화적이다.

우리는 마음을 통하여 무의 세계를 유로 드러내기도 하고, 유를 다시 무로 수렴하기도 하며, 유무를 넘어선 중도를 논하기도 한다.

마음은 실체가 아닐 뿐만 아니라 본성이라는 나 아닌 나의 나타남이다. 그러므로 내 안의 나이자 나 아닌 나인 본성에 의하여 드러나는 마음의 작용, 마음의 변화를 나타내어 창조적 진화라고 말한다. 그러면 부처와 중생, 대인과 소인은 무엇인가?

우리가 수행을 하고, 수도를 하여 우리 자신의 차원을 고양시키는 것도 마음에 의하여 이루어지며, 우리 자신을 육신의 차원, 지옥의 차원으로 타락시키는 것도 마음이다. 그렇기 때문에 마음을 통하여 지옥과 천국, 예토와 정토, 죄인과 하느님, 중생과 부처가 나타난다.

우리가 육신을 중심으로 미래적 측면에서 나타내면 부처, 대인, 성인이 되고, 본성을 중심으로 과거적 측면에서 나타내면 불성, 자성, 여래장이라고 나타낸다. 그러나 본성과 부처, 여래장과 열반은 둘이 아니라 하나이기 때문에 양자는 없다.

우리가 영원한 현재를 대상화하여 물건처럼 나타낸 것이 지금 여기의 나다. 지금과 구분되는 과거와 미래가 없고, 여기를 떠나서 이곳과 구분되는 저곳이 없으며, 남과 구분되고, 세계와 구분되는 내가 없다.

우리는 매 순간 다양하게 여러 모습으로 나타났다가 사라지기 때문에 대인과 소인, 부처와 중생과 같은 어느 일면의 나는 없다. 그것은 지금 여기의 내가 그대로 그 어떤 것에도 걸림이 없는 완전한 존재임을 뜻한다. 따라서 삶은 자신自身이 자신自神임을 자신自信하고, 자신自神으로 살아가는 것이다. 그러면 왜 수많은 성현들이 인간과 세계에 대하여 서로 다른 말들을 하는가?

그것은 사람과 세상이 고정되지 않아서 끊임없이 변화하기 때문에 어떤 사람은 이것이 필요하고, 어떤 사람은 저것이 필요하기 때문이다. 그렇기 때문에 진정으로 자신을 느끼고 자신으로 살아가는 사람은 결코 이것이 진리라고 하거나 이것이 세상이라고 단정하지 않는다.

공체, 공심으로 공용, 공식하며, 공생하는 지혜롭고 자비로운 사람이라면 오직 때와 장소에 따라서 사람들에게 필요한 것을 제공할 뿐이다.

그것은 마치 병이 난 사람에게 약을 주는 것과 같다. 본래 사람과 세계가 완전하여 병이 없는 데도 약을 준다면 그것은 독毒이 된다.

그는 병이 없음에도 불구하고 스스로 병으로 여기고 약을 찾는 사람에게 거짓 약을 주어서 모든 것이 스스로의 문제임을 알고 스스로 살아가도록 이끌어 준다. 그렇기 때문에 성현聖賢은 남의 위에 군림하는 것이 아니라 기꺼이 남의 심부름꾼이 되어 남을 이롭게 하는 사람이다.

오늘날의 여러 종교에서는 오로지 자신들의 종교의 교리만이 진리를 말하고, 자신들이 신앙하는 신만이 구원을 준다고 말한다. 그것은 마치 본래 모든 것이 기름이어서 기름이 아닌 것이 없음에도 불구하고 사람들을 유혹하기 위하여 자신이 갖고 있는 것만이 '참 기름'이라고 말하고 그것도 모자라서 다시 '진짜 참 기름'이라고 말하는 것과 같다.

오늘날의 정치인들은 마치 자신이 사이비似而非 종교의 교주와 같은 행동을 한다. 그들은 국민들로부터 잠시 위임받은 권력에 취하여 마치 자신이 창조주인 것처럼 착각하고 법과 제도를 마음대로 없애거나 고쳐서 세상을 자유롭고 평등하게 만들겠다고 약장수가 약을 팔듯이 선동한다.

그러나 인위적인 법과 제도를 통하여 만들어 낸 자유롭고 평등한 세상은 영원한 세계가 아니다. 왜냐하면 그러한 세상을 만든 조건이 사라지면 일시에 사라질 허무한 세상이기 때문이다. 그러면 이러한 정치인들의 행위는 실재하는가?

영원한 현재의 측면에서 보면 그 어떤 고정된 사람이나 고정된 사물이 없다. 그렇기 때문에 정치인들의 그릇된 행위 자체도 고정되지 않는다. 한순간에 나타났다가 사라지는 하나의 사건에 불과할 뿐이다. 그러면 어떻게 할 것인가?

우리는 모든 사건이 나타났다가 사라지기 때문에 있다고 할 수 없지만 없는 것은 아님을 안다. 만약 우리가 그들의 선동에 부화뇌동附和雷同하면 그대로 그들의 언행을 실재화實在化시켜 주는 결과를 낳는다.

우리는 현상의 각각의 사건을 실재하는 것으로 착각하여 얽매이지 말고, 현상을 바라보는 마음을 보고, 마음으로 드러나기 이전의 내 안의 나를 발견하여 그와 하나가 되어 살아야 한다. 그래야 비로소 우리가 세상을 새롭게 창조하고, 진화할 수 있다.

우리 자신과 세계는 둘이 아니다. 그렇기 때문에 우리가 스스로 자신을 새롭게 창조하고, 진화해야 세계가 새롭게 창조되고, 진화한다. 나와 남, 나와 세계가 일체인 차원에 이르러야 비로소 온 우주와 하나가 되어 세계를 새롭게 창조하고 진화할 수 있다.

한 나라를 경영하는 근거인 법이나 제도 역시 인간의 의하여 일시적으로 형성된 것일 뿐으로 영원한 것은 없다. 유위법有爲法에 의하여 일어나는 변화는 결코 영원한 것이 아니다. 그렇기 때문에 유위적인 사고에 의하여 자신이 삶을 살아가고, 한 나라를 경영經營하고자 하면 반드시 실패하게 된다.

자유와 평등 역시 지금 여기의 나를 벗어나서 존재하지 않는다. 내 안의 나, 나 아닌 나의 세계가 바로 자유와 평등의 세계이고, 도의 세계이며, 진리의 세계이고, 부처의 세계이며, 정토이다.

내 안의 나, 나 아닌 나를 세계로 나타내어 정토라고 말하고 표면에 드러난 나, 끊임없이 새롭게 드러나는 나를 세계로 나타내어 예토라고 말한다. 그러나 내 안의 나 아닌 나는 고정되지 않아서 매 순간 끊임없이 새롭게 드러난다. 따라서 정토와 예토가 둘이 아니다.

내 안의 나 아닌 나가 매 순간 다양하게 나타나는 지금 여기의 나의 삶은 원천이 나타난 선천이면서 후천이다. 선천과 후천은 둘이 아닐 뿐만 아니라 원천과 선후천도 둘이 아니다. 원천과 선후천은 영원한 현재를 나타내는 다른 개념일 뿐이다.

영원한 현재로서의 지금 여기의 나의 삶은 자유롭고 평등하다. 자유와 평등은 나를 떠나서 밖에서 얻거나, 남으로부터, 세상으로부터, 법이나 제도로부터, 국가로부터 얻을 수 없다. 그것은 본래 우리 자신이 향유하고 있는 영원한 것이다.

우리는 육신이나 의식에 얽매이거나 현상의 사물에 얽매이지 않고, 시공에도 얽매이지 않으며, 내 안의 나 아닌 나, 본성, 참 나에도 얽매이지 않아야 한다. 그렇다고 하여 유무有無를 넘어선 중도中道에도 머물러서는 안 된다. 다만 우리가 스스로 마음을 구속하지 말고 놓아 버려서 자유로워질 때 비로소 우리의 삶이 그대로 그러함을 알고, 그 앎마저도 놓아 버리고 그냥 살아감이 없이 살아갈 수 있다.

제4부

영원한 현재와 정역의 용중적用中的 인간관

  우리는 앞에서 정역에서 제시하고 있는 하도와 낙서에서 수를 통하여 상징적으로 나타내고 있는 시간성의 원리가 무엇인지 살펴보았다. 그리고 그 과정에서 일부가 정역을 통하여 하도와 낙서의 내용을 영원한 현재로 제시하고 있음을 살펴보았다.

  그것은 세계가 고정되지 않아서 매 순간 새롭게 나타남을 뜻한다. 세계의 매 순간 새롭게 나타남도 고정되지 않고 끊임없이 이어지기 때문에 영원하다고 말한다.

  우리는 여기서 잠시 가던 발길을 멈추고 오늘날의 우리가 왜 정역이라는 저작에 주목해야 하는지를 생각해 보자. 오늘날 우리가 136년 전에 저작된 정역을 주목해야 할 필요는 일차적으로 그것이 우리로 하여금 자신과 세계를 파악하는 데 도움이 된다는 점이다. 그러면 정역은 동서의 사대 성인을 비롯하여 수많은 사상을 형성한 사상가들이 이미 제시한 수많은 경전과 어떤 차이가 있는가?

  어떤 사상이나 종교, 이념을 막론하고 시대적 상황에 따라서 전개된다. 그것은 물리적 시간이 있음을 논하는 것이 아니라 영원한 현재가 다양하게 드러남을 뜻한다. 그럼에도 불구하고 오늘날은 인류가 스스로 4차 산업혁명의 시대로 규정하듯이 유물론적 세계관에 갇혀 있다.

  과학과 기술이 주도하는 인류 사회에서 대부분의 사람들은 주역을 비롯하여 유학, 불교, 도가, 도교, 기독교를 비롯하여 다양한 사상과 종교를 유물론적唯物論的 세계관, 인간관, 가치관에 의하여 이해하고자 한다.

유물론적 세계관과 인간관은 내가 있고, 남이 있으며, 세계가 있다는 실체적 세계관, 인간관이다.

우리가 실체적 세계관, 인간관에 의하여 자신과 세계를 이해하면 지금 여기의 나와 다른 이상적인 나를 추구하고, 지금 여기와 다른 이상적인 세계를 추구하게 된다.

오늘날의 사람들은 나를 떠나서 대인, 성인, 부처, 구세주를 찾고, 우리가 살아가는 여기가 아닌 저곳으로서의 천국, 천당을 원하며, 지금이 아닌 수행, 수도를 통하여 미래에 열반의 세계, 성불을 이루고자 한다.

현대의 다양한 인간에 관한 이론들이 지금 여기의 나를 떠나서 이상적 삶을 찾으며, 지금 여기의 나를 떠나서 도道를 찾고, 지금 여기의 나를 떠나서 천국天國을 찾으며, 지금 여기의 나를 떠나서 이상적인 인간인 부처, 대인, 성인을 찾는 것은 지금 여기의 나와 도를 둘로 보고, 지금 여기와 천국을 둘로 보며, 지금 여기의 나와 이상적인 인격체인 부처, 대인, 성인을 둘로 보기 때문이다.

오늘날 인류는 오로지 과학이 대상으로 하는 물질적 세계로서의 자연을 세계 자체로 이해할 뿐만 아니라 인간의 육신을 사람의 모든 것으로 이해한다.

그러나 주역을 비롯한 논어, 맹자 등의 유가儒家 전적과 도덕경, 장자 그리고 능가경楞伽經, 능엄경楞嚴經, 원각경圓覺經, 금강경, 반야심경과 같은 우리가 친근하게 대하는 경전들은 과학이 부정하는 형이상의 세계를 추구하기 때문에 과학적 세계와 다르다.

우리는 과학에 관한 서적들과 중국의 다양한 사상을 나타내는 전적들이 모두 근원적 세계의 드러남임을 부정하지 않는다. 다만 우리는 과학의 다양한 이론이나 여러 중국사상이 서로 다른 관점에서 각각의 진리, 도를 드러내고 있음에도 불구하고 오로지 자신들의 이론만이 진리라고 주장하고, 다른 전적이나 사상을 배격함을 지적할 뿐이다.

현상은 다름의 세계일 수밖에 없다. 그것은 우리가 시비是非, 선악善惡, 남녀, 미추美醜, 의불의義不義라는 분별의 마법에 빠져서 오로지 현상에 집착할 때 다양한 현상으로 드러나기 이전의 소식을 알 수 없음을 뜻한다.

어떤 사람은 현상으로 드러나기 이전과 이후를 구분하는 것도 역시 분별이 아니냐고 말한다. 우리는 드러나기 이전과 이후가 둘이 아님에도 불구하고 둘로 여기기 때문에 양자를 모두 보라고 권할 뿐이다. 그러면 우리는 왜 현상에 얽매여서 살아가면 안 되는가?

우리가 오로지 현상의 세계가 그대로 실재한다고 여기고 살아가면 고통스럽기 때문이다. 그것은 삶 자체가 고통이 아니라 세계와 삶을 바라보고 살아가는 우리의 태도가 고통스러운 삶과 행복한 삶을 일으키는 원인임을 뜻한다.

우리들은 오늘날을 4차 산업혁명의 시대라고 말한다. 혁명은 일순간에 이루어지는 비약적인 변화를 뜻한다. 오늘날 과학에 바탕을 둔 기술의 발전이 비약적으로 이루어지기 때문에 인간이 그 속도를 따라갈 수 없어서 미래의 향방을 가늠할 수 없다.

오늘날의 세계의 각국들은 과학과 기술을 활용하여 한순간에 지구를 없앨 수 있는 강력한 무기들을 경쟁적으로 개발하고 있다. 지금 우리가 겪고 있는 코로나19 팬데믹 역시 인간이 스스로 초래한 강력한 무기

가운데 하나이다.

오늘날 인류에게 가장 필요한 것은 과학과 기술을 어떻게 개발하고, 어떻게 활용할 것인지를 파악하는 일이다. 그것은 인간으로서의 우리 자신이 어떤 존재이며, 어떻게 살아야 하는지를 파악해야 해결할 수 있는 문제이다.

우리가 육신을 자신으로 여기고, 의식을 자신으로 여기면서 살아가면 남과 경쟁에서 이기고자 기술을 개발할 뿐만 아니라 개발의 성과를 오로지 남들과의 경쟁에서 이기려는 목적으로 사용한다. 그렇기 때문에 과학과 기술이 발달할수록 인류는 대립과 투쟁으로 빠지게 되어 결국은 모두 함께 소멸하는 결과를 낳을 것이다.

오늘날 우리들은 자아성찰自我省察, 영성靈性 계발, 마음 계발과 같은 다양한 개념들이 나타내는 지금 여기의 나의 '지금 여기'와 '나' 그리고 '나의 삶'에 대한 탐구적 활동을 한다.

우리가 수기修己, 수도修道를 통하여 자신을 파악하려는 까닭은 삶의 주인이 되어 자유롭게 살고자 함이다. 우리가 삶의 주인이 되어 우리 자신으로 살아가면 산업혁명 역시 인류에게 해로운 흉기凶器가 되지 않고, 인류에게 이로운 이기利器가 될 수 있다.

과학기술의 발전, 산업혁명이 가치와 의미를 갖기 위해서는 우리 자신이 주체가 되어 그것을 운용해야 한다. 그것은 기술의 운용, 발전된 산업의 운용이 인간의 의식이 아니라 내 안의 나, 참 나인 본성이 주체가 되어 이루어져야 함을 뜻한다.

내 안의 나, 참 나인 본성이 주체가 되어 삶이 이루어지고, 과학의 연구와 기술의 운용이 이루어질 때 비로소 인류가 함께 번영하고, 인류가 함께 행복한 삶이 전개된다. 따라서 현상을 대상으로 하는 과학과 기술이 인류에게 가치와 의미를 갖기 위해서는 우리 자신과 세계에 대하여 보다 깊은 측면을 살펴보지 않을 수 없다. 그러면 이미 주역을 비롯한 중국사상에서 충분히 인도人道[146]에 대하여 밝히지 않았는가?

주역은 형이상과 형이하, 도道와 기器, 순順과 역逆, 인간과 세계를 구분하여 양자의 합일合一을 추구하는 역방향에서 앞의 문제를 중심으로 인간을 탐구하였다. 그렇기 때문에 주역에 연원을 두고 형성된 중국유학, 중국불교, 중국도가, 중국도교를 막론하고 모두 물건적 관점에서 출발하여 인간과 세계의 본질을 밝히고자 한다.

그러나 정역에서는 순역이 합일되고, 성명이 합일되며, 도와 기가 하나가 된 차원 곧 양자가 나누어지기 이전의 차원에서 인간의 본성과 삶을 나타내고 있다. 그렇기 때문에 우리가 정역의 고찰을 통하여 영원한 현재적 관점에서 지금 여기의 나를 중심으로 삶을 고찰하게 된다. 그러면 구체적으로 중국사상과 정역에서 밝히고 있는 사상이 어떻게 다른가?

주역에서는 물건적 관점에서 세계를 천지인의 삼재를 중심으로 논한다. 주역과 십익에서는 천도와 지도를 구분하여 지도地道의 관점에서 인간을 나타냈다. 그것은 주역에서 밝힌 성명합일, 천인합일이 오로지 역逆방향이 중심이기 때문에 순방향에서 양자를 논하고, 순역이 하나가 된 관점에서 합일을 논하는 것이 필요함을 뜻한다.

만약 우리가 형이상과 형이하를 구분하여 오로지 역방향에서 형이상의 도道와의 합일合一을 추구하면 인도의 전모를 드러낼 수 없다. 왜냐

---

146 人道는 사람다운 삶의 방법, 모두가 행복한 삶의 방법을 나타낸다. 이때 사람다운 삶은 사회적 삶, 모두가 함께하는 삶을 나타내기 때문에 도는 형이상적 의미를 갖게 된다. 왜냐하면 형이상의 세계는 나와 남, 나와 세계의 구분이 없는 일체이기 때문이다.

하면 우리가 삶을 순과 역으로 나타내면 역逆방향은 앎, 수도修道가 중심이 되고, 순順방향은 실천, 행行, 제도濟度가 중심이 되어 어느 한 방향만으로는 삶의 전모를 드러낼 수 없기 때문이다. 그러면 정역에서 밝히고 있는 영원한 현재와 인간은 어떤 관계인가?

일부는 삼역팔괘도三易八卦圖를 통하여 인간을 나타내고 있다. 삼역팔괘도는 하도와 낙서가 나타내고 있는 도역의 생성을 대상화여 물건적 존재로 나타낸 것이다. 그는 삼역팔괘도를 통하여 시간성의 세계를 물건화하여 사물성, 공간성으로 나타내었던 것이다.

그가 삼역팔괘도를 통하여 사물적 존재로 대상화하여 나타낸 인간은 역생도성의 관점에서는 생장성의 세 단계로 이해할 수 있다. 그것은 일부가 삼역팔괘도를 통하여 인간을 시생始生과 생장生長 그리고 장성長成의 세 단계로 구분하여 나타내었음을 뜻한다.

복희팔괘도는 사람이 본성을 발견하였지만 아직은 본성과 하나가 되지 못한 상태를 나타내고, 문왕팔괘도는 본성과 하나가 되어 본성을 주체로 살아가는 상태를 나타내며, 정역팔괘도는 본성과 세계가 하나가 되어 살아가는 경계를 나타낸다.

그러나 도생역성의 관점에서 보면 삼역팔괘도가 나타내는 생장성의 세 단계는 모두 인간과 천지를 구분할 수 없는 하나의 세계가 그대로 드러난 세 양상에 불과하다.

그것은 세 단계가 모두 시간성의 현현顯現이라는 점에서 영원한 현재일 뿐이라는 의미이다. 그러면 지금 여기의 나는 어떻게 살아가야 하는가?

일부는 삼역팔괘도를 통하여 나타내는 생장성의 세계, 곧 세 단계가 아닌 세 단계를 다시 선천과 후천으로 나누어서 밝히고 있다. 그것은 시간성의 차원에서는 현재성을 중심으로 과거와 미래를 이해함을 뜻하는 동시에 인간의 차원에서는 본성을 중심으로 과거와 미래를 이해하였음을 뜻한다.

그는 본성을 중심으로 본성과 만물의 이치가 하나가 된 성리性理의 세계를 후천으로 그리고 본성과 이치가 구분된 세계를 선천으로 나타내고 있다. 그리고 그는 선천과 후천의 내용을 인간의 삶을 중심으로 각각 심법心法과 성리性理로 나타내고 있다.

일부에 의하면 인간의 삶은 선천적인 심법과 후천적인 성리로 구분하여 나타낼 수 있다. 심법은 역생도성의 관점에 인간의 삶을 나타낸 것이며, 성리는 도생역성의 관점에서 인간의 삶을 나타낸 것이다. 그러면 심법과 성리는 어떤 관계인가?

우리는 앞에서 일부가 시간성을 바탕으로 하도와 낙서를 시간성이 매 순간 드러나는 현재, 곧 영원한 현재를 상징적으로 나타낸 도상으로 이해하였음을 살펴보았다. 영원한 현재의 관점에서 보면 선천과 후천이 둘이 아니며, 도생역성과 역생도성이 둘이 아니다.

우리는 성리와 심법은 둘이 아니기 때문에 역생도성의 관점에서 심법을 중심으로 성리를 이해할 수 있다. 그것은 앎과 실천을 구분하여 앎을 중심으로 역방향에서 성리를 나타내어서 십익에서 궁리, 진성, 지명[147]을 논하고, 논어에서 입지立志, 입立, 불혹不惑, 지천명知天命, 이순耳順, 종심소욕불유구從心所欲不踰矩의 학문 단계를 논하며, 맹자에서 선인善人, 신인信人, 미인美人, 대인大人, 성인聖人, 신인神人의 단계[148]를 논하고, 대승기신론, 능가경에서 보살의 5위位 52단계의 수행

---

147 『周易』說卦 第一章, "和順於道德而理於義하며 窮理盡性하야 以至於命하니라."

148 孟子, 『孟子』盡心章句上, "曰 可欲之謂善, 有諸己之謂信, 充實之謂美, 充實而有光輝之謂大, 大而化之之謂聖, 聖而不可知之之謂神."

단계를 논한 것을 통하여 확인할 수 있다.

그러나 도생역성의 관점에서 성리를 중심으로 심법을 이해하면 궁리, 진성, 지명이나 견성見性, 성불成佛, 열반涅槃의 세 단계, 십지품의 열 단계[149], 논어의 일곱 단계, 맹자의 여섯 단계가 모두 다양하지만 본성의 작용, 천지의 도의 드러남, 비로자나불의 드러남, 주인공의 나툼, 훈님, 환인, 반고의 드러남일 뿐이다. 그러면 삼역팔괘도는 어떻게 이루어졌는가?

일부는 하도와 낙서를 통하여 시간성을 중심으로 도역의 생성을 논한 후에 이어서 삼역팔괘도三易八卦圖를 통하여 천도의 관점에서 인도를 밝히고 있다. 그는 소강절邵康節에 의하여 도와 기, 본체와 작용의 두 관점을 중심으로 형성된 선후천先後天 역학易學을 비판적으로 수용하여 삼역팔괘도를 제시하였다.

그는 소강절이 설괘의 제3장을 팔괘에 의하여 도상화한 복희선천팔괘도伏羲先天八卦圖와 제5장을 팔괘에 의하여 도상화한 문왕후천팔괘도文王後天八卦圖를 수용하였다. 그리고 설괘 제6장을 팔괘에 의하여 도상화한 정역팔괘도正易八卦圖를 더하여 복희팔괘도伏羲八卦圖, 문왕팔괘도文王八卦圖, 정역팔괘도正易八卦圖의 삼역팔괘도를 제시하였다.

그는 삼역팔괘도를 통하여 소강절이 제시한 선후천과 다른 의미의 선후천론을 제시하였다. 그것은 일부가 제시한 삼역팔괘도의 수와 소강절이 제시한 복희선천팔괘도, 문왕후천팔괘도의 수가 서로 다름을 뜻한다. 그러면 그가 수와 도상을 다시 나타낸 것은 어떤 의미가 있는가?

---

[149] 『楞伽經』, 『大乘起信論』에서는 보살의 수행단계를 十信, 十住, 十行, 十回向, 十地, 等覺, 妙覺의 52단계로 제시하고 있다.

우리는 정역에 이르러서 천도의 관점에서 본성이 드러남으로써 비로소 이미 주역을 통하여 드러난 지도적地道的 관점의 본성과 함께 본성의 전모를 파악할 수 있다.

그것은 물건적 관점에서 제기된 본성, 인도는 역방향에 치우쳐서 합일의 측면만이 드러났을 뿐으로 순방향의 분생적分生的 측면이 드러나지 않았던 것이 정역에서 삼역팔괘도를 통하여 두 측면이 모두 드러남으로써 비로소 본성의 창조적 측면이 드러났음을 뜻한다. 그러면 삼역팔괘도가 의미하는 것은 무엇인가?

삼역팔괘도는 하도와 낙서를 통하여 제시된 본질적 시간인 영원한 현재를 대상화하여 나타내는 과거와 미래 그리고 현재를 중심으로 인간을 나타낸 것이다.

그것은 지금 여기의 나를 과거와 미래 그리고 현재를 일관하는 영원한 현재적 관점에서 세 도상으로 나타낸 것이 삼역팔괘도임을 뜻한다.

그러면 지금부터는 삼역팔괘도를 중심으로 정역에서 제시하고 있는 인간관이 무엇인지 살펴보자. 먼저 정역에서 밝히고 있는 영원한 현재적 시간관을 통하여 삼역팔괘도가 무엇인지를 살펴보고, 이어서 삼역팔괘도가 나타나는 성품의 이치가 무엇인지를 고찰한 후에 마지막으로 성리를 바탕으로 이루어지는 심법이 무엇인지를 고찰하고자 한다.

1. 소옹의 선후천팔괘도와 정역의 삼역팔괘도

우리의 삶 자체는 '이것이다'라고 하거나 '저것이다'라고 규정할 수 없다. 왜냐하면 세계는 인간과 자연을 구분할 수 없을 뿐만 아니라 세계라고 규정할 수 있는 물건적이거나 사건적인 것이 아니지만 그렇다고 하여 아무것도 없는 절대무絶對無가 아니기 때문이다.

　도생역성의 관점에서는 나와 남의 구분이 없고, 나와 자연, 자와 세계의 구분이 없어서 그 어떤 실체적 존재도 없다고 할 수 있는 공空, 무아無我의 세계가 끊임없이 새롭게 창조되어 새로운 자아自我로 나타날 뿐이며, 역생도성의 관점에서는 매 순간 나타나는 자아自我는 다시 본래의 무아無我로 돌아가서 자아라거나 무아라고 할 것이 없다. 그러면 매 순간에 새롭게 나타나는 자아는 항상 동일한가?

　영원한 현재가 현재의 무한 반복이 아니라 매 순간 새로운 현재이듯이 무아가 매 순간 새롭게 나타나는 자아는 언제나 과거의 자아와 다른 새로운 자아이기 때문에 항상 진화한다. 그렇기 때문에 끊임없이 새로워지고 진화하는 새로운 자아의 측면에서 보면 나는 고정되지 않고 끊임없이 확장하고, 깊어지며, 넓어지고, 두터워지며, 충만해진다. 그러면 매 순간의 새롭게 창조되어 나타나는 자아는 있는가?

　역생도성의 측면에서는 끊임없이 진화하여 새롭게 창조되어 나타나는 자아는 다시 본래의 자리인 무아, 공으로 돌아간다. 그것은 다양한 사물로 드러나는 만물이 그대로 하나로 귀일歸一, 귀공歸空됨을 뜻한다. 따라서 매 순간 새롭게 나타나는 사건과 다양하게 나타나는 만물은 나타나도 나타남이 없다. 그러면 귀공歸空, 귀체歸體되고 생성되는 주체가 있는가?

　우리가 흐님, 환인, 반고盤古, 한마음, 상제上帝, 변화 원리, 도, 물리, 화옹, 화무상제와 같은 다양한 개념을 통하여 창조의 근원을 나타내지만 그것은 하나의 상태, 차원, 경계를 고정하여 마치 물건처럼 나타낸 것에 불과하다. 그렇기 때문에 그것은 일종의 개념일 뿐으로 그것이 가리키는 실체적 존재는 없다.

나툼, 생성, 창조와 대응하는 개념으로서의 귀체歸體, 귀공歸空, 회향廻向이 있고, 나툼과 회향, 창조와 진화에 대응하여 중도, 실상을 비롯하여 여래, 여여부동如如不動, 부처, 한마음, 흔님, 환인, 상제와 같은 다양한 개념을 말하지만 그것은 창조와 진화, 나툼과 회향, 생성이 실체가 아님을 나타내기 위하여 사용된 개념일 뿐이다.

물건적 관점에서 세계를 나타내는 천지인의 삼재적 세계나 현상의 근원으로서의 삼재의 도, 역도, 변화의 도의 세계 그리고 사건적 관점에서 세계를 나타내는 삼극이나 삼극의 도로 구분하여 나타내기 이전의 세계는 삼재가 합일된 세계이고, 삼극이 하나가 된 세계이다.

분별하여 다양한 도구에 의하여 나타내기 이전의 세계는 삼재의 도, 역도와 변화의 현상이 하나가 된 세계이며, 삼극의 도와 시간의 세계가 하나가 된 세계이다. 우리는 그것을 신神의 세계, 신도神道의 세계라고 말하고, 삼재가 합일된 세계, 삼극이 하나가 된 세계라고 말한다. 그러면 삼재가 합일되어 분별할 수 없는 세계는 어떻게 나타나는가?

우리는 앞에서 천지의 수가 일월의 운행 도수를 나타낸 것임을 살펴보았다. 그것은 역수曆數를 통하여 제시되는 물리적 시간의 세계를 대상화하여 나타낸 것이 바로 물건의 세계임을 뜻한다.

기제의 세계는 이미 드러난 시간의 세계, 곧 물리적 시간의 세계이면서 공간의 세계인 물건의 세계이다. 그것을 주역에서는 천지와 일월, 사시의 만물의 세계로 규정하고 있다.

주역의 64괘의 내용을 집약하여 나타내고 있는 중천건괘와 중지곤괘를 보면 중천건괘는 시의성時義性이 공간성이 되어 전개되는 시간의 세계를 나타내고, 중지곤괘는 시간이 바탕이 되어 전개되는 공간적 세계로서의 물건적 세계를 나타낸다.

중천건괘에서는 시의성을 바탕으로 전개되는 물리적 시간의 세계를 양효陽爻를 통하여 나타내고 있다. 그리고 중천건괘의 단사彖辭에서는 "종시終始를 크게 밝혀서 육위六位가 이루어진다"[150]라고 하여 종시의 세계가 바탕이 되어 시종始終의 세계를 나타내는 중천건괘의 육효六爻가 형성됨을 밝히고 있다. 종시는 시의성을 나타내며, 시종은 시의성을 바탕으로 전개되는 시간의 세계를 나타낸다.

중천건괘의 효사에서는 시의성을 용龍으로 나타내어 여섯의 효가 나타내는 시위時位에 상관없이 항상 하는 본성本性을 나타내고 있다. 그리고 중지곤괘에서는 언행으로 드러나는 근저에 있는 물건적 존재로서의 물리적 생명生命을 나타내고 있다. 그러면 일월의 합일, 분생과 천지의 도는 어떤 관계인가?

주역에서는 일월의 합일과 분생을 물건화하여 천지의 도로 나타내고, 그것을 바탕으로 물건적 존재의 본성을 밝히고 있는데 그 내용은 다음과 같다.

> 한번은 음陰으로 작용하고, 한번은 양陽으로 작용하는 것을 도道라고 하며, (음양의 작용이) 계속되는 것을 선善이라고 하고, 이루어진 것을 성性이라고 한다.[151]

위의 내용을 보면 도역의 생성을 일월의 관점에서 일월의 분합원리로 나타내어 천도로 규정하였음을 알 수 있다. 그리고 일월의 작용이 계속되는 특성으로 선성善性으로 규정하면서 선성이 대상화한 물건적

---

150 『周易』 重天乾卦 彖辭, "大明終始하면 六位時成하나니 時乘六龍하야 以御天하나니라."
151 『周易』 繫辭上篇 第五章, "一陰一陽之謂道니 繼之者善也오 成之者性也라."

존재의 본성임을 밝히고 있다.

그런데 우리가 앞에서 살펴본 바와 같이 도역의 생성이 기준이 황극이다. 그리고 황극은 그것을 대상화하여 나타낸 삼재적 관점에서는 인간의 본성이다. 따라서 삼재가 합일되고, 삼극이 하나인 세계는 오로지 인간의 세계를 통하여 드러나지 않을 수 없다.

그것은 신도神道의 세계가 드러나는 통로가 인간의 삶임을 뜻한다. 우리는 서경에서 "하늘의 일을 사람이 대신한다"[152]고 하였고, 주역에서는 "진실로 그 사람이 아니면 도는 헛되이 행해지지 않는다"[153]라고 하였을 뿐만 아니라 정역에서는 "누가 하늘의 일이 사람을 기다려서 이루어짐을 아는가?"[154]라고 하였음을 통하여 이 점을 확인할 수 있다.

오늘날 우리는 인문학과 과학의 통섭을 논하고, 종교와 과학, 인문학이 하나가 된 세계를 추구한다. 오늘날의 인류가 추구하는 종교와 과학 그리고 인문학이 하나가 된 세계는 삼재가 합일된 세계 곧 신도의 세계이다. 따라서 인류의 미래가 나아갈 방향은 한국사상의 특징인 천도天道를 바탕으로 한 신도神道를 통하여 설정할 수 있다. 그러면 신도의 관점에서 인간의 삶은 무엇인가?

고조선사상을 연원으로 하여 삼국시대, 고려시대를 거치면서 외래사상을 수입하여 발전한 한국사상은 조선시대에 이르러서 비로소 천도가 드러나면서 신도적인 특성이 드러난다.

조선시대의 사상은 성리학이라는 유학이 중심이지만 천도를 밝히고

---

152 『書經』 皐陶謨, "天工人其代之."

153 『周易』 繫辭下篇 第八章, "苟非其人이면 道不虛行하나니라."

154 金恒, 『正易』 布圖詩, "萬古文章日月明하니 一張圖畵雷風生이라 靜觀宇宙无中碧하니 誰識天工待人成가."

있는 역학과 지도를 나타내는 실학, 서학, 도교와 더불어 인도를 나타내는 성리학, 심학 그리고 불교, 도가가 하나가 되어 생장성의 과정을 거쳐서 조선 말기에 이르면서 비로소 한국사상이 드러난다.[155]

대한민국이 건국된 이후에 우리나라는 비약적인 발전을 해 왔지만 한국사상, 한국문화의 측면에서는 여전히 우리의 정체성을 찾아서 현대화하지 못하고 있다. 따라서 오늘날의 우리가 조선 말기의 사상을 천도와 지도, 그리고 인도가 합일된 신도적 세계를 현대적 관점에서 이론체계화하여 그것을 바탕으로 21세계의 현대적 한국사상을 정립하는 것이 필요하다.[156]

정역에서는 하도와 낙서를 통하여 제시된 시간성의 세계가 하나가 된 이치를 성리性理의 도道로 나타내고 있다. 성리의 도는 성리학의 관점에서 제기되어지는 개념이다. 그리고 성리학의 학문적 특성은 주역에

---

155 조선사상은 한국사상의 연원인 고조선사상이 외래사상인 儒佛道를 수용하면서 주체적으로 발전한 고려까지의 사상을 바탕으로 西學을 주체적으로 수용하여 형성된다. 그렇기 때문에 조선사상은 단순하게 性理學이 중심이 아니라 人道의 측면에서는 性理學, 心學, 老莊이 중심이고, 天道의 측면에서는 易學이 중심이며, 地道의 측면에서는 서학이 중심이 되어 형성된 神道的 사상이라고 할 수 있다. 따라서 오늘날 조선사상의 연구 방향은 지금까지 학계에서 이룬 조선사상에 대한 연구 성과를 바탕으로 초중말의 세 단계로 구분하여 초기의 천지인天地人 삼재三才의 도가 하나가 된 도 자체의 세계가 나타나고, 중기에는 성리학을 비롯하여 여러 사상들이 발전하기 시작하여 말기에 이르면 서학을 수용하여 조선사상의 특성을 갖추게 되는 사상사적 과정 및 각 단계의 사상적 특성을 정립하는 작업을 수행해야 한다.

156 오늘날의 시대적 상황에 맞는 한국 현대사상의 정립을 위한 기초 작업이 이 책에서 시도하는 작업이다. 본서에서는 조선 후기의 한국사상 곧 한국 근대사상의 특성을 『정역』을 중심으로 정립하고자 한다. 이를 바탕으로 21세기에 알맞은 한국 현대사상을 정립하는 연구 성과는 다른 서적을 통하여 제시하고자 한다. 이와 더불어 『정역』에서 제시하고 있는 성리와 심법을 바탕으로 현대사회에 알맞은 수도, 수행의 방법을 제시하고자 한다. 이는 用心法이 중심이 된 불교와 정역사상을 통섭적 관점에서 고찰하는 작업이 될 것이다.

있다. 따라서 정역에서 제시하고 있는 도학道學의 내용을 이해하기 위해서는 주역에서 제시하고 있는 성명의 이치를 고찰하지 않을 수 없다.

성명의 이치, 곧 성리는 정역에서 제시하고 있는 핵심 개념이기도 하다. 정역에서는 주역에서 제시하고 있는 설괘의 내용을 근거로 성리를 제시하고 있다. 그렇기 때문에 설괘의 내용을 중심으로 성명의 이치, 성명지리가 무엇인지를 살펴본 후에 정역에서 제시하고 있는 성명의 이치로서의 성리의 도道가 무엇인지를 살펴보자.

설괘에서는 주역의 저작자, 저작 동기, 저작 과정, 주역의 내용을 비롯하여 64괘를 구성하는 팔괘가 상징하는 의미, 64괘의 차례가 나타내는 의미를 비롯하여 주역의 내용을 종합적으로 밝히고 있다. 그러면 먼저 주역의 저작 과정에 대하여 논하고 있는 설괘說卦의 앞부분을 살펴보자.

① 옛날에 성인이 역易을 지을 때에
② 그윽이 신명神明에 참여하여 시초 원리를 밝혔으니,
③ 수에 의하여 삼천양지를 나타내었다.
④ 음양의 변화를 보고 괘를 세웠으며,
⑤ 강유로 발휘됨을 나타내어 효를 만들었다.
⑥ 도덕에 화순하여 의롭게 다스리니,
⑦ 이치를 궁구하고, 성품을 다함으로써, 명에 이른다.[157]

위의 내용은 주역이 저작된 목적이 ⑥에서 밝히고 있는 것과 같이 도덕道德에 조화롭게 순응하여 세상을 의롭게 다스림에 있음을 알 수 있

---

157 『周易』 說卦 第一章, "昔者聖人之作易也 幽贊於神明而生蓍, 參天兩地而倚數 觀變於陰陽而立卦, 發揮於剛柔而生爻 和順於道德而理於義, 窮理盡性以至於命."

다. 이때 도덕은 천도天道와 지덕地德을 함께 나타낸 말로 천지의 본성인 도덕성을 나타낸다.

천지의 본성으로서의 도덕성이 인간과 어떤 관계인지를 나타내는 부분이 ⑦이다. ⑦에서는 성명의 이치를 궁구하여 그 내용인 본성을 다함으로써 명命에 이르는 성명을 언급하고 있다.

그것은 인간이 천지의 본성을 자각함으로써 자신이 어떤 존재인지를 파악하고 그것을 바탕으로 인간다운 삶을 살아가는 것이 역사적 사명, 사회적 사명으로서의 천명天命임을 아는 것임을 뜻한다. 그러면 성명을 나타내는 도구가 무엇인가?

주역에서 밝히고자 하는 내용인 성명, 성명의 이치를 나타내는 도구에 대하여 논하고 있는 부분은 ④와 ⑤이다. ④와 ⑤는 주역이 어떤 내용을 나타내기 위하여 어떻게 구성되었는지를 밝히고 있다.

음양의 변화를 나타내기 위하여 괘卦를 세웠으며, 음양의 효爻가 강유로 발휘됨, 곧 작용함을 나타내기 위하여 효를 세웠다고 하였다. 이를 통하여 음양의 효에 의하여 구성된 중괘重卦 전체가 본체가 되고, 중괘를 구성하는 육효六爻는 작용이 되어 괘체효용卦體爻用의 관계임을 알 수 있다. 그러면 다른 부분은 무엇을 나타내고 있는가?

도덕에 화순하여 삶을 의롭게 살아가는 존재는 인간이다. 그렇기 때문에 ①에서는 주역의 저자가 인간다운 인간으로서의 성인聖人임을 밝히고 있다. 이때 주역이 저작된 때를 과거로 나타내어 주역을 공부하고 그것을 지침으로 살아가야 할 대상이 미래의 사람임을 밝히고 있다. 그것은 천지의 본성을 화순하여 삶을 살아갈 존재가 인간임을 뜻한다. 그렇기 때문에 주역은 인도를 내용으로 한다. 그러면 ②와 ③은 무엇인가?

②와 ③은 인도의 근거가 되는 천도를 상징적으로 나타내는 체계가

무엇인지를 밝히고 있다. ②에서는 성인이 그윽이 신명神明에 참여하여 시초 원리를 밝혔다고 하였다.

시초 원리는 은나라에서 짐승의 뼈나 거북의 껍데기를 이용하여 점占을 치다가 주나라에 이르러서 시초를 수를 헤아리는 도구로 활용하면서 점을 치게 된 것과 관련이 있다.

시초 원리는 산뢰이괘山雷頤卦의 초구 효사에서 신령스러운 거북으로 표현된 것과 같이 지혜의 원천으로서의 인간의 본성을 상징적으로 나타내는 개념이다. 그러면 왜 신명에 참여한다고 하였는가?

신神, 신명神明은 음과 양의 분별하여 나타낼 수 없는 차원[158]을 나타낸다. 그것은 천지의 도가 하나가 된 도덕성의 경계[159]를 나타내는 개념이기도 하다. 그렇기 때문에 십익에서는 "신으로 미래를 알고, 지식으로 과거를 갈무리한다"[160]고 하여 미래를 아는 점이 바로 신명의 세계를 깨닫는 일임을 밝히고 있다. 따라서 신명에 참여하였다는 것은 신명원리를 깨달았음을 뜻하고, 시초 원리를 낳았다는 것은 신명의 세계, 천지의 도의 세계를 시초 원리를 통하여 나타내었음을 뜻한다. 그러면 시초 원리는 어떻게 구성되는가?

신명원리, 신도를 상징적으로 나타내는 도구는 수數이다. 이 수의 구성에 관하여 밝히고 있는 부분이 ③이다. ③에서는 삼천양지參天兩地로 구성된 수에 의하여 신명원리, 천지의 도덕원리, 천지의 도를 상징적으로 나타내었음을 밝히고 있다. 그러면 삼양원리에 의하여 구성된

---

158 『周易』 繫辭上篇 第五章, "陰陽不測之謂神."

159 『周易』 繫辭下篇 第六章, "子曰 乾坤은 其易之門邪ᄂ며 乾은 陽物也오 坤은 陰物也니 陰陽이 合德하야 而剛柔有體라 以體天地之撰하며 以通神明之德하니."

160 『周易』 繫辭上篇 第十一章, "神以知來코 知以藏往하나니."

수의 체계는 무엇인가?

계사상편 제9장에서는 천지의 수를 일에서 십까지의 기우奇偶의 수를 통하여 밝히고 있다. 그것은 일一, 삼三, 오五, 칠七, 구九의 기수奇數와 이二, 사四, 육六, 팔八, 십十의 우수偶數에 의하여 구성된 천지의 수이다.

천지의 수는 오五까지는 삼천양지이며, 육六에서 십十까지는 삼지양천이다. 그러면 삼양三兩의 천지의 수에 의하여 구성된 신도의 표상 체계는 무엇인가?

계사 상편 제9장에서는 천지의 수를 언급한 후에 이어서 천지의 수에 의하여 구성된 도상을 언급하고 있다. 십익의 다른 부분에서는 하도와 낙서에 의하여 천지의 도가 표상됨을 밝히고 있다. 따라서 천지의 수에 의하여 구성된 하도와 낙서가 천지의 도, 신도를 표상하는 체계임을 알 수 있다.

주역에서는 하도와 낙서의 도상이 밝혀지지 않았으며, 한대漢代를 거치고 송대宋代에 이르러서 비로소 하도와 낙서의 도상과 수가 확정되었다. 주희는 유목劉牧의 도구서십圖九書十說을 부정하고, 하도의 수를 십十으로, 낙서의 수를 구九로 규정하였다.

그러나 주희는 하도의 중심 수인 십오十五와 낙서의 중심 수인 오五가 모두 태극을 상징한다고 하였을 뿐으로 10과 5가 상징하는 의미를 드러내지는 못하였다. 그것은 주역이 현상을 중심으로 그 근본인 태극을 찾는 데 중심이 있음을 단적으로 보여 준다.

계사상편에서는 육효가 상징하는 내용을 삼재의 도로 규정하기도 하고, 삼극의 도로 규정하면서도 오로지 삼재의 도를 중심으로 인도를 밝히고 있다.

설괘에서는 주역이 인도인 성명원리를 밝히고 있음을 분명하게 밝히고 있다. 그러면 이어서 설괘의 제2장을 중심으로 괘효의 내용이 성명원리임을 살펴보자.

> 옛날에 성인이 역을 지을 때에 장차 성명의 이치에 순응하게 하고자 하였다. 그러므로 천도를 세워서 음陰과 양陽을 말하고, 지도를 세워서 유柔와 강剛을 말하며, 인도를 세워서 인仁과 의義를 말하였다. 삼재가 모두 양지兩之작용을 하기 때문에 역易이 육획六劃에 의하여 괘를 이룬다. 음과 양으로 나누어지고, 유와 강으로 질운迭運작용을 하기 때문에 역은 육위에 의하여 문채를 이룬다.[161]

이 부분에서는 역이 성명의 이치를 따르는 삶을 제시하기 위하여 저작되었음을 밝히고 있다. 인간의 삶의 이치인 성명의 이치를 밝히기 위하여 천도와 지도 그리고 인도를 각각 음양에 의하여 나타내고, 강유에 의하여 나타내며, 인의에 의하여 나타낸 것이다. 그러면 육효에 의하여 중괘가 구성된 까닭은 무엇인가?

그것은 천지인의 삼재가 모두 음양, 강유, 인의와 같이 양지兩之작용을 함을 나타내기 위함이다. 이를 통하여 주역이 비록 천도와 지도를 언급하고 있지만 오로지 인도를 밝히기 위한 방법으로 언급되었을 뿐임을 알 수 있다. 그러면 성명의 이치는 주역에서 어떻게 나타내고 있는가?

---

[161] 『周易』 說卦 第二章, "昔者聖人之作易也, 將以順性命之理. 是以立天之道曰陰與陽, 立地之道曰柔與剛, 立人之道曰仁與義. 彙三才而兩之, 故易六畫而成卦, 分陰分陽, 迭用柔剛, 故易六位而成章."

천지가 위치를 정하니, 산택山澤이 기운을 통하고, 뇌풍雷風이 엷으며, 수화水火가 서로 작용하지 않아서 팔괘가 서로 어그러진다. 지나간 것을 헤아림은 순順이고, 다가올 것을 아는 것은 역逆이다. 그러므로 역易은 역逆으로 헤아린다.[162]

인용문을 보면 천지, 산택, 뇌풍, 수화를 언급하고 있다. 이는 팔괘를 네 쌍으로 구분하여 서로의 작용을 중심으로 팔괘의 관계를 나타내고 있다.

팔괘 가운데서 오로지 산택만이 기운을 통한다는 것은 산택이 서로 작용하고 나머지 다른 괘들은 서로 작용하지 못함을 뜻한다. 그렇기 때문에 팔괘를 언급한 후에 팔괘가 서로 어긋난다고 결론을 지었다. 그러면 팔괘는 어떤 작용을 하는가?

팔괘의 작용을 나타내는 것이 설괘의 제4장이다. 제4장에서는 네 괘는 뇌풍수화의 각 괘가 나타내는 작용을 중심으로 나타내고, 나머지 네 괘는 직접 간태艮兌, 건곤乾坤을 언급하고 있다. 이는 앞에서 언급된 팔괘의 내용을 다시 설명하고 있음을 뜻한다. 그러면 팔괘의 내용을 어떻게 언급하고 있는지 살펴보자.

우레로써 움직이게 하며, 바람으로 흩어지게 하고, 비로 윤택하게 하며, 해로 이를 따뜻하게 하고, 간艮으로 그치게 하고, 태兌로 기뻐하게 하며, 건乾으로 이에 군君이 되고, 곤坤으로 이에 수장收藏한다.[163]

---

162 『周易』 說卦 第三章, "天地定位, 山澤通氣, 雷風相薄, 水火不相射, 八卦相錯. 數往者順, 知來者逆, 是故易逆數也."

163 『周易』 說卦 第四章, "雷以動之, 風以散之, 雨以潤之, 日以烜之, 艮以止之, 兌以說之, 乾以君之, 坤以藏之."

인용문에서도 역시 천지와 산택이 나타내는 건곤간태의 네 괘는 괘명卦名을 제시하고 나머지 진손震巽감리坎離의 네 괘는 괘명을 제시하지 않음으로써 위의 내용이 앞의 제3장의 내용을 다시 설명하고 있음을 보여 주고 있다.

설괘의 제3장에서 가장 중심이 되는 내용은 건곤과 간태이다. 건곤은 팔괘 가운데서 가장 중심이 되는 괘이기 때문에 천지로 나타내기도 하고, 가정에 있어서 부모로 나타내기도 한다. 그리고 간태艮兌는 가정에 있어서 가장 늦게 태어난 막내아들과 막내딸로 비유하여 이해할 수 있다. 그러면 제3장의 내용은 무엇인가?

천지가 각각 상하의 위치에 자리를 잡고 있을 뿐으로 상호작용을 하지 않음을 천지가 위치를 정하였다고 말하였다. 이처럼 천지가 각각의 자리에서 해야 할 일은 갓 태어난 셋째 아들과 셋째 딸을 기르는 일이다. 그렇기 때문에 간태가 중심이 되어 산택이 통기를 한다고 하였다.

그러나 진손괘를 나타내는 뇌풍이 엷다고 하여 서로 작용을 하지 않음을 나타내고, 감리괘를 나타내는 수화가 서로를 쏘지 않는다고 하여 역시 상호작용을 하지 않음을 나타내고 있다.

천지에 의하여 시생한 인간을 나타내기 때문에 다음 부분에서 인간이 해야 할 일을 역수逆數로 밝히고 있다. 그것은 또한 주역이 나타내고자 하는 내용임을 뜻한다. 그러면 역수는 무엇인가?

앞부분에서는 먼저 순과 역을 언급하고 있다. 미래를 아는 것을 역逆으로 규정하고, 미래에서 과거를 향하여 지나간 것을 헤아림을 순順으로 나타내고 있다. 헤아림은 수를 통하여 분별하여 나타냄을 뜻한다. 그렇다면 지래知來는 어떤가?

계사상편에서는 "신神으로 미래를 알고, 앎으로 과거를 갈무리한다"

고 하였다. 이때 신神은 "음陰과 양陽으로 구분하여 나타낼 수 없음"을 나타낸다. 온갖 분별을 넘어선 무분별의 세계, 시공의 현상을 넘어선 형이상의 세계를 신이라는 개념을 통하여 나타낸 것이다. 따라서 신으로 미래를 앎은 미래를 앎이 신의 세계를 앎임을 뜻한다.

그리고 순방향에서 이루어지는 수왕에 대하여 "앎으로 지나간 것을 갈무리함"으로 나타내었다. 그것은 신의 세계를 분별하여 나타낸 것이 지식이며, 지식을 통하여 미래의 세계가 과거의 세계로 나타남을 알 수 있다.

이제 역수가 무엇을 의미하는지를 파악할 때가 되었다. 역易, 곧 주역의 내용이 역수逆數라는 것은 역逆방향에서 지래知來를 하여 그것을 바탕으로 순順방향에서 수왕數往하는 것임을 알 수 있다.

이는 역방향에서 지래로 출발하여 순방향에서 수왕에 이르러서 순역이 합일合一됨을 뜻한다. 따라서 주역은 역방향에서 출발하여 순방향에 이름으로써 순역이 합일되는 순역합일을 추구함을 알 수 있다. 그러면 순역합일은 구체적으로 무엇인가?

우리는 앞에서 "신으로 미를 앎(神以知來)"와 "앎으로 과거를 갈무리함(知以藏往)"을 통하여 순역의 합일이 무분별의 상태와 분별의 상태의 합일을 뜻함을 알 수 있다.

그것은 대승기신론에서 제시하고 있는 본각本覺과 시각始覺의 합일 合一을 통하여 구경각究竟覺에 이름[164]으로 규정하고 있는 것과 같은 내용으로 이해할 수 있다. 그러면 십익에서는 순역의 합일을 어떻게 나

---

164 馬鳴, 『大乘起信論』 1권(ABC, K0623 v17, p.704a04-a07), "若超過菩薩地, 究竟道滿足, 一念相應, 覺心初起, 始名爲覺. 遠離覺相, 微細分別, 究竟永盡, 心根本性常住現前, 是爲如來, 名究竟覺."

타내고 있는가?

순역합일은 성명합일性命合一에 의하여 이루어진다. 설괘 제1장에서 밝히고 있는 것과 같이 궁리窮理, 진성盡性, 지명至命의 과정을 거쳐서 성명이 합일되고, 순역이 합일된다. 그렇기 때문에 궁리를 통하여 진성, 지명에 이르는 성명합일이 주역의 내용이다. 그러면 성명합일이 설괘 제3장, 제4장의 내용과 어떤 관계인가?

설괘 제3장, 제4장은 궁리, 진성, 지명의 첫 번째 단계를 나타낸다. 그것은 인간이 삶을 살아가면서 육신을 자신으로 알고 육신의 기능인 의식을 중심으로 삶을 살기 때문에 성인에 의하여 본성이라는 심층의 나, 내 안의 나, 참 나가 있으며, 참 나로 살아가는 인간다운 삶으로서의 천명天命, 사명이 있음을 알고, 천명을 실천하는 삶을 살고자 뜻을 세워야 함을 나타낸다.

사람이 스스로 자신이 어떤 존재인가를 파악하고 그것을 바탕으로 본래의 자신으로 살아가고자 하는 뜻을 세우는 것을 입지立志라고 한다.

입지立志가 되면 그다음은 세운 뜻을 실천하는 일을 하지 않을 수 없다. 입지 이후에 이루어지는 성명합일의 과정을 나타내는 것이 궁리, 진성, 지명이다.

송대의 소옹은 설괘 제3장의 내용을 바탕으로 팔괘를 나열하여 복희팔괘도伏羲八卦圖라는 도상을 구성하였다. 그는 복희팔괘도를 중심으로 선천역학을 제시하였다. 주희가 편집한 주역본의에는 복희팔괘도의 도상이 제시되어 있는데 도상의 구조는 다음과 같다.

복희팔괘도伏羲先天八卦圖

우리가 복희팔괘도의 도상에서 주목할 부분은 그가 선천의 내용을 담고 있는 것으로 규정하고 있다는 점이다. 그는 선천팔괘도가 본체인 태극을 나타낸다고 주장하였다.

그러나 현상의 측면에서는 태극이 본체이지만 태극 자체가 본체는 아니다. 왜냐하면 계사에서는 삼극의 도를 언급하여 태극 이외에서 근원적인 요소가 있음을 밝히고 있기 때문이다.

주렴계周濂溪에 의하여 무극과 태극이 결합되어 무극이태극無極而太極에 대한 논의가 제기되었을 뿐만 아니라 서경의 홍범에서는 정치의 근본이 황극임을 밝혀서 무극, 태극과 더불어 황극이 삼극의 도를 나타내고 있음을 파악할 수 있는 가능성은 이미 제기되었다.

또한 주희도 삼극의 도에 대한 주석에서 삼재가 모두 각각의 태극이 있다고 하였다. 이를 천태극天太極, 지태극地太極, 인태극人太極이라고 말하기도 한다.

그러나 삼재가 구분되듯이 태극이라는 개념이 나타내는 근원이라는 측면에서 보면 천태극과 지태극, 인태극을 각각 다른 개념으로 나타내지 않을 수 없다. 그것은 천도와 지도, 인도를 구분하여 나타내는 것과 같다. 그러면 이어서 궁리의 과정을 거쳐서 진성에 이르는 내용을 나타내는 도상이 무엇인지 살펴보자.

소옹이 도상화하여 복희팔괘도로 나타낸 제3장, 제4장에 이어서 설괘 제5장은 하나의 팔괘도를 나타내고 있음이 보다 분명하게 드러난다. 왜냐하면 제5장의 내용에서 직접 팔괘의 방향을 언급하고 있기 때문이다. 그러면 먼저 설괘 제5장의 내용이 무엇인지 살펴보자.

> 제帝가 진震에서 나오고, 손巽에서 가지런히 하고, 리離에서 서로 보고, 곤坤에서 노역을 이루고, 태兌에서 기뻐하고, 건乾에서 싸우고, 감坎에서 위로하고, 간艮에서 이룬다.[165]

위의 내용은 제5장의 내용을 요약하여 나타내고 있다. 전체의 내용은 진괘에서 시작하여 간괘에서 끝나는 작용을 나타내고 있다. 그런데 여기서 주목할 부분은 제3장에서 건곤괘를 언급하고 있지만 천지로 나타낼 뿐으로 그 본성을 나타내고 있지 않은 것과 달리 제5장에서는 그 본성을 나타내고 있다는 점이다. 그러면 제5장의 특성을 나타내는 천지의 본성이 무엇인가?

그것은 제帝라는 개념으로 나타나고 있다. 제5장이 나타내고 있는 내용의 성격을 파악하기 위해서는 제라는 개념이 의미하는 내용을 올

---

[165] 『周易』 說卦 第五章, "帝出乎震, 齊乎巽, 相見乎離, 致役乎坤, 說言乎兌, 戰乎乾, 勞乎坎, 成言乎艮."

바로 파악하는 것이 관건이다. 제帝는 일반적으로 신과 같은 개념으로 천지, 우주를 창조하고 주재하는 인격적 존재로 이해한다.

그런데 제帝는 인격적인 측면에서 나타낸 천지의 창조적 본성, 주재적 본성을 나타내지만 그것은 인간의 본성을 나타낸다. 왜냐하면 계사상편 제5장에서 밝히고 있듯이 천지의 도가 인간에 있어서는 본성이기 때문이다. 계사상편의 제5장을 보면 그 내용은 다음과 같다.

> 한번은 음陰으로 작용하고, 한번은 양陽으로 작용하는 것을 일러서 도道라고 하며, 작용이 계속되는 것을 선善이라고 하고, 이루어진 것을 성性이라고 한다.[166]

위의 내용을 보면 음양의 작용으로 드러나는 것은 천도이다. 그리고 천도의 작용이 계속되는 것을 선善이라고 말하고, 선성이 이루어진 것을 성性이라고 한다고 하였다. 그것은 천도가 개체적 존재로서의 인간에 있어서 본성임을 나타낸다.

제, 상제는 신이라는 개념과 같이 도의 특성을 나타내는 개념일 뿐으로 대상적 존재가 아니다. 따라서 위의 내용은 인간의 본성의 작용을 팔괘를 통하여 상징적으로 나타내고 있음을 알 수 있다. 그러면 팔괘를 통하여 인간의 본성을 어떻게 이해할 것인지 살펴보자.

제가 진괘에서 나옴은 진괘를 통하여 본성의 작용이 시작됨을 나타낸다. 이때 진괘와 간괘는 각각 성인과 군자의 관점에서 이해할 수 있다. 그러므로 역사적 측면에서 보면 본성을 밝히는 가르침, 성명에 관한 가르침이 성인에 의하여 처음으로 제시되었음을 나타낸다고 할 수 있다.

---

[166] 『周易』繫辭上篇 第五章, "一陰一陽之謂道니 繼之者善也오 成之者性也라."

성인의 가르침으로 나타난 본성의 작용이 세상에 널리 펴져서 인류가 공유하는 것을 나타내는 괘가 손괘이다. 손괘는 흩어진다는 의미와 더불어 그것을 중심으로 가지런하게 됨, 곧 성인의 가르침으로서의 본성이 인간의 삶의 근거, 기준이 됨을 나타낸다.

이괘離卦를 통하여 서로 봄은 본성을 통하여 비로소 인간의 인간다움을 알 수 있고, 인간과 인간의 관계가 무엇이며, 인간의 삶이 무엇인지를 알 수 있음을 뜻한다. 인간은 본성의 지혜로 사람과 세계를 보지 않으면 인간의 진면목을 알 수 없다.

곤괘坤卦에서 부림을 이룬다는 것은 곤괘는 수용, 수장을 나타낸다. 그것은 본성을 주체로 인간의 물리적 생명현상이 나타나면서 그것이 서로가 서로를 존재하게 해 줌을 나타낸다.

그리고 태괘兌卦에서 기쁨을 말하는 것은 본성을 주체로 서로 생명을 주고받으면서 공생共生하는 것이 삶의 기쁨임을 뜻한다.

건괘에서 싸움은 진아眞我와 가아假我, 내 안의 나와 표면의 나의 갈등을 나타낸다. 본성은 지혜와 자비를 내용으로 한다. 그렇기 때문에 본성을 주체로 할 때 비로소 지혜가 드러남에도 불구하고 의식에 의하여 운용되는 지식을 지혜로 착각한다. 그것을 나타내는 것이 건괘에서 싸운다는 의미이다.

감괘坎卦에서 수고롭다는 것은 건괘의 정수精髓를 나타내는 감괘를 통하여 지혜의 원천인 본성에 도달함을 나타낸다. 물은 무심하여 어떤 것과도 하나가 될 뿐만 아니라 모든 더러움을 깨끗하게 씻어 주고, 부족한 부분을 채워 준다. 그러나 자신의 그 어떤 더러움에도 물들지 않고, 어떤 부족함에도 끝없이 채워져서 언제나 충만하다. 이처럼 무심無心하면서 공심共心으로 마음을 쓰는 것이 본성에 도달하는 방법이다.

간괘艮卦에서 완성을 말한다는 것은 간괘가 완성을 나타냄을 뜻한다. 완성은 다른 것이 아니라 본성을 자각하여 본성과 하나가 됨을 뜻한다. 그러면 다음 부분에서 구체적으로 나타내고 있는 내용을 살펴보자.

"만물이 진괘에서 나오니 진괘는 동방이다"라고 하였다. 그것은 본성에 의하여 만물이 생성됨을 나타낸다.

그리고 "손괘에 의하여 가지런해진다. 손은 동남이다. 가지런해짐은 만물의 결제를 말한다"라고 하였다. 만물이 가지런해지고 깨끗해진다는 것은 본성에 의하여 인간이 인간으로 존재하고, 만물이 만물로 존재함을 나타낸다.

다음에 "이괘는 밝음을 나타낸다. 만물이 모두 서로 보니 남방의 괘이다. 성인이 남쪽을 향하여 천하의 소리를 들으면서 밝음을 향하여 다스리니 대개 이를 취한 것이다"라고 하였다.

이괘는 제3장에서는 불로 규정하고 있다. 그것은 지혜의 밝음을 나타낸다고 할 수 있다. 따라서 이괘는 지혜에 의하여 천하를 다스리는 왕천하가 이루어짐을 나타내고 있다.

그런데 본성의 내용인 지성知性에 의하여 지혜가 발현된다. 이 지혜를 통하여 사물의 본질을 파악하는 것은 물론 사람과 사람의 관계 역시 밝혀진다. 그렇기 때문에 만물이 서로를 본다고 하였다. 이것이 천하를 다스리는 이치가 된다.

다음에 "곤坤이라는 것은 땅이다. 만물이 모두 땅에서 길러진다. 그러므로 곤에서 부려진다고 하였다"라고 하였다. 건괘가 사람의 사람다움으로서의 본성을 나타내는 것과 달리 곤괘는 역사적 사명, 사회적 사명을 나타낸다.

그것은 본성의 측면에서는 자비를 나타낸다. 이 자비에 의하여 만물을 만물로 존재하게 하는 보시布施가 이루어지기 때문에 곤괘에서 길러진다고 하였다.

다음에 "태兌는 가을로 만물이 기뻐하는 바이다. 그러므로 '태괘에서 기쁨을 말한다'라고 하였다"에서 태괘가 나타내는 내용은 가을에 얻는 수확의 기쁨과 같다. 그런데 만물이 사람처럼 기쁨을 느낄 수는 없다. 따라서 이 부분은 성명을 중심으로 이해하면 본성과 하나가 되었을 때 비로소 열락悅樂을 느낌을 나타낸다.

다음에는 "건乾에서 싸우니 건은 서북의 괘이다. 음양이 서로 엷음을 말한다"라고 하였다. 음양이 서로 엷다는 것은 하나가 되어 서로 작용하지 못함을 나타낸다.

다음에는 "감괘는 물이다. 정북의 괘이다. 수고로움을 나타내는 괘로 만물이 돌아갈 바이다. 그러므로 '감괘에서 수고롭다'고 하였다"라고 하였다. 이 부분을 감괘를 통하여 본성을 주체로 자라는 것을 나타낸다. 그렇기 때문에 수고롭다고 하였을 뿐만 아니라 만물이 돌아갈 곳이라고 하였다.

다음에는 "간은 북방의 괘이다. 만물이 종말을 이루는 곳이면서 시작을 이룰 곳이다. 그러므로 '간을 통하여 완성을 말한다'고 하였다"라고 하였다. 간괘艮卦는 그침을 나타낸다. 그것은 본성을 깨달아서 천명에 도달함으로써 궁리, 진성, 지명의 과정을 완성하였음을 뜻한다. 그렇기 때문에 궁리, 진성, 지명의 과정이 끝나고 새로운 시작을 나타내는 괘가 간괘임을 밝히고 있다.

우리는 여기서 잠시 짚고 넘어가야 할 부분이 있다. 어떤 사람들은 이 부분을 특정한 나라의 미래에 관하여 예언한 내용으로 이해한다.

그들은 우리나라가 중국을 기준으로 동북방, 곧 간방艮方에 있기 때문에 제5장의 내용이 우리나라의 미래를 예언한 것으로 볼 수 있다는 것이다. 그들은 이 부분이 장차 인류의 미래가 한국을 중심으로 전개될 것임을 예언한 것이라고 말한다.

그러나 이 부분은 동서남북의 공간적 위상을 나타내고, 이를 통하여 일어나는 물리적 사건을 나타내는 것이 아니라 성명의 이치를 상징적으로 나타내기 때문에 미래의 사건에 관한 예언으로 이해하는 것은 옳지 않다.

다만 사상적 측면에서 성명의 이치를 내용으로 하는 인도와 그것의 근거가 되는 천도, 신도의 관계를 중심으로 이해하면 하나의 의미를 갖는다.

그것은 간괘艮卦가 상징하는 성종成終과 성시成始가 동시에 이루어지는 것이 천도의 내용임을 알고, 그것을 삶에서 실천하는 것이 필요함을 밝히고 있음으로 이해하는 것이 필요함을 뜻한다.

다시 말하면 궁리, 진성, 지명은 오로지 본성을 자각하고 천명을 자각하는 성명합일에 이르는 일이 끝나면 그것을 바탕으로 실천을 시작하는 것이 필요함을 나타낸 것이 이 부분이다.[167]

소옹은 앞에서 우리가 살펴본 설괘 제5장의 내용을 도상화하여 문왕후천팔괘도文王後天八卦圖라고 하였다. 문왕팔괘도의 내용은 주희가 편집한 주역본의에 제시되어 있는데 도상의 구조는 다음과 같다.

---

167 『周易』說卦 第五章, "帝出乎震, 齊乎巽, 相見乎離, 致役乎坤, 說言乎兌, 戰乎乾, 勞乎坎, 成言乎艮. 萬物出乎震, 震東方也, 齊乎巽, 巽東南也, 齊也者, 言萬物之絜齊也. 離也者, 明也, 萬物皆相見, 南方之卦也, 聖人南面而聽天下, 嚮明而治, 蓋取諸此也. 坤也者, 地也, 萬物皆致養焉, 故曰致役乎坤. 兌, 正秋也, 萬物之所說也, 故曰說言乎兌. 戰乎乾, 乾西北之卦也, 言陰陽相薄也. 坎者, 水也, 正北方之卦也, 勞卦也, 萬物之所歸也, 故曰勞乎坎. 艮東北之卦也, 萬物之所成終而所成始也, 故曰成言乎艮."

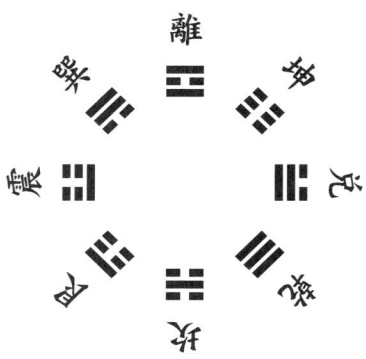

문왕후천팔괘도文王後天八卦圖

　소옹이 제시한 두 개의 도상은 팔괘에 의하여 구성된 도상이다. 그것은 오늘날 우리가 볼 수 있는 팔괘와 팔괘가 중첩되어 형성된 64괘의 주역이 구성되는 원리와 같다. 그렇기 때문에 소옹은 두 도상을 중심으로 선천역학과 후천역학이라는 이론 체계를 제시하였다. 그러면 소옹이 제시한 두 도상이 갖는 의미는 무엇인가?

　주역의 64괘는 우리가 천도天道를 나타내고 있는 것으로 알고 있는 중천건괘重天乾卦나 지도地道를 나타내고 있는 것으로 알고 있는 중지곤괘重地坤卦를 막론하고 천지의 도를 나타내지 않는다.

　그것은 주역의 64괘가 효용爻用의 관점에서 인도를 중심으로 성명性命의 이치를 밝히고 있기 때문에 괘체卦體의 관점에서 천지의 도를 밝히고 있지 않음을 뜻한다.

　성명은 우리 자신을 형이상과 형이하의 두 측면에서 본성과 물리적 생명으로 구분하여 나타낸 것이다. 따라서 성명, 성명의 이치는 인간의 삶의 길인 인도人道이다.

주역의 괘효卦爻가 인도인 성명원리를 나타내고 있음은 십익을 통하여 반복적으로 언급되고 있다. 그리고 형이상과 형이하를 중심으로 순順과 역逆의 두 방향을 구분하여 형이하의 육신으로부터 형이상의 도, 곧 본성에 이르는 역방향과 형이상의 도로부터 형이하의 육신에 이르는 순방향을 구분하여 역방향에서 시작하여 순방향에 이르는 순역합일을 추구하는 것이 주역의 근본 문제임[168]을 분명하게 밝히고 있다.

설괘 제1장에서는 궁리窮理, 진성盡性, 지명至命의 과정을 거쳐서 성性과 명命을 합일시키는 성명합일을 통하여 순역합일을 추구하는 것이 주역의 관점임을 분명하게 밝히고 있다. 그렇기 때문에 성명이 성립하기 위해서는 순역으로 구분하여 나타내기 이전의 차원, 곧 천지의 본성이 도덕성이 하나가 된 신명, 신도의 세계를 통하여 성명원리를 밝히는 것이 필요하다.

송대에 형성된 복희선천팔괘도와 문왕후천팔괘도의 두 도상 역시 성명의 이치를 중심으로 역방향에서 성명의 이치를 궁구하여 본성이 무엇인지를 파악하고, 천명이 무엇인지를 파악하는 궁리, 진성, 지명에서 그치는 앎의 문제가 중심이다. 따라서 지명至命에서 출발하여 성명性命을 실천하는 성명합일, 순역합일의 삶의 문제가 여전히 남는다.

소옹이 제시한 복희선천팔괘도와 문왕후천팔괘도의 한계는 두 괘도가 각각 선천의 태극과 후천의 작용을 나타내고 있는 점에서 단적으로 드러난다. 소옹이 제시한 복희팔괘도를 보면 1에서 8까지의 수가 제시되어 있다.

---

168 『周易』說卦 第三章, "數往者順, 知來者逆, 是故易逆數也."

복희팔괘도의 수가 1에서 8까지의 수에 그칠 뿐으로 9를 드러내지 못하고 있음을 낙서가 나타내고 있듯이 형이하의 현상 세계의 중심에 오五를 통하여 나타내는 성품, 본성이 드러나지 않고 있음을 뜻한다. 그러면 문왕팔괘도에는 오가 언급되고 있는가?

소옹에 의하여 제작된 것으로 제시되고 있는 문왕팔괘도에는 수 자체가 언급되지 않고 있다. 이를 통하여 하도와 낙서가 제시하고 있는 천지의 도와 두 팔괘도의 내용이 상응하지 못하고 있음을 알 수 있다. 그러면 삼역팔괘도와 소옹의 선후천팔괘도는 어떤 차이가 있는가?

소옹의 선후천팔괘도와 일부가 제시한 삼역팔괘도의 차이는 선천과 후천이라는 세계를 우리와 어떤 관계를 통하여 나타내느냐에 있다. 소옹은 두 괘를 통하여 선천과 후천이라는 세계를 나타내면서 그것을 문제로 삼는 우리 자신을 중심으로 나타내기 보다는 별개로 대상화하여 도상으로 나타내었다.

그러나 일부는 지금 여기의 나를 중심으로 내 안의 나를 나타내는 문왕팔괘도와 내 안의 나 아닌 나를 중심으로 세계를 나타낸 정역팔괘도와 내 안의 나 아닌 나에 의하여 나타나는 현상의 나를 중심으로 세계를 나타낸 복희팔괘도의 세 도상으로 나타내고 있다. 그러면 먼저 일부가 제시한 삼역팔괘도 가운데서 복희팔괘도와 문왕팔괘도의 도상을 살펴보자.[169]

---

169 金恒, 『正易』 第二十八張~第二十九張.

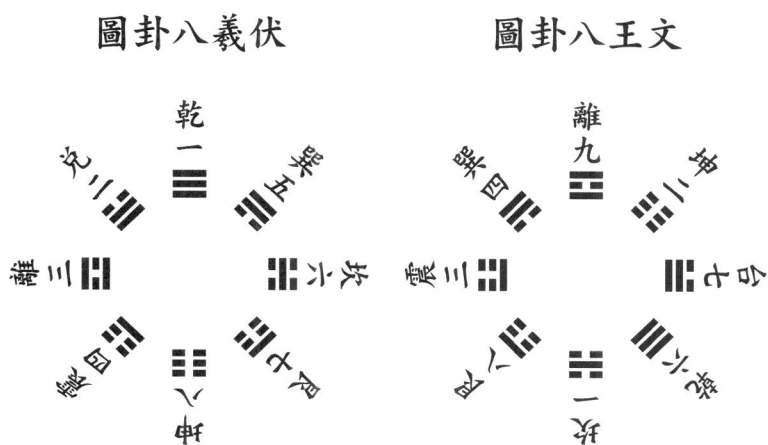

　일부는 소옹이 제시한 두 도상을 수용하면서도 두 도상을 선천과 후천으로 구분하여 나타내지 않았을 뿐만 문왕팔괘도와 수가 결합되지 않았던 것과 달리 문왕팔괘도의 팔괘와 수를 연결하여 제시하고 있다. 그러면 소옹이 제시하지 않았으나 일부가 제시했던 정역팔괘도의 도상이 무엇인지 살펴보자.

　정역팔괘도는 삼역팔괘도의 성격을 결정하는 중요한 도상일 뿐만 아니라 정역의 인도人道가 무엇인지, 그 성격을 나타내는 도상이다. 그가 정역팔괘도의 근거로 제시한 부분은 설괘의 제6장이다. 정역팔괘도를 살펴보기 위하여 먼저 설괘 제6장의 내용이 무엇인지 살펴보자.

　　신이라는 것은 만물을 오묘하게 하는 작용을 말로 나타낸 것이다. 만물을 움직이는 것은 우레보다 빠른 것이 없고, 만물을 흔드는 것은 바람보다 빠른 것이 없으며, 만물을 말리게 하는 것은 불보다 빠른 것이 없고, 만물을 기쁘게 하는 것은 못보다 기쁘게 하는 것이 없으며, 만물을 윤택하게 하는 것은 물보다 윤택하게 하는 것이 없고, 만물을 끝내고 만물을 시작하는 것은 간보다 더 성한 것이 없다. 그러므로 물과 불이 서로 미치고, 우레와 바람이 서로 어긋나지 않으며, 산택이 기운을 통하여 연후에 능히 변화하여 이미 만물을 이루었다.[170]

앞에서 신이라는 개념은 만물을 오묘하게 하는 작용을 말로 나타낸 것이라고 하였다. 그것은 앞의 제3장과 제5장과 달리 팔괘 가운데서 오로지 건곤괘가 언급이 되지 않고, 신을 언급하고 있는 것을 통하여 신이란 바로 건곤괘가 합일되어 서로 작용하는 지천태의 세계를 나타냄을 뜻한다.

천지가 합덕하여 하나가 된 상태에서 천지의 작용은 나머지 여섯 괘를 통하여 나타내지 않을 수 없다. 그렇기 때문에 다음 부분에서는 여섯 괘가 서로 작용함으로써 변화를 이루어서 만물을 완성한다고 하였다.

그런데 제5장에서는 간괘를 언급하면서 종말을 이루고, 시초를 이루는 것이라고 말하였으나 제6장에서는 변화를 말하여 시초를 언급하고 이어서 이미 종말을 이루었다고 말하였다. 따라서 제5장에서 종시를 언급하고 있고, 제6장에서는 시종을 언급하고 있음을 알 수 있다.

그것은 시간성의 세계로서의 종시의 세계를 바탕으로 전개되는 변화로서의 시종의 세계, 곧 형이하의 현상 세계를 함께 나타내고 있음을 뜻한다. 그렇기 때문에 건곤이 합덕된 세계는 바로 성명이 합일된 세계를 나타낸다. 따라서 이 부분은 성명이 합일된 차원에서 출발하여 이루어지는 삶을 나타낸 것이라고 할 수 있다.

---

170 『周易』 說卦 第六章, "神也者, 妙萬物而爲言者也. 動萬物者莫疾乎雷. 橈萬物者莫疾乎風, 燥萬物者莫熯乎火, 說萬物者莫說乎澤, 潤萬物者莫潤乎水, 終萬物始萬物者莫盛乎艮. 故 水火相逮, 雷風不相悖, 山澤通氣, 然後能變化旣成萬物也."

육효가 모두 상호작용을 할 수 있는 것은 장성하였기 때문이다. 부모가 낳아서 기른 자녀가 성장하여 새로운 가정을 이루었다면 당연히 부모의 역할을 할 수 있다. 그렇기 때문에 이미 장성하여 새로운 가정을 이룬 차원에서 언급되고 있는 것이 설괘 제6장임을 알 수 있다.

여섯 괘를 언급하고 있는 부분을 보면 먼저 감리괘를 언급하고 이어서 진손괘를 언급한 후에 간태괘를 언급하고 있다. 그것은 건곤괘가 합일되어 이루어지는 감리의 작용에 의하여 진손과 간태가 각각 상호작용함을 나타낸다. 그러면 일부가 위의 내용을 바탕으로 제시한 정역팔괘도의 도상이 무엇인지 살펴보자.[171]

171　金恒, 『正易』第三十張, 正經學會.

정역팔괘도의 도상을 보면 복희팔괘도가 곤남건북坤南乾北의 천지비괘天地否卦의 상象을 띠고 있는 것과 달리 건남곤북乾南坤北의 지천태地天泰의 상을 띠고 있고, 남북의 건곤괘에 각각 천天과 지地가 결합되어 중천건괘와 중지곤괘를 나타내고 있다.

일부가 제시하고 있는 삼역팔괘도의 도상을 보면 복희팔괘도와 문왕팔괘도를 수용하고 있다. 그러나 문왕팔괘도에는 소옹邵雍의 도상에 없던 수를 제시하고 있다. 그 결과 복희팔괘도는 1에서 8까지의 수가 제시되어 있고, 문왕팔괘도는 1에서 9까지의 수가 제시되어 있으며, 정역팔괘도에서는 1에서 10까지의 수가 제시되어 있다.

세 개의 팔괘도를 수를 통하여 살펴보면 복희팔괘도의 8에서 문왕팔괘도의 9로 그리고 정역팔괘도의 10으로 변화함을 알 수 있다. 이러한 변화를 통하여 정역팔괘도에 이르러서 비로소 하도와 낙서에서 제시하고 있는 중심 수인 10수에 도달하게 됨을 알 수 있다.

그리고 문왕팔괘도에서는 중심의 5수를 제시하고 있다. 이를 통하여 천지의 도를 나타내는 하도, 낙서와 삼역팔괘도가 일치되어 있음을 알 수 있다.

또한 팔괘의 형상을 보면 소옹의 두 팔괘도와 삼역팔괘도의 두 도상을 구성하는 팔괘가 모두 밖을 향하고 있는 것과 달리 정역팔괘도는 팔괘가 모두 안을 향하고 있어서 앞의 두 도상과 정역팔괘도의 성격이 다름을 나타내고 있다.

2. 삼역팔괘도와 성리性理

우리는 앞에서 정역에서 소옹에 의하여 제시된 선후천팔괘도와 달리 삼역팔괘도를 제시하였음을 살펴보았다. 일부는 삼역팔괘도와 64괘도가 어떤 관계인지 살펴볼 수 있는 다음과 같은 언급을 하고 있다.

> 역易은 셋으로 건곤乾坤이며, 괘는 여덟으로 비태否泰, 손익損益, 함항咸恒, 기제旣濟미제未濟이다.[172]

인용문을 보면 그가 역易의 내용은 선천에서 후천으로의 변화이며, 선후천의 변화가 집약적으로 표현된 괘를 순양純陽의 효爻에 의하여 구성된 중천건괘重天乾卦와 순음純陰에 의하여 구성된 중지곤괘重地坤卦의 두 괘로 이해하였음을 알 수 있다. 그러면 역이 셋이라는 것은 무엇을 의미하는가?

물건적 관점에서 변화 원리로 제시하고 있는 성명원리가 궁리窮理, 진성盡性, 지명至命의 세 단계를 통하여 나타내고 있듯이 그 근거인 시간성의 시간화와 시간의 시간성화를 나타내는 도역생성 역시 세 단계로 나타낼 수 있다.

그것은 선후천 변화가 생장성의 세 단계로 나타나기 때문에 그것을 다시 대상화하여 나타냄으로써 형성된 성명합일 역시 궁리, 진성, 지명의 세 단계로 나타나게 됨을 뜻한다.

도역생성의 세 단계는 시간성의 관점에서는 무극, 황극, 태극을 통하여 세 단계로 나타내거나 천황, 지황, 인황을 통하여 세 단계로 나타낼

---

[172] 金恒, 『正易』第二十六張, "易은 三이니 乾坤이오 卦는 八이니 否泰損益咸恒旣濟未濟니라."

수 있다. 그러면 건곤괘와 여덟 괘는 어떤 관계인가?

일부는 성명의 이치를 세 단계의 변화로 나타내고 있는 중천건괘와 중지곤괘의 내용을 여러 측면에서 나타낸 전형적인 괘를 비태否泰, 손익損益, 함항咸恒, 기제미제旣濟未濟의 여덟 괘로 제시하였다.

우리는 건곤괘를 중심으로 여덟 괘를 통하여 주역과 십익에서 밝히고자 하는 성명의 이치가 무엇인지를 파악할 수 있다.[173] 그러면 건곤괘를 구성하는 육효가 모두 용구用九, 용육用六의 작용을 나타내고 있는데 왜 시간성의 선후천 변화를 나타내고 있다고 하였는가?

그것은 두 괘가 비록 용구용육을 나타내는 음양의 효에 의하여 구성되었지만 두 괘 모두 순양과 순음의 효로 구성되었기 때문이다. 왜냐하면 효용爻用을 떠나서 괘체卦體가 따로 있는 것이 아니라 효용을 통하여 괘체를 도출할 수 있기 때문이다. 그러면 그것이 삼역팔괘도와 어떤 관계인가?

선천과 후천은 그 근원인 원천原天을 떠나서 논의될 수 없으며, 도역의 생성 역시 반고를 떠나서 언급될 수 없다. 그리고 윤역과 정역 역시 원역原易을 떠나서 논의를 할 수 없다. 따라서 성명을 나타내기 위해서는 선천과 후천만을 나타낼 것이 아니라 원천原天 역시 나타내야 한다.

정역팔괘도에서 소옹이 제시하였던 선천과 후천의 개념을 수용하지 않았던 까닭이 여기에 있을 것으로 생각된다. 정역팔괘도는 사역四曆에서는 원역原曆과 같고, 선후천에 있어서는 원천과 같으며, 도역의 생

---

173 우리는 泰否卦를 통하여 대인의 세계와 소인의 세계를 알 수 있으며, 乾坤卦를 통하여 대인의 주체가 내 안의 나이며, 소인의 주체가 물리적 생명임을 알 수 있고, 損益卦를 통하여 用心法을 알 수 있으며, 咸恒卦를 통하여 性命合一과 心身合一을 알 수 있고, 旣濟卦와 未濟卦를 통하여 대인과 소인, 내 안의 나와 표층의 나, 본성과 물리적 생명의 관계를 알 수 있다.

성에 있어서는 반고와 같다. 그러면 삼역팔괘도에 의하여 성명원리를 어떻게 이해할 수 있는가?

소옹이 선후천팔괘도를 통하여 나타내는 성명원리는 역逆방향에서 시작하여 본성을 파악하고 천명을 파악하는 앎의 문제가 중심이 되기 때문에 앎과 실천이 하나가 되는 지행합일知行合一, 배움과 삶이 하나가 되는 학행합일學行合一, 말과 실천이 하나가 되는 언행합일言行合一이 필요하다.

그러나 정역의 삼역팔괘도를 살펴보면 복희팔괘도와 문왕팔괘도 그리고 정역팔괘도를 통하여 두 방향에서 시생하고, 생장하여 장성하는 생장성의 세 단계를 중심으로 성명원리를 나타내고 있다.

우리는 복희팔괘도에서 시생하여 문왕팔괘도에서 생장하고, 정역팔괘도에서 장성하는 역생도성의 관점에서 성명을 이해할 수 있을 뿐만 아니라 정역팔괘에서 시생하여, 문왕팔괘도에서 생장하고, 복희팔괘도에서 장성하는 도생역성의 관점에서 성명을 이해할 수 있다. 그러면 두 방향에서 성명을 어떻게 이해할 수 있는가?

역생도성의 관점에서 삼역팔괘도를 이해하면 복희팔괘도는 물리적 생명의 세계를 나타낸다. 복희팔괘도의 구성을 보면 만물의 근원인 천지와 천지의 작용을 나타내는 감리坎離가 상하와 좌우로 서로 대응하고 있을 뿐으로 작용하지 않을 뿐만 아니라 진손괘 역시 상호작용을 하지 않고 오로지 소남과 소녀를 상징하는 간태만이 소통을 하고 있다. 이를 통하여 복희팔괘도가 인간의 관점에서는 시생한 소녀, 소남을 나타내고 있음을 알 수 있다.

복희팔괘도의 성격은 수를 통해서도 파악할 수 있다. 복희팔괘도의 수는 1에서 시작되어 8에서 끝난다. 8은 성장의 극한수인 9를 나타내고 있는 문왕팔괘도와 다를 뿐만 아니라 완성을 나타내는 수인 10을 나타내고 있는 정역팔괘도와도 다르다.

성명의 관점에서 보면 복희팔괘도는 사람이 누구나 본유하고 고유한 본성을 갖고 있음에도 불구하고 마치 물속에 엎드려 있는 용과 같은 상태를 나타낸다. 아직은 물리적 생명이 중심이 될 뿐으로 본성이 있음을 발견하지 못한 상태를 나타내는 것이 복희팔괘도이다.

그것은 비록 겉으로 표시는 되지 않았지만 문왕팔괘도의 중심에 내 안의 나, 본성을 나타내는 오수五數가 전제가 되어 있고, 정역팔괘도에서 오와 십이 모두 나타나고 있는 것을 살펴보면 알 수 있다. 그러면 문왕팔괘도는 무엇을 나타내는가?

문왕팔괘도의 도상을 보면 천지를 나타내는 건곤이 상하에서 물러나고 천지의 작용을 나타내는 일월日月인 감리坎離가 상하에 놓여 있다. 그러면 감리에 의하여 이루어지는 천지의 작용은 무엇인가?

감리의 구체적인 작용은 설괘 제5장에서 나타내고 있다. 설괘에서는 진괘震卦로부터 시생始生하여 간괘艮卦에서 장성하는 과정을 통하여 감리의 작용을 나타내고 있다. 그러면 성명의 관점에서 문왕팔괘도의 도상이 상징하는 의미는 무엇인가?

문왕팔괘도의 도상이 상징하는 의미는 인간이 물리적 생명의 근거가 되는 본성을 발견함으로써 그것과 하나가 되는 과정을 나타내고 있다. 문왕팔괘도의 수를 살펴보면 1에서 시작하여 9에서 끝을 맺고 있다. 9가 작용의 끝을 나타내는 수인 점에서 보면 문왕팔괘도는 작용의 전모가 드러나고 있음을 알 수 있다.

그런데 1에서 9까지의 수 가운데서 오五는 직접 나타내고 있지 않을 뿐만 아니라 대응하는 팔괘도 없다. 우리는 팔괘가 원을 이루면서 1에서 9까지의 수가 여덟 괘에 대응하여 제시되고 있음을 통하여 보이지 않는 중심이 오수五數임을 미루어 알 수 있다. 그러면 이 오수五數가 무엇인가?

설괘 제5장에서는 제帝가 진괘震卦로부터 나온다고 하였을 뿐만 아니라 만물이 진괘에서 나타난다고 하였다. 이는 진괘를 통하여 시생하는 만물의 근원이 바로 제帝임을 나타내고 있다. 그러면 제帝는 무엇인가?

인간에 있어서 물리적 생명의 근원은 본성이다. 그것은 하도와 낙서의 중심을 이루는 수가 모두 오五임을 보아도 알 수 있다. 따라서 제帝는 인간의 본성을 나타내는 개념이라고 할 수 있다. 그러면 천지의 작용을 나타내는 감리는 무엇인가?

그것은 인간의 본성에 의하여 일월이라는 물리적 시간이 전개되고, 그것이 물건적 세계인 만물의 세계로 드러남을 뜻한다. 따라서 복희팔괘도에서 드러나지 않고 잠복하였던 본성이 밖으로 드러나서 작용함을 나타내는 것이 문왕팔괘도이다. 그러면 정역팔괘도는 무엇을 나타내는지 살펴보자.

먼저 복희팔괘도와 정역팔괘도의 구조를 비교하여 보면 복희팔괘도에서 상하를 이루면서 천지비天地否의 상태를 이루고 있는 것과 달리 정역팔괘도에서는 건남곤북의 지천태地天泰의 상태를 이루고 있다. 감리가 동서 곧 좌우에 놓여 있는 복희팔괘도와 달리 정역팔괘도에서는 간태가 동서에 자리하고 있다. 그리고 정역팔괘도에서는 감리와 진손이 각각 간방에 놓여 상호작용을 하고 있다.

정역팔괘도의 도상이 갖는 특징은 수를 통하여 분명하게 드러난다. 그것은 두 도상이 팔괘로 구성된 것과 달리 정역팔괘도의 건곤은 각각 이천二天, 칠지七地와 합덕合德하여 중천건괘와 중지곤괘의 상像을 이루면서 십오十五를 나타내고 있는 점이다.

　정역팔괘도가 지천태의 상을 이루면서 중건괘와 중곤괘를 형성하고 있다는 것은 육 자녀괘가 성장하여 간태艮兌가 합덕함으로써 성가成家를 하였음을 뜻한다. 그렇기 때문에 두 도상의 팔괘가 모두 밖을 향하는 것과 달리 정역팔괘도의 팔괘는 모두 안을 향하고 있다. 그러면 주역에서는 어떻게 설명하고 있는가?

　설괘의 제6장에서는 건곤괘에 대하여 논하지 않고, 신神을 언급하고 있다. 우리는 이를 통하여 신은 건곤乾坤이 나타내는 음양陰陽이 덕이 합하여 하나가 된 세계, 곧 건곤이 합덕된 세계를 나타내는 개념임을 알 수 있다. 따라서 설괘 제6장에서는 신의 세계를 나타내고 있음을 알 수 있다. 그러면 신의 세계는 무엇인가?

　설괘 제6장에서는 신을 언급한 후에 이어서 진손震巽과 감리坎離, 간태艮兌의 작용을 나타내고 있다. 설괘에서는 팔괘를 가족에 비유하여 건곤을 부모로 그리고 진손을 장남과 장녀, 감리를 중남과 중녀, 간태를 소남과 소녀로 나타내고 있다. 따라서 설괘 제6장은 육 자녀가 성장하여 이룬 새로운 가정을 나타낸다고 할 수 있다. 그러면 정역팔괘도에서는 신이 어떻게 표현되고 있는가?

　정역팔괘도의 수를 보면 진손震巽이 6과 1, 감리坎離가 4와 9, 간태艮兌가 8과 3으로 서로 대응하고 있고, 십十건乾은 이천二天과 합덕하고, 오五곤坤은 칠지七地와 합덕하고 있다. 이처럼 십오가 이천칠지와 합덕하고, 소남과 소녀인 간태艮兌가 성장하여 동서에 놓여서 중심을 이루고 있다.

　그것은 복희팔괘도에서 시생하였던 진손震巽이 문왕팔괘도에서는 감리坎離로 생장하여 정역팔괘도에서 간태艮兌로 장성하였음을 뜻한다. 시생한 진손은 생장하여 천인합일을 이루고, 다시 장성하여 천지인의 삼재의 합일을 이룬다. 그러면 성명의 측면에서 정역팔괘도의 도상을 어떻게 이해할 것인가?

문왕팔괘도가 나타내는 생장한 본성이 정역팔괘도에 이르면 장성하였다고 할 수 있다. 이때 본성은 실체적 존재가 아니기 때문에 생장성을 나타낼 수 없지만 단지 방편상 물리적 생명의 변화에 비유하여 나타낸 것일 뿐이다.

본성의 장성은 본성과 물리적 생명이 하나가 되는 성명합일을 통하여 천인합일이 이루어짐으로써 비로소 천지인의 삼재가 합일되었음을 뜻한다. 그러면 성명합일에 의하여 천인합일이 이루어지고, 천지인의 삼재三才가 합일合一되었음은 무엇을 나타내는가?

개체적 존재의 측면에서는 본성을 자각하여 하나가 됨으로써 성명합일이 되고, 천인합일이 된다. 그러나 성명합일, 천인합일은 본래 앎의 문제일 뿐으로 그것이 현실에서 생명현상으로 드러나지 않으면 안 된다. 그렇기 때문에 일상의 삶에서 드러나는 개체적 생명현상과 우주적 생명현상이 하나가 된 세계를 나타내는 도상인 정역팔괘도가 복희팔괘도와 문왕팔괘도의 두 괘도에 더하여 필요하다. 그러면 삼역팔괘도가 나타내는 성명을 도생역성의 관점에서는 어떻게 이해할 것인가?

우리가 도생역성의 관점에서 삼역팔괘도를 이해하면 문왕팔괘도를 매개로 하여 정역팔괘도의 세계가 복희팔괘도로 나타남을 뜻한다. 그것은 열매와 같은 정역팔괘도의 본성이 복희팔괘도가 나타내는 씨로 드러났음을 뜻한다.

정역팔괘도의 관점에서 보면 본성이라는 것과 물리적 생명의 구분이 없을 뿐만 아니라 나와 사물, 나와 세계, 나와 남의 구분이 없다. 그리고 천지의 본성과 인간의 본성, 사물 본질의 구분이 없다.

　정역팔괘도의 세계는 형이상의 본성이나 형이하의 물리적 생명이라는 구분도 없으며, 이것이나 저것, 시간이나 공간, 사건과 물건과 같은 어떤 분별도 용납할 수 없는 차원이다. 그것은 정역팔괘도의 세계가 유무를 넘어서 있으면서 유무를 벗어나지 않는 중中의 세계, 공空의 세계를 나타냄을 뜻한다.

　그러나 정역팔괘도가 나타내는 중, 공의 세계는 고정되지 않는다. 그렇기 때문에 변하여 하나의 세계인 본성의 세계, 성리의 세계로 화한다. 본성, 성리, 형이상, 하나의 세계를 나타내는 것이 문왕팔괘도이다.

　성리, 본성은 다시 변하여 물리적 생명으로 나타난다. 그것은 문왕팔괘도가 나타내는 본성, 성리가 물속의 용龍과 같이 겉으로 드러나지 않으면서 물리적 생명의 근거가 됨을 뜻한다. 사람이 본성을 갖고 태어남은 마치 허공을 하나의 그릇에 담아내는 것과 같다.

　비록 물리적 생명이라는 도구에 의하여 본성이 담기지만 그렇다고 하여 허공이 사람의 육신이라는 도구에 담긴다고 하여 덜어지는 것도 아니고, 육신을 떠나서 다시 허공으로 돌아간다고 하여 허공이 늘어나지 않는 것과 같다.

　복희팔괘도는 허공과 같은 본성이 육신이라는 그릇에 담기는 것과 같고, 물속에 잠겨 있는 용과 같음을 나타낸다. 그러나 물속에 잠겨 있어도 용龍은 용龍이며, 그릇에 담겨 있어도 허공은 허공이다. 그러면 도역생성의 관점에서 삼역팔괘도가 나타내는 성명은 무엇인가?

　정역팔괘도가 나타내는 완전한 세계, 성명이 합일되고, 천인이 합일되어 부족함이 없는 충만한 세계가 매 순간 끊임없이 문왕팔괘도가 나타내는 본성을 매개로 하여 복희팔괘도가 나타내는 물리적 생명현상으로 나타남을 나타낸다.

그것은 역방향에서 수행이나 수기를 통하여 궁리, 진성, 지명함으로써 비로소 성명합일이 이루어지고, 성명합일을 통하여 천인합일이 이루어지는 것이 아니라 성명합일, 천인합일이 매 순간의 다양한 생명현상으로 나타남을 뜻한다.

우리는 일부가 복희팔괘도와 문왕팔괘도 그리고 정역팔괘에 가치상의 우열을 나타내어 선천과 후천으로 나타내지 않음을 통해서 이 점을 확인할 수 있다. 그러면 도역생성의 관점에서 삼역팔괘도를 어떻게 이해할 것인가?

설괘 제5장에서는 제帝가 진괘로부터 나온다고 하였을 뿐만 아니라 만물이 진괘에서 나타난다고 하였다. 우리는 여기서 문왕팔괘도의 특성을 파악할 수 있다. 그것은 문왕팔괘도의 내용이 두 측면을 포함하고 있음을 뜻한다.

그 첫째는 만물이 진괘에서 시생始生하여 간괘에서 종성終成하는 생성을 나타낸다. 그것은 역생도성의 관점에서 인간과 세계를 나타내고 있음을 뜻한다. 두 번째는 제가 진괘에서 나타난다는 관점이다. 그것은 도의 세계, 무극의 세계의 작용이 진괘에서 시작하여 간괘에서 마침을 뜻한다. 이것은 도생역성에서 인간과 세계를 나타내고 있음을 뜻한다. 따라서 우리는 이 두 관점에서 이 부분을 이해할 수 있다.

우리가 역생도성의 관점에서 이 부분을 이해하면 복희팔괘도로 나타내기도 하는 설괘 제3장의 내용이 내 안의 나, 본성의 시생을 나타내고, 문왕팔괘도로 나타내기도 하는 설괘 제5장의 내용이 본성과 물리적 생명이 하나가 되는 성명합일을 나타내며, 정역팔괘도로 나타내기도 하는 설괘 제6장이 천지인의 합일의 세계를 나타낸다고 할 수 있다.

그러나 도생역성의 관점에서 보면 정역팔괘도가 나타내는 장성의 세계가 씨가 되어 복희팔괘도로 나타나고, 문왕팔괘도로 나타나기 때문에 세 괘도가 모두 장성의 세계를 서로 다르게 표현하고 있다.

도역생성의 측면에서 삼역팔괘도의 관계는 씨와 열매의 관계를 통하여 이해할 수 있다. 역생도성의 관점에서 보면 복희팔괘도는 씨와 같고, 문왕팔괘도는 꽃과 같으며, 정역팔괘도는 열매와 같다.

그것은 역생도성의 관점에서 보면 복희팔괘도가 나타내는 세계가 씨가 되어 싹이 트고 자라서 문왕팔괘도가 나타내는 꽃이 되고, 그것이 장성하여 정역팔괘도가 나타내는 열매가 됨을 뜻한다.

그러나 도생역성의 관점에서 보면 열매를 씨로 심어서 싹이 트고 꽃이 핀다. 그렇기 때문에 씨도, 싹도 꽃도 모두 나타난 열매의 다양한 모습일 뿐이다.

역생도성의 관점에서 보면 문왕팔괘도는 진괘가 나타내는 성인에 의하여 씨가 뿌려져서 싹이 트고 꽃이 피어 간괘가 나타내는 열매를 맺는다고 이해할 수 있다. 그러나 도생역성의 관점에서 보면 진괘와 간괘를 막론하고 모두 정역팔괘도의 내용을 그대로 나타낸다. 그러면 도역생성의 두 관점이 있는가?

우리가 도역생성을 논하는 것은 반고를 두 관점에서 나타낸 것이다. 따라서 우리가 삼역팔괘도의 내용을 파악하기 위해서는 도생역성의 관점과 더불어 반고의 관점에서 이해하는 것이 필요하다. 그것은 원역을 중심으로 윤역과 정역을 이해하고, 원천의 관점에서 선천과 후천을 이해하며, 도생역성을 바탕으로 역생도성을 이해하는 것과 같다.

도생역성을 바탕으로 역생도성을 이해하면 본성은 천지의 본성과 하나가 되어 고요하여 적연부동하다가 인연에 따라서 물리적 생명에 의하여 일어나는 다양한 현상으로 드러난다.

그것은 지금 여기의 나의 본성이 고요할 때는 천지의 본성과 하나가 되어 부동不動하여 정역팔괘도가 나타내는 천인합일의 상태, 성명합일의 상태에 있다가 마음이 움직여서 한 생각이 일어나면 천지의 본성이 나의 본성과 하나가 되어 문왕팔괘도가 나타내는 본성을 주체로 하여 복희팔괘도가 나타내는 다양한 생명현상으로 드러남을 뜻한다. 그러면 도역생성과 반고가 실재하는가?

우리가 앞에서 씨와 열매의 관계를 통하여 도역생성의 관점에서 삼역팔괘도를 이해하였다. 그런데 씨와 열매는 본래 둘이 아니라 동일한 하나를 두 관점, 곧 과거와 미래라는 시간적 관점에서 나타낸 것이다. 그러면 씨와 열매의 구분이 없는 일체인 어떤 것이 있는가?

우리는 매 순간에 나타나는 싹, 꽃이 바로 씨이자 열매라고 할 수 있다. 그러나 싹, 꽃은 어느 한순간에 나타났다가 사라질 뿐으로 영원하지 않다. 그렇기 때문에 씨와 열매가 아닌 꽃이라는 고정된 실체가 있다고 할 수 없다.

마찬가지로 복희팔괘도에서 시작하여 문왕팔괘도에서 생장하고 문왕팔괘도에서 장성하는 사건은 고정되지 않는다. 그것은 역방향에서 나타나는 사건과 물건의 변화는 비록 나타나지만 순방향에서 보면 사건과 물건의 변화는 없음을 뜻한다.

도생역성을 통해서 역생도성이 성립되고, 역생도성에 의하여 도생역성이 성립되지만 역생도성을 통하여 도생역성이 부정되고, 도생역성을 통하여 역생도성이 부정된다. 마찬가지도 도역의 생성을 통하여 반고가 성립되지만 도역의 생성을 통하여 반고가 부정된다.

도역의 생성의 측면에서 보면 반고는 고정되지 않아서 도역의 생성으로 드러나기 때문에 있다고 할 수 없다. 그러나 도역의 생성이 반고의 두 측면을 나타내기 때문에 없는 것은 아니다. 그러므로 반고와 도역의 생성이 모두 유무有無를 넘어서면서도 유무有無를 벗어나지 않는다. 도생역성과 역생도성의 관계 역시 그렇다.

시공에서 나타나는 물리적 생명의 다양한 현상은 한순간 잠시 나타났다가 사라지고 다시 새로운 생명현상으로 나타난다. 물리적 생명현상은 다양한 언행으로 드러난다. 그리고 언행은 아무리 오랜 시간 지속되더라도 반드시 그치는 때가 있다. 이처럼 시공에서 드러나는 언행은 반드시 끝나는 때 있어서 다시 새롭게 나타난다. 그렇기 때문에 시공에서 나타나는 그 어떤 언행이나 여러 사고, 의지, 감정, 역시 나타났다가 사라질 뿐으로 영원한 것이 없다.

그렇다고 하여 없는 것은 아니다. 그렇기 때문에 나의 본성이 있거나 남의 본성이 있고, 천지의 본성이 있는 것이 아니어서 매 순간 지금 여기의 이러한 사고와 언행으로 나타나고, 저러한 다양한 형태의 변화로 나타난다. 따라서 남과 구분되는 내가 있고, 세계와 다른 내가 있어서 마음을 쓰고, 육신을 운신運身하는 것이 아니다.

단지 지금 여기의 나를 통하여 이렇게 드러나고, 저렇게 드러나면서 끊임없이 새로운 생명현상으로 드러날 뿐으로 고정된 현상도 없고, 현상을 일으키는 나도 없으며, 나를 넘어선 본성이나 천지 그리고 나와 무관한 실체적인 천도, 신도와 같은 것도 없다.

성과 명의 관계는 시간성과 시간의 관계를 통하여 보다 분명하게 이해할 수 있다. 왜냐하면 성명이 시간성의 시간화를 대상화하여 나타낸 개념이기 때문이다.

시간의 관점에서 보면 현재에 과거와 미래가 집약되어 있다. 그것은 과거와 미래가 항상 매 순간의 현현顯現, 나타남으로서의 현재로 드러남을 뜻한다.

정역의 관점에서 보면 정역에 과거의 사상과 미래의 사상이 집약되어 나타난다. 지금 여기의 필자를 통하여 나타나는 저작 역시 과거의 사상과 미래의 사상이 집약되어 나타난다.

그것이 도생역성과 역생도성이 지금이라는 시간으로 나타나고, 여기라는 공간으로 드러나며, 나를 통하여 드러나는 삶의 의미이다.

정역팔괘도가 나타내는 미래적 이상과 복희팔괘도가 나타내는 과거적 본성은 문왕팔괘도가 나타내는 현재적 본성의 끊임없는 작용으로 드러난다.

영원한 현재적 관점에서 끊임없이 드러나는 도생역성은 도道가 현상의 그릇과 같은 만물로 드러나는 시간성의 시간화이며, 역생도성은 현상의 만물이 본래의 자신으로서의 도로 돌아가는 귀체, 귀공이다.

정역은 정역 자체의 측면에서 보면 주역이 드러내지 않는 내용, 고조선사상에서도 밝히지 않은 내용, 그 이전의 어떤 사상에서도 밝히지 않은 내용을 나타내고 있다.

그러나 그 내용은 반고라고 표현하거나 주인공이라고 표현하거나 흔님, 환인이라고 표현하거나 천지의 도, 상제, 도라고 표현하거나를 막론하고 그 어떤 개념으로도 나타낼 수 없는 하나 이전의 자리에서 하나로 나타나고, 여럿으로 나타날 뿐이기 때문에 이전의 사상과 다르지 않다.

고조선사상과 비교하여 정역에서 밝히고 있는 도역생성을 살펴보면 흔님, 환인의 특성을 시간적 관점에서 인과의 관계로 대상화하여 나타내면 환웅에서 시작하여 웅호에서 끝나는 도생역성과 웅호에서 시작하여 환웅에서 끝나는 역생도성으로 나타낼 수 있다.

환웅에서 시작되어 웅호로 드러나는 도생역성은 흔님, 환인이 환웅이라는 열매가 씨로 심어져서 싹이 트고 자라기 시작하는 현상에 비유하여 나타낼 수 있다. 그리고 웅호에서 시작하여 환웅에서 끝나는 역생도성은 웅호 곧 싹이 트고 자라나서 꽃이 피어 열매를 맺는 현상에 비유하여 나타낼 수 있다.

그런데 흔님, 환인의 작용은 환웅에서 시작하여 웅호로 드러나며, 그것의 특성을 현상적 측면에서 나타낸 것이 웅호의 환웅을 향하는 작용이다.

환웅에서 시작하여 웅호에서 끝나는 작용뿐만 아니라 웅호가 시작하여 환웅에서 끝나는 작용도 역시 환웅에 의하여 이루어지는 점에서 보면 도생역성이 바탕이 되어 역생도성이 이루어짐을 나타내고 있다.

그것은 물건적 관점에서의 순역의 합일이 사건적 관점에서는 도생역성을 바탕으로 한 역생도성으로 드러남을 뜻한다. 도생역성의 관점에서 보면 환웅이 단군으로 화하여 웅호로 드러나는 작용이 없지 않다. 그러나 역생도성의 관점에서 보면 그것이 그대로 웅호에서 시작하여 환웅으로 수렴되기 때문에 있어도 있는 것이 아니다. 그러면 삼역팔괘를 통하여 나타내는 성명합일은 어떤 의미인가?

하도와 낙서를 통하여 표상되는 시간성의 시간화와 시간의 시간성화는 도역생성과 역생도성이다. 도생역성의 관점에서 삼역팔괘도는 나와 남의 구분이 없고, 나와 자연, 나와 세계, 나와 사물의 구분이 없는 세계(정역팔괘도)가 매 순간 인간의 본성을 매개로 하여(문왕팔괘도) 다양한 물리적 생명현상인 언행으로 나타난다(복희팔괘도).

그러나 역생도성의 관점에서 삼역팔괘도는 현상적 측면에서 매 순간 다양하게 드러나는 언행(복희팔괘도)은 그대로 나타났다가 다시 본성으로 돌아가서 본성과 하나가 되어(문왕팔괘도) 나와 남이 없고, 나와 세계가 없으며, 나와 사물이 없는 세계로 돌아간다(정역팔괘도).

도생역성의 관점에서는 나와 본성이 하나가 되어 나도 없고, 본성도 없는 무분별의 세계, 무無와 유有를 넘어서고, 중도中道라고 하거나 실상實相이라는 개념마저도 넘어선 세계가 지금 여기의 나의 본성을 통하여 매 순간 다양한 마음으로 화하여, 육신을 통하여 수많은 언행으로 드러난다.

그러나 역생도성의 관점에서 매 순간의 언행은 본성으로 돌아가서 다시 세계와 하나가 되기 때문에 매 순간의 언행이 나타나도 나타남이 없다. 다만 도생역성의 관점에서 매 순간 나타나는 언행이 없지는 않기 때문에 오로지 역생도성의 관점에서 없다고 할 수 없다.

그것은 도생역성의 관점에서 성性이 명命으로 드러나지만 역생도성의 관점에서는 명命이 성性으로 돌아가기 때문에 성과 명이 하나라고 하거나 셋이라고 할 수 없지만 고정되지 않아서 매 순간 변화하기 때문에 변화하여도 변화함이 없음을 뜻한다.

3. 성리性理와 심법心法

우리는 앞에서 삼역팔괘도三易八卦圖를 중심으로 도역생성의 관점에서 성명에 대하여 살펴보았다. 그것은 우리가 시간성의 도역생성을 세 팔괘도를 통하여 생장성의 세 단계로 물건화하여 나타내었음을 뜻한다.

세 팔괘도로 대상화한 시간성은 인간의 측면에서는 물리적 생명과 형이상적 본성 그리고 내 본성과 세계의 본성이 하나가 된 세 차원으로 물건화한다.

물건화된 시간성은 여전히 시간적 차원에서 도역의 생성을 중심으로 이해하지 않을 수 없다. 그것은 우리가 시간성을 대상화한 삼역팔괘도 역시 도생역성과 역생도성의 두 방향에서 이해해야 함을 뜻한다.

그런데 물리적 생명과 형이상의 본성 그리고 세계와 하나가 된 본성의 세계를 나타내는 복희팔괘도와 문왕팔괘도, 정역팔괘도를 다시 주체화하여 인간을 중심으로 이해하지 않을 수 없다. 그러면 우리가 삼역팔괘도를 지금 여기의 나를 중심으로 이해함은 무엇을 의미하는가?

그것은 우리가 삼역팔괘도를 성명과 천지의 본성이 아닌 지금 여기의 나를 나타내는 본성과 마음 그리고 물리적 생명의 세 차원에서 이해함을 뜻한다. 정역에서는 삼역팔괘도를 대상화하여 성리와 심법을 중심으로 나타내고 있다.

일부는 선천과 후천을 중심으로 성리와 심법을 나타내고 있는데 그 내용을 살펴보면 다음과 같다.

> 억음존양抑陰尊陽은 선천의 심법心法의 학學이고, 조양율음調陽律陰은 후천의 성리性理의 도道이다.[174]

우리는 그가 선천과 후천에서 인간이 해야 할 일을 학문과 도로 제시하고 있음을 알 수 있다. 우리가 위의 내용을 올바르게 이해하기 위해서는 도역역성과 역생도성의 두 관점에서 살펴보지 않을 수 없다. 그러면 우리는 양자를 어떻게 이해해야 하는가?

역생도성의 관점에서 양자를 이해하면 선천의 학문을 통하여 후천의 성리의 도에 이른다고 할 수 있고, 도생역성의 관점에서 양자를 이해하면 후천의 성리의 도가 선천의 심법의 학으로 드러난다고 할 수 있다.

---

[174] 金恒, 『正易』 第八張, "抑陰尊陽은 先天心法之學이니라. 調陽律陰은 后天性理之道니라."

따라서 양자는 학도學道의 측면에서 이해하는 것과 도학道學의 측면에서 이해하는 두 방법이 있다. 그러면 먼저 학도學道의 관점에서 위의 내용을 살펴보자.

우리가 삼역팔괘도와 위의 내용을 결합하여 이해하면 억음존양의 심법은 복희팔괘도가 나타내는 물리적 생명의 세계를 벗어나서 문왕팔괘도가 나타내는 본성에 이르고, 다시 정역팔괘도가 나타내는 본성과 하나가 되어 다양하게 자신을 드러내는 경계에 이름을 뜻한다. 그러면 우리는 어떻게 하여 복희팔괘도에서 문왕팔괘도에 이르는가?

우리는 인용문에서 밝히고 있는 것과 같이 심법을 통하여 끊임없이 학문하는 방법을 통하여 본유하고, 고유한 본성을 발견하고, 본성과 하나가 되어, 자유롭게 살아간다. 이처럼 본성을 발견하여 하나가 되어 자유롭게 살아가는 방법이 억음존양의 심법이다.

억음존양의 억음抑陰은 분별심을 버리는 것이다. 일부는 심법을 문왕팔도가 나타내는 감리를 중심으로 나타내고 있다. 우리가 문왕팔괘도를 보면 상하의 중심을 이루는 괘가 감리坎離이다. 그러면 감리는 무엇인가?

팔괘에서 감리는 천지를 나타내는 건곤괘의 작용을 나타낸다. 그리고 우리는 감리를 현상적 측면에서는 각각 태음과 태양을 통하여 나타낸다. 일부는 감리坎離를 태양과 태음을 중심으로 다음과 같이 나타내고 있다.

> 태양太陽은 항상恒常 하여 성품이 완전하고 이치가 곧으며, 태음太陰은 소장消長하여 수가 차면 기氣가 빈다.[175]

---

[175] 金恒,『正易』第八張, "太陽恒常은 性全理直이니라. 太陰消長은 數盈氣虛니라."

위의 내용을 보면 양陽은 항상 한 세계를 나타내며, 음陰은 소멸했다가 자라는 변화의 세계를 나타냄을 알 수 있다. 그리고 일부는 "가득 찬 상태에서 비워지는 것은 기氣로 선천先天이고, 소멸된 상태에서 자라는 것은 이理로 후천後天이다"[176]라고 하였다. 이를 통하여 음陰이 기氣, 현상, 육신을 나타내고, 양陽은 성품, 이理를 나타냄을 알 수 있다. 그러면 우리는 억음존양을 어떻게 이해할 것인가?

우리가 억음존양을 어떻게 이해할 것인가의 문제는 태양과 태음을 어떻게 이해할 것인가의 문제이다. 우리가 현상적 측면에서 음양을 이해하면 기제이면서 미제라고 할 수 있다. 그것은 현상적인 월상月像의 변화를 보면 수가 찰수록 기氣가 비워지는 선천에서 소멸된 상태에서 이理가 자라는 후천으로 변화함을 뜻한다.

우리는 선천에서 후천을 향하는 관점이 물건적 세계를 출발점으로 삼아서 세계를 이해하는 주역의 관점임을 알고 있다. 그것은 주역이 순역을 구분하여 역방향에서 이론을 전개하고 있음을 뜻한다. 그러면 억음抑陰은 무엇인가?

현상의 달과 같이 그 모습이 변화하는 것은 우리의 언행이다. 그리고 세계의 현상도 역시 변화한다. 그렇기 때문에 우리가 일상의 삶에서 만나는 안팎의 모든 일들을 나타내는 것이 태음임을 알 수 있다. 그러면 억음抑陰은 무엇을 뜻하는가?

우리는 삶의 과정에서 사고와 언행을 자신으로 여기고 현상의 세계를 실재하는 것으로 여긴다. 우리는 사고, 지각, 의지와 같은 작용을 하는 주체인 마음이 있고, 다양한 언행으로 드러나는 육신이 실재하며,

---

176 金恒, 『正易』第八張, "盈虛는 氣也니 先天이니라. 消長은 理也니 后天이니라."

현상으로 드러나는 근원으로서의 도가 있다는 실체적인 사고를 한다.

마음과 육신으로 구성된 내가 있으며, 나는 남과 구분되고, 나와 구분되는 세계가 있어서 온갖 현상을 일으킨다는 실체적 사고를 버리는 것이 억음抑陰이다.

억음은 나와 남 그리고 세계가 항상 하다고 여기는 실체적 사고를 버리는 방하착放下著이며, 기독교에서 말하는 하느님에게 맡김이다. 다만 기독교에서는 하느님이라는 대상을 제시하고 있지만 불교에서는 대상이 없다. 단지 공空을 향하여 던져 버리는 것이라고 할 수 있다.

우리는 주역에서 역도易道에 감통感通하기 위하여 제시하고 있는 무지無知를 주목할 필요가 있다. "역易은 생각함이 없고, 함이 없어서 고요하여 움직임이 없을 때 천하의 연고에 감통한다"[177]고 하였다.

이 부분은 역도를 체득하는 방법을 나타낸다. 생각함이 없고 함이 없음은 지부지知不知의 상태를 벗어나서 무지無知의 상태에 이름을 뜻한다. 이처럼 무지의 상태에 이르면 저절로 역도에 감통한다고 말한다.

논어에서는 학문의 방법, 수기의 방법을 극기복례위인克己復禮爲仁으로 제시하고 있다. 그것은 육신과 육신의 기능인 의식을 자신으로 여기는 마음을 버리고(克己), 나와 남의 구분이 없고, 지부지知不知의 분별이 없는 예禮의 세계에 도달하여(復禮), 예의 근원인 인仁과 하나가 됨(爲仁)을 뜻한다.

인仁과 지知는 본성을 나타내는 사덕四德으로 인이 예로 드러나고, 지知가 의義로 드러난다. 그러므로 육신과 의식을 자신으로 여기는 마

---

[177] 『周易』 繫辭上篇 第十章, "易은 无思也하며 无爲也하야 寂然不動이라가 感而遂通天下之故하나니 非天下之至神이면 其孰能與於此리오."

음을 버리고(극기), 본성을 자신을 여김(복예위인)을 뜻한다. 그러면 존양尊陽은 무엇인가?

존양尊陽의 양陽은 항상 하여 변화가 없는 태양과 같은 경계이다. 그것은 인간에 있어서는 본성이라고 말하고, 세계에 있어서는 도라고 말하고, 상제上帝라고 말하기도 하며, 열반涅槃이라고 말하기도 한다.

존양은 본성이 바로 참 나이며, 세계의 본질인 도이기 때문에 이 내 안의 나로부터 현상의 다양한 내가 드러남을 알고, 그 자리에 맡기는 것이다. 그것은 안팎에서 일어나는 모든 사물이 하나의 근원인 본성에서 시작됨을 믿고, 그 자리에 맡기는 것이다.

그런데 억음抑陰과 존양尊陽은 본래 둘이 아니다. 그것은 음양이 본래 둘이 아니라 하나의 양면을 나타냄을 뜻한다. 지금 여기의 나를 현상적 측면에서 나타내어 음이라고 한다면 내 안의 나, 심층의 나를 나타내어서 양이라고 한 것이다. 그러므로 나는 음양의 두 측면을 갖고 있지만 그렇다고 하여 음양이 둘이 아니기 때문에 하나라고 할 수 없다.

우리가 억음존양의 심법을 끊임없이 실천하면서 살아가면 마침내 정역팔괘도가 나타내는 세계에 이른다. 그것은 우리가 복희팔괘도가 나타내는 물리적 생명이 중심이 되는 삶에서 출발하여 억음존양의 심법을 통하여 문왕팔괘도가 나타내는 본성에 이르고, 다시 본성과 하나가 됨으로써 비로소 정역팔괘가 나타내는 세계에 이름을 뜻한다.

정역팔괘도가 나타내는 후천의 세계는 성리性理의 도道이다. 성리는 성명의 이치를 나타내는 개념이다. 따라서 성리의 도는 성리에 의하여 이루어지는 삶, 성리의 길을 나타낸다. 그렇다면 억음존양의 심법은 성리의 도에 이르기 위한 방법이라고 할 수 있다. 그러면 성리의 도는 본래 우리에게 갖추어져 있는 것이 아닌가?

만약 우리가 억음존양이라는 인위적인 심법心法에 의하여 비로소 성리의 도에 이른다면 그것은 언젠가는 다시 사라질 유위법有爲法이다. 다시 말하면 심법이라는 원인에 의하여 나타난 결과로서의 성리의 도는 유위법일 뿐으로 무위법無爲法이 될 수 없다.

우리는 역생도성의 관점에서 삼역팔괘도를 고찰하는 것과 더불어 도생역생의 관점에서 고찰해야 할 필요성을 여기에서 발견한다.

우리는 본래 본성이 있기 때문에 심법을 운용할 수 있다. 그렇지 않다면 본성을 발견하고 그것과 하나가 되어 본성을 주체로 살아갈 수 없다. 그러면 도생역성의 관점에서 인용문의 내용은 어떻게 이해할 것인가?

도생역성의 관점에서 보면 성리의 도가 억음존양의 심법으로 드러난다. 그렇기 때문에 도생역성의 관점에서 위의 내용은 학도學道가 아닌 도학道學이 된다. 도학의 관점에서 보면 일상의 억음존양의 심법은 그대로 성리의 도가 드러난 것이다.

성리의 도는 음양이 조율된 세계이다. 이때 음은 시간에 따라서 일어나는 변화를 나타내며, 양은 시간에 따라서 변화가 없는 여여如如하여 부동不動한 세계를 가리킨다. 그러면 음양은 무엇을 나타내는가?

시간성이 인간에 있어서는 본성이 된다. 그것은 일부가 "도서의 이치는 후천이면서 선천이고, 천지의 도는 기제이면서 미제이다"라고 하여 도서의 이理와 천지 도를 구분하여 나타내면서 "이치는 본원에 모이니 본원은 성품이다"라고 하여 성품의 이치가 바로 도서의 이치임을 밝히고 있는 부분을 통하여 알 수 있다. 따라서 양陽은 시간성을 가리키는 동시에 본성을 가리킨다.

시간성은 본성에 의하여 탈자脫自하여 시간으로 타자화他者化한다.

따라서 여여부동하면서도 고정되지 않는 시간성이 매 순간 드러나는 시간은 음陰이라고 할 수 있다.

그런데 양陽으로 나타낸 본성의 작용이 마음이다. 따라서 음陰은 마음, 시간을 가리킨다고 할 수 있다. 그러면 억음존양抑陰尊陽은 무엇인가?

억음은 시간을 자신으로 여기지 않고, 시간성을 자신으로 여김을 뜻한다. 그것은 억음이 시간의 시간성으로의 귀체歸體, 귀공歸空이며, 마음의 본성으로의 귀체, 귀공임을 뜻한다.

그리고 시간성이 변하여 시간으로 화하는 것이 본성이 마음으로 드러나는 성리의 길인 성리의 도이다. 따라서 억음존양은 성리가 마음과 언행으로 드러나지만 그대로 성리로 귀체歸體, 귀공歸空하여 드러남이 없음을 뜻한다. 그러면 우리는 심법을 삼역팔괘도와 관련하여 어떻게 이해할 것인가?

정역팔괘도가 나타내는 본성과 내가 하나가 되어 본성도 없고, 나도 없는 공空, 무위無位의 세계가 문왕팔괘도가 나타내는 본성을 통하여 복희팔괘도가 나타내는 심법으로 드러난다.

그것은 억음존양의 심법을 통하여 비로소 성리의 도에 이르는 것이 아니라 성리의 도가 그대로 일상의 마음을 쓰는 심법으로 드러남을 뜻한다. 그러면 우리는 양자를 어떻게 이해할 것인가?

역생도성의 관점에서 보면 일상의 삶은 억음존양의 심법을 통하여 음양이 조율되어 양자가 없는 성리에 이르러야 한다. 그렇기 때문에 억음존양의 심법을 실천하지 않으면 안 된다. 역생도성의 관점에서는 성리의 도를 배우는 학도가 삶이라고 할 수 있다.

우리의 삶 자체가 그대로 수기修己, 수련修練, 수도修道, 영성계발과 같은 다양한 개념으로 나타내는 끊임없는 자기 계발의 과정이다.

우리가 고통의 바다, 그것도 뜨거운 바다인 이 세상에 온 것은 자신을 끊임없이 새롭게 창조하여 진화하기 위함이다. 그렇기 때문에 삶은 그대로 수도이고, 수기이며, 학문이라고 할 수 있다.

그러나 도를 배우는 것은 단순하게 성리에 이르고자 하는 목적에 의하여 이루어지는 인위적인 용심用心이 아니다. 왜냐하면 도생역성의 관점에서 성리가 그대로 드러난 것이 억음존양의 심법이기 때문이다. 따라서 심법을 행하여도 행함이 없다.

우리는 여기서 견성성불見性成佛, 아법구공我法俱空에 이르러서 드러나는 열반의 세계를 나타내는 반고, 원천, 원역의 관점에서 성리의 도와 심법의 학을 이해해야 함을 알 수 있다.

그것은 도생역성을 바탕으로 역생도성을 이해할 때 비로소 성리의 도와 심법의 학이 올바로 이해될 수 있음을 뜻한다. 그러면 성리의 도와 심법의 학을 어떻게 이해할 것인가?

성리의 도가 심법의 학으로 드러나기 때문에 심법의 학을 통하여 성리의 도에 이른다. 그렇기 때문에 도학을 바탕으로 학도의 학문이 가능하다.

우리가 학도의 학문의 측면에서 보면 삶은 심법을 통하여 배워서 성리에 이르는 과정이라고 할 수 있다. 그러므로 내 안의 나, 참 나, 본성에게 안팎에서 일어나는 모든 일들을 맡기고 처리하면서 그 결과를 지켜보면서 지혜와 자비를 경험하고 체험하게 된다.

우리는 견도見道하여 수심, 수양, 수련을 통하여 수도修道를 함으로써 득도得道한다고 말하고, 수기를 통하여 천명天命을 깨달아서 천하를 도로 제도한다고 말하며, 그 과정을 십신十信, 십주十住, 십행十行, 십회향十回向, 십지十地, 등각等覺, 묘각妙覺의 과정을 통하여 성불成

佛한다고 말하기도 한다.

그러나 만약 견도와 수도, 득도의 과정이 우리의 삶과 둘이었다가 하나가 되는 합일의 과정이라고 이해하면 그것은 실체적 사고로 중도에서 벗어난 단견斷見이다.

그것은 색色과 공空을 구분하여 오로지 색에서 벗어나서 공에 이르러야 한다고 말하는 것과 같다. 만약 공으로부터 색으로 돌아오지 않으면 색에 머물러 있는 것보다 큰 병폐를 갖는다. 그렇기 때문에 색과 공이 다르지 않고, 공과 색이 다르지 않아서 색이 공이고, 공이 색인 중도中道[178]를 논하게 된다.

중도의 관점에서 수도를 논하면 수도는 그대로 본성의 작용이다. 그렇기 때문에 우리가 만약 견성見性이 그대로 성불成佛이라고 말하여도 여전히 부처에 얽매여 있을 뿐이다. 그것은 부처가 부처로 있으면 중생에게 아무런 의미가 없음을 뜻한다.

우리가 견성성불見性成佛을 했다면 부처가 보살로 화하여 중생을 제도해야 비로소 부처로 존재하게 된다. 그것은 우리가 견성성불에 그친다면 여전히 지금 여기의 나의 삶과 무관한 실체적 존재에 그침을 뜻한다. 우리는 부처에도 머물지 않고, 보살에도 머물지 않으며, 중생에도 머물지 않아야 한다.

우리가 성리에도 머물지 않아야 심법으로 드러난다. 그리고 심법에 머물지 않아서 성리로 돌아간다. 매 순간 심법으로 드러나고, 다양한 언행으로 나타내는 점에서는 심법이 없는 것은 아니지만 나타났다가

---

[178] 『般若波羅蜜多心經』 1권(ABC, K0020 v5, p.1035a05-a06), "色不異空 空不異色 色卽是空 空卽是色."

사라지기 때문에 있다고 할 수 없다.

도생역성을 바탕으로 한 역생도성의 관점 곧 성불成佛의 관점, 아법구공我法俱空의 관점에서 52단계의 수도의 과정은 그대로 참 나인 불성佛性의 현현顯現이다. 그렇기 때문에 매 과정이 다르다고 할 수 없어서 없을 뿐만 아니라 단계와 단계의 가치상의 우열이 있을 수 없다.

성리는 음양이 조율된 상태이다. 그리고 억음존양의 심법은 음양이 하나가 된 성리가 그대로 드러난 것이다. 따라서 억음존양은 그대로 음양의 조율작용이다.

우리는 심법의 학이 무엇인가를 이루고, 무엇을 얻기 위한 것이 아니라 나와 남이 하나가 되는 합일이며, 나와 남이 둘이 아니기에 남을 나로 대하는 인仁이고, 남의 부족함을 채워서 나와 하나가 되게 하는 자비慈悲라고 말한다.

우리는 음양을 구분하여 대인과 소인, 성인과 속인, 부처와 중생으로 나타내고, 그들의 세계를 원각圓覺과 무명無明, 열반과 윤회로 구분하여 나타내지만 모두 성리의 드러남일 뿐이다. 그러므로 말에 얽매여서 무명, 소인, 중생, 윤회를 버리고 원각, 대인, 성인, 부처, 열반을 쫓는 것은 무명, 소인, 중생, 윤회에 빠져 있는 것과 같다.

성불, 열반, 깨달음을 찾아서 그것을 소유하고자 하지 말고, 매 순간에 자신이 본래 부처임을 알고 부처의 삶을 살며, 삶이 본래 아무런 구속이 없는 열반이기 때문에 자유로운 삶을 살며, 매 순간 끊임없이 지혜와 자비가 솟아나기 때문에 삶을 떠나서 깨달음을 찾지 말고, 삶 가운데서 지혜와 자비를 느끼고 실천해야 한다.

우리는 불교와 노장에서 인간과 세계에 대하여 무無, 불不, 비非와 같은 부정어를 사용하여 부정하는 것을 보고 듣는다. 그러나 부정어를 사용하여 인간과 세계를 부정하는 자신을 부정하지는 않는다. 만약 인간과 세계를 부정하는 자신마저도 부정한다면 허무虛無에 빠질 것이다.

그렇다고 하여 지금 여기의 내가 그대로 부처이고, 삶이 열반이라고 하여 현상에 안주하고, 현상에 집착하여 현상을 소유하려고 하면 삶이 구속이 된다. 그렇기 때문에 자유로운 삶 가운데서 집착이 없이 매 순간 놓아 버리는 지혜로운 삶을 살아야 한다.

우리는 현재에 대한 부정, 현상에 대한 부정을 통하여 끊임없이 발전하고, 끊임없이 진화할 수 있다. 그것은 지금 여기의 내가 불완전하고 부족하기 때문에 불완전하고 부족함을 채우기 위함이 아니라 나의 완전함, 충만함을 온 세계의 모든 사람, 사물과 함께하기 위함이다.

끊임없이 자신과 세계를 새롭게 창조하는 것은 모든 사람과 세계와 함께하기 위함이다. 그렇기 때문에 모든 존재가 함께하는 공생共生, 공용共用, 공식共食, 공영共榮이 바로 진화이며, 발전이다.

그리고 매 순간의 삶의 체험을 소유하지 않고 놓아 버릴 때 비로소 우리가 함께 진화하고, 더불어 발전한다.

우리는 여기서 심법을 단순하게 개체적 존재의 마음 씀으로 이해하면 억음존양을 올바로 이해할 수 없음을 알 수 있다. 음양의 억존抑尊은 개체적이지만 개체를 떠나 있다. 그렇기 때문에 성리의 도에 이른 개체적 존재라도 반드시 또 다른 자신인 다른 사람에게 억음존양의 심법을 행하게 된다.

그것이 바로 군자의 삶이고, 지인至人의 삶이다. 그것은 마치 물이 아래로 흐르다가 구덩이를 만나면 자신의 몸으로 채워 주고 흐르는 것과 같다. 이것이 본성의 지혜와 자비를 활용하는 삶이고, 인예의지仁禮義知의 사덕四德을 실천하는 삶이다.

우리는 수기, 수양, 수련, 수도를 통하여 비로소 도에 이른다거나 성불한다는 생각을 한다. 그것은 우리의 사고가 인과因果의 틀에서 벗어나지 못하였음을 뜻한다.

학문을 통하여 그리고 수기를 통하여 대인이 되거나 성인이 된다는 것도 역시 인과의 틀 안에서 이루어지는 유위법을 중심으로 사고한 결과이다.

우리가 육신을 중심으로 자신을 이해하여 소인, 중생이라고 말하고 내 안의 나로서의 본성을 발견하여 그것을 주체로 살아가는 삶을 대인, 부처라고 말한다. 그러나 그것은 역생도성의 관점에서 우리를 이해한 것일 뿐이다.

도생역성의 관점에서 보면 소인과 대인, 중생과 부처를 구분하여 이해하는 것도 역시 부처의 작용이고, 대인의 작용이다. 우리는 본래 대인이고, 본래 부처이기 때문에 대인의 삶을 사는 것이 바로 수도이며, 부처의 삶을 사는 것이 수도이다.

그러나 우리는 대인도 소인도 아니며, 부처도 중생도 아니다. 단지 이것과 저것으로 고정되지 않는 나 아닌 나, 소아小我가 아닌 대아大我, 소인小人이 아닌 대인大人, 부처가 때로는 여러 보살로 나타나서 온갖 생명현상으로 나타나기 때문에 무아無我가 때와 장소에 따라서 다양한 자아自我로 드러날 뿐이다. 따라서 억음존양의 심법은 고정된 것이 아니라 성리가 다양하게 드러나는 길로서의 학學이다.

우리가 하도와 낙서의 중심 수를 통하여 그 점을 분명하게 이해할 수 있다. 하도와 낙서의 중심 수는 모두 오五로 구성된다. 이 오五는 인간의 본성을 나타낸다.

하도의 중심 수는 십과 오이다. 이때 십은 오와 오가 하나가 된 세계를 나타낸다. 십은 나의 본성과 남의 본성이 둘이 아닌 세계, 곧 천지의 본성과 내 본성이 일체여서 구분할 수 없는 세계를 나타낸다. 그러므로 하도의 중심 수는 나의 본성과 세계의 본성이 하나인 상태를 나타낸다.

나의 본성과 세계의 본성이 하나가 된 상태는 본성을 발견한 견성見性, 지성知性과 본성과 하나가 된 성인成人, 성불成佛의 상태를 하도의 중심 수가 나타냄을 뜻한다. 이처럼 내 본성과 천지의 본성이 하나가 됨은 흔님과 하나가 됨, 비로자불과 하나가 됨이라고 할 수 있다.

일부는 하도를 황극이면서 무극이라고 말하고, 수로는 오이면서 십이라고 하였다. 이는 불교적 관점에서는 아공我空, 법공法空을 지나서 아법구공我法俱空이 이루어진 상태, 곧 본래의 나와 하나가 된 상태를 나타낸다.

하도를 구성하는 사방의 수는 각각 일육一六, 이칠二七, 삼팔三八, 사구四九로 구성되어 있다. 이 네 쌍의 수를 살펴보면 그 중심에 오가 있다. 일이삼사一二三四에 오를 더하면 육칠팔구六七八九가 되는 동시에 육칠팔구六七八九에서 오를 빼면 일이삼사一二三四가 된다.

그것은 낙서의 사상수가 일一과 구九, 이二와 팔八, 삼三과 칠七, 사四와 육六으로 나누어져서 생성되는 도생역성이 오수에 의하여 이루어짐을 나타내는 동시에 역생도성에 의하여 도생역성이 이루어짐을 나타낸다.

하도의 중심 수를 나타내는 것이 역생도성의 상태이다. 육신과 의식을 벗어나서 모든 분별이 사라진 경계를 나타내는 것이 하도의 중심 수이다. 일부는 이러한 세계를 창공蒼空으로 나타내기도 하고, 중中으로 나타내기도 하였다.

그런데 중中, 공空은 고정되지 않고 자신을 드러낸다. 그것은 우리가 주인공, 흔님, 비로자나불에 맡기고 하나가 되면 흔님, 비로자나불, 주인공이 작용을 함을 뜻한다. 십오의 상태가 인연에 따라서 변하여 화하는 것이 도생역성이다.

도생역성을 나타내는 도상이 낙서이다. 낙서의 중심 수는 오이다. 이 오五는 현상에서 나타낸 본성이다. 그러므로 현상적 측면에서 만물의 근원인 태극을 나타낸다. 이는 모든 현상적인 심법이 그대로 성리의 드러남임을 뜻한다.

일부는 낙서를 한마디로 무극이면서 태극이라고 말하였다. 그것은 무극이 황극을 통하여 태극으로 드러남을 뜻한다. 낙서의 도상을 보면 오를 중심으로 십이 각각 일一과 구九, 이二와 팔八, 삼三과 칠七, 사四와 육六으로 마주하고 있을 뿐만 아니라 삼자를 더하면 그대로 십오十五이다. 이를 통하여 사상의 수가 나타내는 만물이 그대로 십이라는 근원, 흔님, 반고, 주인공, 비로자불의 현현임을 알 수 있다.

그리고 사상의 수를 더하면 십十이 되고, 다시 오五를 더하면 십오十五가 되는 것을 통하여 현상의 만물이 그대로 십오로 귀체歸體, 귀공歸空하는 역생도성을 나타내고 있음을 알 수 있다.

태극이라는 근원을 통하여 드러나는 만물을 나타내는 동시에 그것이 그대로 십오라는 근원으로 돌아가는 회향廻向을 나타낸 도상이 낙서이다. 그러면 삼역팔괘도는 어떻게 이해할 것인가?

하도의 십오의 세계를 나타내는 도상이 정역팔괘도이다. 정역팔괘도를 보면 십오를 나타내는 건곤과 더불어 이천칠지二天七地의 현상적인 천지를 나타내는 수와 상이 함께 놓여 있다. 이때 이천칠지는 건곤의 작용을 나타내는 원천화原天火이다. 일부는 원천화가 바로 건곤의 작용임을 나타내기 위하여 화옹이라고 하였다.

그리고 낙서의 중심 수인 오를 중심으로 세계를 나타낸 것이 문왕팔괘도이며, 현상의 측면에서 태극을 중심으로 세계를 나타낸 것이 복희팔괘도이다. 그렇기 때문에 심법의 측면에서는 역생도성의 측면에서 궁리, 진성, 지명의 세 단계로 진화하는 과정을 나타내는 것이 삼역팔괘도이다.

궁리窮理는 의식의 차원에서 본성을 발견하였음을 나타낸다. 그렇기 때문에 아직은 본성과 둘이다. 그리고 진성盡性은 본성과 하나가 되었음을 나타낸다. 이처럼 내 안의 나, 참 나인 본성과 하나가 되었을 때 비로소 사람이 되었다고 말할 수 있다. 유학에서 성인成人이라고 말하고, 불교에서 성불成佛이라고 말하는 상태를 나타낸 것이 문왕팔괘도이다.

그런데 궁리, 진성과 지성知性, 지천知天, 견성見性, 성불成佛을 막론하고 모두 앎의 차원에 머물러 있다. 그것은 비록 우리가 본성과 하나가 되었기 때문에 성인이라고 할 수 있지만 여전히 아직은 실천을 하지 못하고 있음을 뜻한다.

우리가 만약 육신만이 성인成人일 뿐으로 사회에 나아가서 세상을 위하여 사람답게 살아가지 못한다면 사람이라고 할 수 없는 것과 같다. 성인이 사회에 나아가서 자신의 역할을 하고 살아가듯이 온 우주와 더불어 하나가 되어 살아가는 삶을 나타내는 것이 정역팔괘도이다.

정역팔괘도가 나타내는 삶은 온 우주의 모든 존재와 함께 살아가는 공생共生, 공식共食, 공용共用, 공영共榮의 삶이다. 일부는 그러한 삶을 살아가는 사람을 지인至人으로 나타내고 있다. 논어를 비롯한 유가경전에서는 사람다운 사람을 군자로 나타내고, 불교에서는 중생을 제도

하는 삶을 살아가는 보살로 나타내고 있다.

그런데 도생역성의 관점에서 보면 심법은 성리가 그대로 드러난 것이다. 그렇기 때문에 궁리, 진성, 지명의 과정이 따로 없다. 그것은 견성과 성불 그리고 열반의 단계가 따로 없을 뿐만 아니라 보살의 육위六位로 나타내는 52계위도 없고, 십지十地로 나타내는 과정도 따로 없음을 뜻한다.

우리가 물건적 관점에서 반고, 흔님, 비로자나불이라는 근원적 존재를 이해하고 그것에 바탕을 둔 나를 이해하면 본성과 반고, 흔님, 비로자나불毗盧遮那佛을 둘로 보게 된다. 이처럼 내가 공空하고 만법이 공空함을 알아도 참 나가 있고, 만법의 근원으로서의 비로자나불毗盧遮那佛이 있다는 실체론적實體論的 사고에 빠지면 아무리 내가 수행을 하고, 나를 찾으며, 수도를 해도 여전히 나는 비로자나불, 흔님, 반고와 둘이 될 수밖에 없다.

그것은 흔님, 반고, 비로자나불이 고정되지 않아서 나의 마음으로 드러나고 육신으로 드러나며, 보살로 드러나고, 중생으로 드러나는 변화의 관점에서 이해하지 않으면 여전히 하나의 실체적 관점에서 벗어날 수 없음을 뜻한다.

우리가 실체적 관점을 견지하면 수행의 과정도 역시 고정하여 보게 된다. 그렇기 때문에 반고와 나, 흔님과 나, 하느님과 내가 결코 하나가 될 수 없다고 할 뿐만 아니라 고정된 세계가 있다고 여기고, 수행을 통하여 얻는 과위 역시 실체적 존재로 여기게 되어 궁극적으로는 아무리 보살의 삶을 살아도 여전히 보살菩薩과 보살도菩薩道라는 의식을 벗어날 수 없다. 그러면 우리는 어떻게 해야 하는가?

지금 여기의 나와 나에 의하여 드러나는 매 순간의 삶은 근원적 세계의 현현이다. 그렇기 때문에 매 순간 일어나는 사건들이 없는 것은 아니다.

그러나 매 순간 일어나는 모든 사건은 반드시 일어났다가 사라지기 때문에 있어도 있다고 할 수 없어서 없다. 이처럼 우리의 매 순간의 삶은 항상 함이 없이 이루어지기 때문에 있음과 없음의 어느 일면으로 고정되지 않는다.

그것은 고정된 내가 있어서 삶을 살아간다고 하거나 그와 달리 내가 없고, 삶도 없다는 어느 일면에 치우친 지견持見에 빠지지 않으면 본래 항상 그 어떤 것에도 집착이 없이 모든 일이 이루어지고 있음을 뜻한다.

우리는 지금 여기의 나와 삶을 떠나서 중도나 실상이라는 그 어떤 것이나 경계, 진리, 이치 그리고 이상적인 삶을 찾을 수 없다. 그것은 우리가 유有, 형이하, 물질적 차원과 무無, 형이상, 시공을 초월한 세계를 말하고, 다시 양자를 넘어선 중도, 실상, 공空, 중中을 말하지만 그것이 모두 지금 여기의 나를 다양한 관점에서 논의하는 것임을 뜻한다.

제5부

정역의 도학과 인간의 삶

　우리는 앞에서 일부가 정역을 통하여 제시하고 있는 세계가 무엇인지를 하도와 낙서를 중심으로 시간성의 차원에서 살펴보고 이어서 영원한 현재를 나타내는 십간원도수와 십이월이십사절기후도수를 중심으로 선후천의 시간에 대하여 살펴보았으며, 삼역팔괘도를 중심으로 시간성을 대상화하여 공간성의 차원, 성명의 차원에서 살펴보았다.

　일부가 정역을 통하여 제시하고자 했던 내용은 그가 금일今日, 금일今日, 금일今日로 언급한 과거도 현재이고, 미래도 현재이며, 현재도 현재인 영원한 현재이다.

　영원한 현재는 지금이라는 시간으로 드러나고, 여기라는 공간으로 드러나며, 매 순간의 수많은 다양한 생명현상으로 나타났다가 사라지는 사건의 연속을 나타낸다. 그러면 우리는 어떻게 살아야 하는가?

　우리는 개체적 측면에서 육신을 자신으로 여기고, 의식을 자신으로 여기는 마음을 버리고, 성리를 주체로 하여 마음을 쓰고, 육신을 움직이는 운용運用이 필요하다.

　그것은 우리가 앞에서 살펴본 하도와 낙서를 통하여 고찰한 시간성에 의하여 세계가 고정되지 않음을 알고, 삼역팔괘도를 통하여 고찰한 공간성을 통하여 만물이 하나임을 알고 하나로 대하는 심신의 운용이 지혜와 자비로 살아가는 삶임을 뜻한다.

그것은 십간원도수十干原度數와 이십사절기후도수二十四節氣候度數에서 나타내고 있는 영원한 현재를 살아가는 삶이며, 금화정역도金火正易圖를 통하여 나타내고 있는 천지인의 삼재와 하나가 되고, 우주와 하나가 되며, 만물과 하나가 된 삶이다.

주역에서는 공간적 관점, 물건적 관점에서 천지인이 하나가 된 세계를 신도라고 말한다. 그리고 일부는 신도를 신명으로 나타내기도 하였다. 그것은 형이상과 형이하가 하나가 된 세계이고, 성명이 합일된 세계이다.

그러나 천지인의 삼재가 합일된 세계와 다른 신도의 세계, 시간성의 세계는 천지인의 삼재의 도가 합일된 세계가 끊임없이 새롭게 창조되어 나타나는 세계를 나타내는 동시에 다시 창조 이전의 세계로 돌아감으로써 끝없이 진화하는 세계를 나타낸다. 이처럼 창조와 진화로 드러나는 천지의 생성은 인간의 삶을 통하여 드러난다.

인간의 삶은 자성自性, 불성, 본성이 끊임없이 새롭게 드러나는 측면에서 보면 성리가 자기를 드러내는 성리의 도이고, 현상의 측면에서 보면 억음존양抑陰尊陽의 심법心法이다.

그것은 성리의 도道가 매 순간의 새로운 심법의 학學으로 드러나는 도학道學이 인간의 삶임을 뜻한다. 그러면 왜 일부는 인간의 삶을 도학으로 나타내었는가?

일부가 사용한 도학이라는 개념은 송대宋代의 학자들이 자신들의 학문을 나타내기 위하여 사용한 개념과 그 의미가 다르다. 그가 인간의 삶을 도학으로 규정한 까닭은 인간의 삶 자체가 그대로 끊임없는 진화, 곧 학문임을 나타내기 위함이다.

삶은 학문과 둘이 아닐 뿐만 아니라 수행, 수도와 삶이 둘이 아니고,

수도修道를 통하여 득도함으로써 천하를 제도濟度하는 일도 역시 삶과 둘이 아니다. 그렇기 때문에 영원한 현재의 관점에서 지금 여기의 나를 통하여 드러나는 삶이 그대로 도의 현현顯現임을 나타내기 위하여 도학이라는 개념을 사용하였다.

도道는 작용, 나툼을 가리키는 말이며, 학學은 귀공歸空, 귀체歸體, 합일合一을 가리키는 말이다. 인간의 삶을 학문을 중심으로 나타내는 개념인 도학은 현상적 측면에서는 끊임없이 새롭게 창조되어 드러나는 성리의 도와 창조되기 이전으로 돌아가서 하나가 되는 귀체, 귀공으로서의 심법의 학이다. 그러면 심법의 학이 무엇인지 살펴보자.

심법의 구체적인 내용은 억음존양이다. 이때 억음은 분별 의식, 이것과 저것을 구분하는 마음을 통하여 밝혀지는 세계, 인간을 가리킨다. 그러므로 분별 의식을 버리는 것, 분별 의식을 그것이 드러나기 이전의 성품, 자성, 성리로 돌리는 것이 억음抑陰이다. 그리고 존양尊陽은 본성, 인성, 자성이 주체임을 알고, 그 자리에 맡기는 것이다.

억음존양의 심법에 의하여 성리의 도가 이루어지고, 성리의 도가 심법의 학으로 드러난다. 그렇기 때문에 학學은 인위적인 행위나 사고에 의하여 실체적인 대상을 얻고자 하거나 이치, 원리를 찾아서 그것과 하나가 되는 합일을 추구하지 않는다. 본래 그러함을 알고 그 자리에 놓아 버려서 그 자리에서 이루어짐을 지켜보는 것이다. 그러면 왜 억음존양의 심법을 도道와 구분하여 학으로 규정하였는가?

학學이라는 개념은 '본받다'라는 의미가 있다. 이는 일부가 일반적으로 학學을 지식을 습득함의 의미로 사용하는 것과 달리 성리, 성품을 중심으로 삼아서 그 자리로 돌아감의 의미로 사용하였음을 뜻한다. 그렇기 때문에 시간성으로서의 귀체, 귀공을 나타내는 개념이 학이다. 그러면 일상적인 배움이라는 의미는 없는가?

일상적인 배움의 의미는 바로 귀체, 귀공의 의미로부터 나타난 것이라고 할 수 있다. 그것은 귀체, 귀공의 의미를 현상적 관점에서 나타낸 것이 일상의 의미로서의 배움임을 뜻한다. 따라서 배움은 단순하게 육신의 관점에서 나와 구분되는 다른 사람이나 책과 같은 나와 다른 대상으로부터 무엇인가를 얻는 지식의 소유를 가리키지 않는다.

논어에서는 학문의 방법으로 학습을 제시하고, 박문약례博文約禮[179]를 제시하였을 뿐만 아니라 극기복례위인克己復禮爲仁[180]을 제시하고 있다. 그것은 학문이 단순하게 남으로부터 지식을 습득하는 문제에 그치지 않음을 뜻한다.

극기복례위인은 자기 자신이 어떤 존재인가를 알고, 자신이 되는 것을 나타내며, 그것이 바로 문장을 통하여 배운 지식을 예禮로 귀체, 귀일歸一, 귀공歸空시키는 과정임을 나타낸 것이 박문약례博文約禮이다. 그러면 신도神道의 측면에서 도학의 삶을 살아가려면 어떤 것이 필요한가?

천지인의 삼재가 하나가 된 신도의 차원은 인간이 본래 천지와 더불어 하나인 본성의 세계를 넘어서 본성과 하나가 되고, 본성도 나도 없는 차원에서 자유롭게 때로는 본성으로 때로는 마음으로 때로는 언행으로 다양하게 드러나는 차원이다.

그러나 일상의 사람들은 마음을 다양하게 쓴다. 어떤 사람은 분별을 기능으로 하는 의식에 의하여 인간과 세계를 오로지 물질로 이해하고,

---

179　孔子,『論語』雍也篇,"子曰 君子博學於文, 約之以禮, 亦可以弗畔矣夫."

180　孔子,『論語』顏淵篇,"顏淵問仁 子曰 克己復禮爲仁 一日克己復禮, 天下歸仁焉. 爲仁由己, 而由人乎哉."

어떤 사람은 본성의 차원에서 인간과 세계가 모두 하나로 이해하며, 어떤 사람은 본성과 내가 없는 차원에서 나도 남도 세계도 없다고 말하고, 어떤 사람은 모든 것은 그저 끊임없이 새롭게 나타나는 생성일 뿐이라고 말한다.

사람의 다양한 마음의 차원에 따라서 드러나는 여러 차원은 별개의 것이 아니라 고정되지 않는 세계를 다양한 차원에서 서로 다르게 나타낸 것에 불과하다. 그렇기 때문에 서로의 차원이 갖는 장단점이 있을 뿐으로 가치상의 우열이 없는 평등한 세계이다.

그러나 사람들은 자신의 마음에 따라서 다양하게 드러나는 현상 자체를 실재로 여기고 오로지 자신이 본 세계만이 실재라고 주장한다. 어떤 사람이 하나의 고정된 지견持見에 의하여 사는 것도 문제이지만 자신의 지견을 남에게 강요를 하는 것이 더 큰 문제이다.

지금부터는 정역에서 제시하고 있는 삶의 원리로서의 성리의 도와 심법의 학을 내용으로 하는 도학이 무엇인지 구체적으로 살펴보자. 이를 위하여 먼저 하도와 낙서, 삼역팔괘도 그리고 십이월이사절기후도수를 집약하여 나타내고 있는 금화정역도金火正易圖를 살펴본 후에 금화정역도의 내용을 바탕으로 이루어지는 인간의 삶을 나타내는 도학에 대하여 살펴보고, 이어서 도학이 나타내는 창조적 삶에 대하여 살펴본 후에 마지막으로 지금까지 살펴본 내용을 바탕으로 우리의 일상의 삶이 무엇인지 살펴보자.

1. 금화정역도와 도학道學

　우리는 앞에서 하도와 낙서를 통하여 시간성에 대하여 고찰하고, 이어서 삼역팔괘도를 통하여 시간성을 대상화하여 나타낸 성명원리에 대하여 고찰하였다. 그리고 이어서 십이월이십사절기후도수를 통하여 중정역의 세계를 살펴보았다. 그러면 하도와 낙서, 삼역팔괘도 그리고 십이월이십사절기후도수는 어떤 관계인가?

　우리는 하도와 낙서가 나타내는 시간성을 대상화하여 나타낸 것이 삼역팔괘도의 시의성, 공간성이며, 그것을 다시 대상화하여 나타낸 것이 십이월이사절기후도수라고 할 수 있다.

　그것은 하나의 세계를 각각 시간성의 차원과 공간성의 차원 그리고 현상의 차원에서 나타낸 것이 삼자임을 뜻한다. 그러면 일부는 왜 세계를 세 차원에서 나타내었는가?

　우리는 시간성을 통하여 세계의 창조성을 알 수 있고, 공간성을 통하여 합일성을 알 수 있으며, 현상의 관점에서 세계를 나타내는 중정역으로서의 십이월이십사절기후도수를 통하여 만물의 일체성을 알 수 있다. 그러면 셋으로 구분하여 나타내기 이전의 세계를 나타내는 도상은 무엇인가?

　일부는 상편의 끝부분에서 금화정역도를 제시하고 있다. 금화정역도는 앞에서 살펴본 하도와 낙서, 삼역팔괘도, 간지도수, 이십사절기후도수를 통하여 나타내는 시간성과 시간의 세계 그리고 물건의 현상 세계를 함께 나타내고 있다. 그러면 금화정역도가 무엇인지 살펴보자.[181]

181　金恒, 『正易』第二十一張, 正經學會.

金火正易圖

　위의 도상을 살펴보면 크게 바깥의 원도原圖와 내면의 방도方圖로 구성되어 있다. 이는 금화정역도가 원도를 통하여 하도를 나타내고, 방도를 통하여 낙서를 나타냄으로써 하도와 낙서가 하나가 된 세계를 나타내고 있음을 뜻한다. 그러면 원도에는 무엇을 나타내고 있는가?

　원도 가운데는 정역팔괘도가 들어 있으며, 천간과 지지의 간지도수가 들어 있다. 이를 통하여 간지가 나타내는 시간성과 팔괘도가 나타내는 공간성이 하나임을 나타내고 있다. 그리고 방도 가운데는 무기일월戊己日月을 통하여 현상의 세계를 나타내고 있을 뿐만 아니만 임계壬癸와 병정丙丁을 통하여 오행원리를 나타내고 있다.

　원도는 시간성, 천도를 나타내고, 방도는 공간성, 지도를 나타낸다. 시간성은 공간성을 포함하며, 공간성은 시간성으로 귀공歸空된다. 그것은 비록 표현되지는 않았지만 원도와 방도가 하나의 중심점에 의하여 형성됨을 통하여 이해할 수 있다.

그러나 원도의 어느 점이라도 구분이 없이 하나로 연결되어 있지만 방도는 상하사방의 네 직선으로 구분되어 있다. 이를 통하여 방도의 세계, 공간성의 세계는 분별의 세계, 유의 세계이며, 원도의 세계, 시간성의 세계는 무분별의 세계, 무의 세계를 나타내고 있다고 할 수 있다. 그러면 금화정역도는 무엇을 나타내는가?

금화정역도는 하도와 낙서를 통하여 나타낸 시간성의 세계와 삼역팔괘도를 나타낸 공간성의 세계 그리고 십간원도수와 이십사절기후도수를 통하여 나타내는 현상의 세계가 고정된 물건적 존재가 아니어서 공하여 다양한 현상으로 드러나지만 드러남이 없음을 나타낸다.

금화정역도는 공간성의 측면에서는 천도와 지도 그리고 인도가 하나가 된 천지인의 합일의 세계이며, 시간성의 측면에서 삼극의 도가 하나가 된 세계이다. 그러므로 금화정역도는 중中으로 표현되고, 공空으로 표현된 세계를 나타내는 동시에 유무有無의 세계를 함께 나타낸다. 그러면 금화정역도에서 나타내고 있는 세계인 공空, 중中의 세계의 측면에서 우리는 삶을 어떻게 이해할 수 있는가?

정역에서는 인간의 삶에 대하여 구체적인 방법을 제시하고 있지는 않다. 왜냐하면 정역의 내용은 시간성을 중심으로 시간성의 시간화와 시간의 시간성화를 도역의 생성을 통하여 나타내고 있기 때문이다.

다만 우리는 시간성을 대상화하여 시의성으로 그리고 다시 공간성으로 대상화하여 물건적 관점에서 인간의 삶을 나타낼 수 있다. 그것은 우리가 인간의 삶을 살펴보기 위해서는 육신의 차원, 물질의 차원으로 대상화하여 물건적 관점에서 시간성을 고찰함을 뜻한다.

우리가 정역에서 제시하고 있는 인간의 삶이 무엇인지를 도출하기 위해서는 영원한 현재의 관점에서 인간을 나타내는 것이 필요하다. 그것은 지금 여기의 나의 삶이라는 시공적 한계를 설정하여 그것을 바탕으로 우리의 삶을 고찰하는 것이다.

지금 여기의 나의 삶을 살펴보기 위하여 먼저 정역의 시간을 살펴볼 수 있는 선천과 후천이 무엇인지를 살펴보아야 한다. 그것은 비록 삶이 구분되는 것은 아니지만 방편方便으로 시간의 관점에서 둘로 나누어서 양자의 관계를 통하여 우리의 삶을 살펴보고자 하는 시도이다.

우리가 정역에서 제시하고 있는 인간의 삶을 나타낼 수 있는 개념은 도학道學이다. 도학은 우리의 삶을 선천과 후천을 구분하여 각각 심법의 학과 성리의 도로 구분하여 나타내고 있음을 착안하여 필자가 사용한 개념이다.[182]

그것은 필자가 정역 자체에는 도학이라는 개념이 없지만 성리학자들이 사용하였던 도학이라는 개념을 통하여 일부가 제시하고자 하였던 인간의 삶을 나타낼 수 있는 것으로 생각하였기 때문이다. 그러면 정역에서 제시하고 있는 도학道學은 어떤 의미인가?

일부가 제시한 성리의 도는 성리에 의하여 이루어지는 도생역성을 나타내고, 심법의 학은 심법에 의하여 이루어지는 역생도성을 나타낸다. 따라서 성리의 도생역성과 심법의 역생도성은 둘이 아니라 하나이다.

성리는 본성의 차원에서 지금 여기의 나를 나타내고, 심법은 마음의 차원에서 지금 여기의 나를 나타낸다. 이때 성리는 천지의 본성과 하나가 된 나의 본성을 나타내며, 심법은 본성과 일체가 된 차원에서 언급

---

[182] 일부 자신은 『正易』에서 道學이라는 개념을 사용하지 않고 있다. 다만 선천과 후천을 구분하여 "抑陰尊陽은 先天 心法의 學이며, 調陽律陰은 後天 性理의 道이다"라고 하여 선후천의 學과 道를 언급하였을 뿐이다.

되는 마음이다. 따라서 도학은 일체이면서도 하나마저도 넘어선 흔님, 환인, 반고, 천지, 신, 신명의 세계를 두 관점에서 나타내고 있음을 알 수 있다. 그러면 일부는 왜 성리와 심법을 내용으로 하는 도학이라는 개념을 사용하였는가?

어떤 학문도 과거의 현재화와 미래의 현재화이듯이 정역 역시 당시의 중심 이념인 성리학의 개념을 수용하여 소통의 도구로 활용하고 있다. 이는 그가 성리性理, 이기理氣, 선후천, 팔괘도八卦圖, 하도河圖와 낙서洛書를 비롯하여 중요한 개념과 도상들이 모두 송대宋代의 학문적 성과를 수용한 결과임을 통하여 확인할 수 있다.

그러나 일부一夫가 비록 중국성리학을 바탕으로 중국유학을 수용하였지만 고조선사상을 바탕으로 중국성리학을 주체적으로 수용하여 중국성리학과 다른 한국유학을 제시하였다. 그러면 먼저 신도가 드러나는 인간의 삶을 나타내는 도학이라는 개념이 성리학에서는 어떤 의미를 갖고 있는지 살펴보자.

당말唐末에 유학의 부흥을 꿈꾸었던 한유韓愈가 내세우기 시작한 도학道學이라는 개념은 성리학자들에 의하여 자신들의 학문을 지칭하는 개념으로 사용되었다. 성리학을 이론 체계화한 주희가 대학의 격치론格致論을 중시하게 되면서 도학이라는 개념이 이학理學과 더불어 송학宋學의 특징을 나타내는 개념으로 사용되었다.[183]

주희朱熹는 거경居敬과 궁리窮理를 학문론으로 제시하고, 궁리窮理의 내용을 격물치지로 제시하면서 성품과 이치가 하나가 되는 응연應然의 천인합일天人合一을 내용으로 하는 성즉리性卽理의 성리학을

---

183 蒙培元,『성리학의 개념들』, 홍원식 외 옮김, 예문서원, 2008, 80쪽에서 123쪽.

제시하였다.

주희가 제시하고 있는 것과 같이 송대宋代의 성리학은 학문과 실천을 구분하여 오로지 학문을 중심으로 삶을 이해하였다. 그것은 그들이 이론 체계를 통하여 학행합일學行合一, 지행합일知行合一을 끊임없이 제기하지 않을 수 없음을 뜻한다.

중국유학은 순順방향에서 출발하여 명덕明德을 천하에 밝혀서 모든 사람으로 하여금 인간답게 살아가도록 하여 천하를 평정平定하는 도제천하를 내세웠지만 여전히 물건적 관점에서 나(己)와 남(人)을 구분하여 수기修己와 안인安人을 제시하고 천인합일을 추구하였다.

성리학자들도 거경居敬과 격물치지格物致知의 궁리窮理를 통하여 성품과 이치가 하나가 되는 성즉리性卽理, 곧 천인합일을 추구하였다. 그들은 자신들의 학문을 도학道學으로 규정하고, 도학이 정통正統이며, 도가道家, 도교道教와 불가佛家를 이단異端으로 규정하여 적대시敵對視하였다.

성리학자들이 제시하고 있는 학문 방법인 거경궁리는 주역에 나타나는 개념들이다. 그리고 격물치지는 대학에서 제시하고 있는 학문 방법이다. 주역에서는 순과 역을 구분하여 역방향에서 출발할 것을 제시하고 있다. 성리학의 학문 방법 역시 역방향에서 거경居敬을 바탕으로 격물치지格物致知하는 궁리窮理를 통하여 천도를 자각하고, 천명을 자각하는 천인합일의 방법이다.

그러나 일부가 제시하는 도학은 인간은 누구나 성품을 갖고 있기 때문에 성품을 그대로 현실에서 드러나게 함으로써 그것이 학문으로 나타나게 하는 방법을 제시하고 있다.

그것은 그가 성품이 그대로 발현되도록 성의誠意, 정심正心으로 항상 게으름이 없어야 함을 강조할 뿐만 아니라 화옹化翁, 화무상제化無上帝와 대화를 강조하는 것을 보아도 알 수 있다.

그는 성리학자들이 강조하는 태극과 같은 존재하지만 활동을 하지 않는 죽은 정리定理, 나와 무관하게 대상으로 존재하는 상대적인 성리를 말하지 않는다. 일부는 본유本有하고, 고유固有한 성품이 작용하여 다양한 이치로 드러나는 도역의 생성을 논하고 있을 뿐이다.

역방향에서 찾아야 할 성품, 깨달아야 할 성품, 나와 하나가 되어야 할 성품은 나와 둘이다. 만약 우리가 사물의 이치를 연구함으로써 나와 둘인 성품을 얻어서 하나가 될 수 있다면 사물의 이치를 연구하지 않으면 사라진다. 이처럼 인연因緣에 의하여 이루어지는 유위법有爲法으로서의 성품은 실체적 존재인 사물의 이치일 뿐이다.

그러나 심학자心學者들의 경우와 같이 오로지 내 양지良知가 밖으로 향하여 작용하는 측면만을 강조하면 자연自然일 뿐으로 밖과 무관하게 된다. 그것은 심학의 관점에서 보면 인간의 성리性理와 자연의 물리物理가 하나인 측면만이 부각될 뿐으로 매 순간 성리性理, 물리物理, 심리心理로 다양하게 드러나는 역생도성의 측면이 드러나지 않음을 뜻한다.

도생역성의 관점에서 보면 변화의 현상은 환인, 도, 반고로 표현된 근원적 존재의 자기 현현이기 때문에 자연이지만 역생도성의 관점에서 보면 변화의 현상은 시종의 인과로 드러나는 인연이다. 그렇기 때문에 세계는 자연과 인연을 넘어서 있으면서도 양자를 벗어나지 않는다. 그러면 도학道學의 의미를 좀 더 구체적으로 살펴보자.

먼저 도학을 구성하는 두 글자를 분석하여 보자. 도는 수首와 착辶으로 구성된다. 수首는 근원을 상징하고, 착辶은 착辵으로 행行과 지止가 결합된 글자이다. 착은 가고 멈춤의 의미로 곧 작용을 뜻한다. 따라서 도는 근원적 존재의 작용을 가리킨다. 그리고 학學의 고자古字는 효斅이다. 효斅는 '본받다'의 의미를 갖고 있다. 따라서 도학을 글자 그대로 이해하면 도의 작용을 따라서 살아감, 도를 주체로 살아감의 의미가 된다.

도학은 도생역성의 측면에서 성리의 도가 역생도성의 측면에서 심법心法의 학學으로 드러남을 나타낸다. 그것은 성리性理가 그대로 용심用心을 통하여 일상의 삶으로 드러남을 뜻한다.

일상의 우리의 삶이 그대로 성품이 마음으로 드러나고, 마음이 육신의 언행으로 드러나는 도생역성이며, 우리의 일상에서 이루어지는 언행이 그대로 성리로 귀결되는 역생도성이다.

도학은 도생역성의 측면에서 닥쳐오는 그 어떤 일들도 마다하지 않고 행하기 때문에 허무虛無에 빠지지 않는 실다운 학문이며, 역생도성의 측면에서 그 어떤 일을 하여도 개체적 육신이 하는 것이 아니기 때문에 함이 없는 무위無爲여서 집착이 없고, 걸림이 없다. 그러면 도학은 단순하게 학문을 나타내는가?

도학은 정역의 내용을 인간의 삶에 적용하여 나타낸 개념이다. 그것은 정역의 내용을 삶의 측면에서 한마디로 나타낸 개념이 도학임을 뜻한다. 정역은 상하의 두 편으로 구분하여 상편은 십오일언十五一言으로 규정하고, 하편은 십일일언十一一言으로 규정하고 있다. 이때 십오와 십일은 상편, 하편의 내용을 집약하여 나타낸 것으로 십오와 십일, 곧 십오일十五一이 정역의 내용이다.

정역의 내용을 나타내는 십오일十五一은 삼극三極을 가리키는 수라고 할 수 있다. 이를 보면 정역의 내용을 한마디로 나타내어 삼극의 도라고 할 수 있다.

그것은 일부가 하도와 낙서를 십오十五와 십일十一의 관계를 통하여 삼극의 도를 상징적으로 나타내고 있는 신물神物로 규정한 것을 보아도 알 수 있다.

일부는 십오十五의 합일, 곧 십오일언을 천지의 수에 의하여 상징적으로 나타낸 도상이 하도河圖이며, 십일十一의 합일, 곧 십일일언을 천지의 수에 의하여 상징적으로 나타낸 도상이 낙서洛書임을 밝히고 있다.

십오가 천인합일天人合一의 세계를 나타낸다면 십일은 천지합일天地合一을 나타낸다. 십오와 십일은 천지인天地人의 삼재가 하나가 된 세계, 곧 천지인의 삼재라는 물건적 세계로 드러나기 이전의 구분할 수 없는 세계를 나타내는 것이 반고盤古, 고조선사상을 나타내고 있는 단군신화의 환인桓因을 두 측면에서 나타낸 것이다.

일부는 정역이라는 저작을 통하여 신도 곧 천도, 지도, 인도로 구분하여 나타내기 이전의 세계, 분별과 무분별을 넘어서면서도 양자를 벗어나지 않는 세계를 나타내고 있다.

그것은 하도와 낙서라는 도상을 통하여 신도를 두 측면, 곧 도생역성과 역생도성의 두 측면에서 나타내는 동시에 간지도수干支度數라는 물건적 특성과 사건적 특성을 모두 갖고 있는 독특한 매개를 통하여 세계가 본래 고정되지 않아서 과거화된 자연自然도 아니고 미래화된 원리, 도道의 세계도 아님을 나타내고 있음을 뜻한다.

도학의 관점, 곧 인간의 관점에서 하도와 낙서를 이해하면 하도의 십오十五는 인간이 억음존양抑陰尊陽을 통하여 현재 의식의 차원을 벗어나서 본래성과 하나가 된 상태를 나타낸다. 그것은 오五가 십十으로 가서 십과 하나가 된 상태, 곧 지천태괘地天泰卦의 상태를 나타낸다. 이를 선후천의 관점에서 나타내면 후천의 상태라고 할 수 있다.

그것은 선천의 상태에서 후천에 도달함으로 역생하여 도성이 된 상태를 나타내는 도상이 하도임을 뜻한다. 역생은 역방향, 곧 선천에서 시작함을 나타내고, 도성은 순방향에서 완성됨을 뜻한다. 이처럼 하도는 역생도성을 바탕으로 한 도생역성을 나타낸다.

역생도성의 결과로서의 도생역성의 세계를 나타내는 하도와 달리 도생역성을 바탕으로 드러나는 역생도성의 세계를 나타내는 것이 낙서이다. 그것은 십오十五가 합일되어 나타나는 십일十一 합일의 세계를 나타내는 도상圖像이 낙서임을 뜻한다.

낙서의 중심은 오五이다. 그리고 오五를 본체로 하여 이루어지는 작용을 모두 십十과 일一에 의하여 나타내고 있다. 그것은 오五를 바탕으로 십十이 분화分化하여 각각 일一과 구九, 이二와 팔八, 삼三과 칠七, 사四와 육六으로 분생分生하는 변화를 통하여 천지의 합일을 나타냄을 뜻한다.

인간을 중심으로 낙서를 이해하면 인간의 현재 의식과 본래성이 하나가 되어 천인합일이 이루어지면 그 결과로 오가 상징하는 본래성을 본체로 하여 천지의 작용이 이루어짐을 뜻한다.

낙서가 상징하는 내용은 십오十五에 의하여 이루어지는 사건적 생성을 현상의 측면, 물건적 측면에서 오를 본체로 하여 천지의 생성으로 나타내었다. 오를 본체로 하여 도생역성과 역생도성의 천지의 변화, 물건적 변화가 둘이면서도 하나임을 나타내는 것이 낙서이다. 그러면 하도와 낙서가 둘인가?

도역의 생성이 반고, 시간성의 두 측면이듯이 하도와 낙서 역시 둘이 아니다. 하도가 나타내는 도역의 생성이 사건적 현현, 나툼이지만 낙서가 나타내는 도역의 생성은 곧 순역의 합일이다. 그러므로 양자는 둘이 아니다.

일부는 십오의 합일이 나타내는 도역의 생성이 십일의 합일, 곧 순역의 생성으로 드러남을 천天과 합일合一하고, 상제上帝와 합일合一에 의하여 일상의 삶이 이루어지는 도학으로 나타내고 있다.

우리는 하도와 낙서의 중심의 수를 고찰함으로써 이 점을 확인할 수 있다. 하도와 낙서의 중심에 있는 수는 모두 오가 중심이다. 오는 인간의 측면에서는 인간의 본성을 나타내고, 시간성의 차원에서는 현재성을 나타낸다.

이 오수五數가 중심이 된 것이 낙서이며, 십수十數가 중심이 된 것이 하도이다. 이때 하도는 십十과 더불어 오五가 함께 있다. 이는 오五와 두 오五가 하나가 된 십十이 함께 놓여 있음을 뜻한다. 그러면 이것이 무엇을 뜻하는가?

십은 나의 본성과 남의 본성이 하나가 된 세계의 본성을 나타낸다. 따라서 십오十五는 나의 본성과 세계의 본성이 합일된 상태를 나타낸다. 그것은 천인합일의 상태를 나타낸다고 할 수 있다. 또한 아공我空, 법공法空이 하나가 된 아법구공我法俱空의 상태를 나타낸다고 할 수 있다.

그러나 낙서는 오五가 중심이 되고 있다. 그것은 지금 여기의 나의 본성이 중심이 되어 온 세계가 전개됨을 나타낸다. 그렇기 때문에 하도에서 나타내는 아법구공我法俱空이 공空에 머무는 것이 아니라 색色으로 드러남을 뜻한다.

낙서가 나타내는 불공不空의 세계는 바로 시간의 전개이다. 그것은 시종으로 드러나는 사건의 세계이다. 이처럼 시종의 사건을 실체화하여 고정시킴으로써 시종에도 한결같이 변화하지 않는 어떤 것으로서의 물건의 세계가 전개된다. 그러면 삼극과 도서는 어떤 관계인가?

일부는 무극無極을 십十으로, 태극太極은 일一로 그리고 황극皇極은 오五로 나타내었다. 그것은 그가 도서의 중심 수와 삼극을 나타내는 수를 달리 사용하였음을 뜻한다.

그는 하도의 중심 수인 십十을 무극으로 규정하고 수로는 그대로 십十으로 나타내었으며, 십十의 중심에 있는 오수五數는 황극으로 규정하였다.

그리고 낙서의 사방에 있는 십이 분생한 일과 구, 이와 팔과 같은 사상수가 나타내는 현상의 측면에서 근원을 나타내어서 태극太極으로 규정하고, 수로는 일一로 나타내어 태극과 황극을 구분하여 나타내고 있다.

우리는 이를 통하여 그가 하도와 낙서를 인간의 본성을 중심으로 세계를 나타낸 것으로 이해하였음을 알 수 있다. 낙서의 중심이 오라는 것은 인간의 본성이 중심이 되어 도역의 생성이 이루어짐으로써 태극이라는 근원에 의하여 드러나는 사물의 세계, 만물의 세계가 전개됨을 뜻한다.

그것은 또한 천지인의 삼재의 세계를 일관하는 삼재의 도가 다름이 아니라 인간의 본성임을 뜻하는 동시에 인간의 본성은 그대로 고정되어 인간의 본성으로 있는 것이 아니라 천지의 측면에서는 천지의 본성인 무극인 동시에 현상의 측면에서는 만물의 근본인 태극임을 뜻한다. 그러면 일부가 나타내는 도학은 무엇인가?

일부는 도역倒逆의 생성을 바탕으로 인간과 세계가 구분되지 않는 경계에서 학문과 삶을 논한다. 그것은 그가 천인天人이 합일合一되고, 천지天地가 합일合一된 차원에서 도역의 생성을 논하고, 도역의 생성에 의하여 학문과 삶을 논함을 뜻한다.

그는 도역의 생성을 통하여 인간의 삶을 비롯하여 세계가 갖고 있는 정리正理, 성명性命, 태극太極을 찾아가는 역방향에서 학문을 논하는 것이 아니라 순역이 합일된 차원에서 끊임없이 새롭게 생성됨을 밝히고 있다.

그것은 세계가 끊임없는 변화의 과정일 뿐으로 고정된 사람이나 자연의 구분이 없음을 뜻한다. 비록 현상의 변화가 끊임없이 일어나지만 시간성의 자기 현현이라는 점에서 변화하는 현상 자체도 고정되게 있다고 할 수 없다.

그러나 변화의 현상 자체가 고정되지 않지만 현상 자체가 없는 것은 아니다. 그렇기 때문에 일부도 천지를 논하고, 사람을 논하며, 학문과 삶을 논하지 않을 수 없다. 그러면 일부가 선천과 후천을 구분하여 양자가 일체인 도학을 논하고 있는 것과 달리 선후천을 대상화하여 학문을 이해하는 주역에서는 학문을 어떻게 나타내고 있는가?

우리는 선천에서 후천을 향하는 관점이 물건적 세계를 출발점으로 삼아서 세계를 이해하는 주역의 관점임을 알고 있다. 중지곤괘重地坤卦의 괘사卦辭에서는 물리적 생명을 중심으로 성품에 도달하는 관점, 곧 궁리, 진성, 지명의 관점에서 양자의 관계를 다음과 같이 밝히고 있다.

> 앞서면 미혹되고, 뒤에 서면 주체를 얻어서 이롭다.[184]

위의 내용은 물리적 생명을 본성보다 앞세우면 그의 삶이 미혹되고, 물리적 생명을 본성보다 뒤로 하면 중심을 얻어서 그의 삶이 이로움을

---

[184] 『周易』重地坤卦 卦辭, "君子의 有攸往이니라. 先하면 迷하고 後하면 得主하야 利하니라."

나타낸다. 그렇기 때문에 인간다운 삶을 추구하는 사람들은 물리적 생명을 자신으로 여기는 삶의 태도를 버리고 본성이라는 내 안의 나 아닌 나를 자신의 중심, 주체로 삼아서 삶을 살아야 한다. 그러면 정역의 관점, 곧 순역으로 구분하여 나타내기 이전의 관점에서는 어떻게 이해할 수 있는가?

일부는 "선천은 후천에 정사政事를 하고, 후천은 선천에 정사政事를 한다[185]"라고 하여 선천과 후천이 상호작용을 함을 밝히고 있다. 그것은 현상적 관점에서 선천과 후천의 관계를 나타낸 것으로 물건적 관점에서는 선천에서 후천으로의 변화가 중심이 된다.

그러나 하도와 낙서가 나타내고 있는 시간성의 관점에서는 그 방향이 반대가 된다. 일부는 "도서圖書의 이치는 후천이면서 선천이며, 천지의 도는 기제旣濟이면서 미제未濟이다"라고 하여 그 점을 밝히고 있다. 그러면 후천에서 선천을 향하는 관점에서 억음존양은 어떻게 이해할 것인가?

일부는 선천과 후천을 언급하면서 영원한 세계인 원천原天[186]을 언급하여 원천을 바탕으로 선천과 후천이 성립됨을 밝히고 있다. 따라서 우리는 원천의 관점에서 성리의 도와 억음존양의 심법을 이해해야 한다.

원천의 작용에 의하여 선천과 후천이 전개된다. 이때 원천의 작용이 바로 도생역성과 역생도성이다. 그리고 도생역성이 하도적河圖的작용, 십무극十无極의 작용이며, 역생도성이 낙서적洛書的작용, 오황극五皇極의 작용으로 도생역성을 바탕으로 역생도성이 이루어진다. 그러면

---

185 金恒,『正易』第三張, "后天은 政於先天하니 水火니라. 先天은 政於后天하니 火水니라."
186 金恒,『正易』先后天 正閏度數, "先天은 體方用圓하니 二十七朔而閏이니라. 后天은 體圓用方하니 三百六旬而正이니라. 原天은 无量이니라."

성리의 도와 심법의 학은 어떻게 이해할 것인가?

우리가 물건적 관점에서 도道와 기器를 구분하고, 인간과 자연을 구분하여 양자가 합일合一하는 역방향에서 학문을 이해하면 억음존양의 심법을 통하여 비로소 성취되는 것이 성리의 도라고 할 수 있다. 성리학자들은 자신들의 학문을 기器에서 도道를 향하는 역逆방향에서 도학道學으로 규정하였다.

그러나 형이상과 형이하, 리理와 기氣, 선천과 후천의 구분이 없는 원천, 반고盤古의 차원에서 보면 후천의 성리의 도가 선천의 심법의 학으로 드러난다. 그렇기 때문에 양자가 둘이 아닐 뿐만 아니라 시간상의 간극이 없다.

도생역성을 바탕으로 한 역생도성의 관점에서 일부一夫가 제시한 삶은 한마디로 나타내면 도학道學이다. 그것은 매 순간의 삶이 그대로 성품, 곧 성리性理의 드러남으로 심법의 측면에서는 억음존양抑陰尊陽이다.

억음존양은 육신과 의식을 자신으로 여기는 마음을 버리고 무극, 반고와 합일合一하는 역방향의 억음抑陰과 무극, 반고, 원천의 작용이 그대로 육신을 통하여 드러나도록 지켜보고 따르는 순방향의 존양尊陽을 함께 나타낸다.

순역의 두 방향이 하나가 된 억음존양의 심법은 그대로 육신을 통하여 운신運身으로 나타난다. 그것은 억음존양의 심법이 온 우주와 일체가 되어 이루어지는 운신運身으로 드러남을 뜻한다. 그러면 주역의 관점, 현상적 측면에서 수양, 수도를 통하여 본성을 깨달아서 본성과 하나가 되어 모두와 함께 살아가는 수도는 필요가 없는가?

우리는 여기서 선천이 중심이 된 학문, 선천이 중심이 된 수도는 실천, 도제천하, 제도와 구분됨을 생각하지 않을 수 없다. 그것은 선천에서 출발하여 후천에 이르는 방향에서 수행을 하고, 수도를 하면 앎의 문제, 수도의 문제에 치중하게 되어 실천, 제도와 거리가 있음을 뜻한다. 그러면 정역에서 제시한 도서의 이치 역시 후천에서 선천을 향하기 때문에 실천, 제도에 치우쳐서 앎, 깨달음, 지혜와 괴리되는 것이 아닌가?

후천에서 선천을 향하는 방향은 기제와 미제로 구분하기 이전의 세계, 곧 형이상과 형이하로 구분하기 이전의 세계를 출발점으로 삼는다. 그것은 인간의 관점에서는 도학이 수도와 제도로 구분하여 나타내기 이전의 삶 자체를 출발점으로 삼음을 뜻한다. 그렇기 때문에 삶 가운데서 수도와 제도, 앎과 실천이 동시에 이루어진다. 우리는 일부의 다음과 같은 언급을 통하여 확인할 수 있다.

> 진실한 뜻과 바른 마음으로 종시終始에 게으름이 없으면 정녕코 우리 화화옹化化翁이 반드시 친히 가르침을 베풀어 줄 것이다.[187]

성의誠意와 정심正心으로 한결같으면 반드시 화화옹化化翁이 가르침을 베풀 것이라는 것은 본성의 작용이 이루어질 것임을 뜻한다. 이때 화화옹은 본성의 차원에서 근원적 존재를 나타내는 개념이다. 그러면 왜 화화옹이라고 표현하였는가?

화옹이 개체적 측면에서 근원을 나타내는 개념이라면 화화옹은 십무극의 차원에서 언급되는 시간성이라고 할 수 있다. 그것은 나와 너의 구분이 없는 세계 자체의 차원에서 근원을 나타내는 개념이 화화옹임을 뜻한다. 따라서 화화옹은 끊임없이 변화하고, 변화하지만 변화함이 없는 영원함을 나타낸다.

---

[187] 金恒, 『正易』第十八張, "誠意正心하야 終始无怠하면 丁寧我化化翁이 必親施敎시리니."

화화옹이 친히 가르침을 베푼다는 것은 화화옹과 내가 둘이 아님을 나타낸다. 그렇기 때문에 우리 화화옹이라고 하였다. 화화옹이 본성을 상징하기 때문에 화화옹의 화하고 화함은 억음존양의 심법이다. 그러면 가르침은 무엇인가?

　화화옹의 가르침은 심법으로 드러난 지혜이다. 그것은 조율되어 음과 양으로 구분할 수 없는 조화로운 성리가 억음존양의 심법으로 드러남이 그대로 지혜의 표현임을 뜻한다. 그리고 이와 동시에 억음존양의 심법을 언어에 의하여 표현함은 자비의 드러남이다. 그것은 화화옹의 변화가 때에 따라서 지혜와 자비로 드러남을 뜻한다. 그러면 도학은 어떤 의미인가?

　후천의 성리의 도가 선천의 억음존양의 심법의 학으로 드러남이 도학이다. 따라서 도학의 개념 가운데서는 기제에서 미제를 향하는 역방향의 수도, 학문이 포함될 뿐만 아니라 미제에서 기제를 향하는 순방향의 제도, 실천도 포함된다.

2. 도학과 창조적 삶

　우리는 앞에서 일부가 영원한 현재적 관점에서 선후천을 일관하는 도학의 내용으로 성리의 도와 심법의 학을 제시하였음을 살펴보았다. 그러면 지금부터는 심신心身의 운용運用을 중심으로 도학道學이 무엇인지 살펴보자.

　우리가 정역에서 제시된 도학의 의미를 분명하게 파악하기 위해서는 주역을 바탕으로 형성된 중국유학의 관점에서 도학의 의미가 무엇인지를 파악해서 양자를 서로 비교하는 것이 효과적이다. 그러면 순과 역을 나누어서 진행하는 역방향에서의 도학은 어떤 의미인가?

설괘에서는 궁리, 진성, 지명을 군자가 성명의 이치를 파악하는 방법, 곧 자신의 미래를 아는 방법으로 제시하고 있다. 그것은 주역에서 물리적 생명(命)으로부터 출발하여 자신의 근원인 형이상적인 본성(性)을 찾아서 하나가 되어 함께 살아가는 삶을 제시하였음을 뜻한다. 중지곤괘의 괘사에서는 설괘의 내용을 다음과 같이 나타내고 있다.

> 군자는 갈 바를 두는 것이 이롭다. 앞서면 미혹되고, 뒤에 서면 주체를 얻어서 이롭다.[188]

위의 내용을 보면 군자는 마땅히 해야 할 일을 하고자 하는 사람 곧 이상적인 삶을 목표로 살아가는 존재임을 밝히고 있다. 그것은 그가 아직은 이루지 못하였지만 장차 이루어야 할 사명을 가진 사람임을 뜻한다.

우리는 이를 통하여 중지곤괘가 내 안의 나 아닌 나인 본성을 주체로 살아가는 삶 자체를 나타내는 것이 아니라 장차 본성을 주체로 살아가는 삶에 뜻을 두고 살아가는 것을 나타내고 있음을 알 수 있다.

다음 부분에서 지금은 이루지 못하였지만 장차 이루어야 할 군자의 삶을 나타내고 있음을 보면 이점을 알 수 있다. 다음 부분에서는 군자가 어떻게 살아야 하는지를 밝히고 있다.

앞서면 미혹된다는 것은 우리가 물리적 생명을 자신으로 여기고 살아감을 뜻한다. 우리는 물리적 생명을 자신으로 여기고 살아가는 사람을 소인이라고 한다.

뒤에 섬은 내 안의 나 아닌 나, 본성을 주체로 함을 뜻한다. 그렇기

---

188 『周易』 重地坤卦 卦辭, "君子의 有攸往이니라. 先하면 迷하고 後하면 得主하야 利하니라."

때문에 주체를 얻어서 이롭다고 하였다. 이처럼 본성을 주체로 살아가는 사람이 군자이다. 군자는 육신을 자신으로 여기는 마음을 버리고 본성을 주체로 하여 살아야 한다.

논어에서는 육신을 자신으로 여기는 마음을 버리는 것을 극기克己로 그리고 본성을 자신으로 여김을 복예위인復禮爲仁[189]으로 제시하고 있다. 극기는 표면의 나, 우리가 일상적으로 알고 있는 육신과 마음이라는 나를 벗어남을 뜻하며, 복례위인復禮爲仁은 내 안의 나와 하나가 됨을 뜻한다.

표면의 나와 내 안의 나가 하나가 되는 성명합일性命合一이 이루어지면 천도天道와 하나가 되는 천인합일天人合一을 추구한다. 이처럼 역방향에서 도학은 학문을 통하여 도가 무엇인지를 알고, 도와 하나가 되는 학도學道가 중심이다.

공맹孔孟의 유학儒學을 집대성한 성리학자들도 내 안의 성품과 밖의 이치, 곧 도道가 하나가 되는 성즉리性卽理를 추구한다. 이러한 학도의 중심 주제는 앎이다.

성리학자들이 거경궁리居敬窮理의 학문 방법을 제기하고, 궁리의 구체적인 방법을 대학의 격물치지格物致知로 이해한 것도 보아도 이 점을 알 수 있다.

성리학자들의 역방향에서 앎을 중심으로 하는 학문관은 주역에서 비롯된 것이다. 주역에서는 "수를 다하여 미래를 앎"[190]이 바로 역학의

189　孔子, 『論語』 顔淵, "顔淵問仁 子曰 克己復禮爲仁. 一日克己復禮, 天下歸仁焉. 爲仁由己, 而由人乎哉 顔淵曰 請問其目 子曰 非禮勿視, 非禮勿聽, 非禮勿言, 非禮勿動 顔淵曰 回雖不敏, 請事斯語矣."

190　『周易』 繫辭上篇 第五章, "極數知來之謂占이오 通變之謂事오."

목적[191]임을 분명하게 밝히고 있다. 그것은 "신으로 미래를 알고, 지식으로 과거를 갈무리한다"라고 하여 과거와 미래를 모두 앎의 문제, 지식의 문제와 관련하여 논하고 있음을 보아도 알 수 있다. 그러면 역방향의 도학은 구체적으로 무엇인가?

우리가 역방향을 중심으로 일부가 제시한 학문의 내용으로 제시하고 있는 심법은 억음존양抑陰尊陽이다. 그것을 글자 그대로 음을 억제하고, 양을 높이는 방법이다. 이때 음陰은 형이하의 기氣이다. 기氣는 형이상의 이理가 본체가 되어 이루어지는 작용이다. 그렇기 때문에 작용인 기氣를 착각하여 본체로 여기지 않고 그대로 작용으로 여기고, 이理를 본체로 여기는 것이 억음존양이다. 그러면 심신의 측면에서는 그것이 무엇을 의미하는가?

우리가 시간성을 중심으로 도역생성의 관점에서 심신을 이해하면 몸은 고정된 불변의 물건이 아니다. 그것은 육신이라는 실체적 존재가 있는 것이 아니라 찰나에 나타났다가 사라지는 하나의 현상을 우리가 마치 어떤 것이 있어서 그것이 변화하는 것처럼 나타낸 것임을 뜻한다. 따라서 우리가 육신이라는 고정된 실체에 의하여 언행이 이루어지고, 사고, 지각, 의지, 인식이 이루어진다는 사고를 버리는 것이 억음이다. 그러면 존양은 무엇인가?

육신이라는 실체적 존재가 없을 뿐만 아니라 우리가 일상적으로 마음으로 여기는 것도 일종의 육신의 기능인 의식에 불과함을 알고 그것에 집착하지 않으면 마음으로 드러나기 이전의 차원을 발견하게 된다.

그러나 설사 우리가 본성, 자성, 인성과 같은 다양한 개념으로 나타

---

[191] 『周易』說卦 第三章, "數往者는 順하고 知來者는 逆하니 是故로 易은 逆數也라."

내는 마음으로 드러나기 이전의 내 안의 나, 나 아닌 나를 발견하지 못하였을지라도 선현들의 가르침을 통하여 파악하고 믿음을 갖게 되면 된다.

우리의 앎과 모름도 내 안의 나의 작용이다. 그렇기 때문에 우리가 본성을 발견하지 못하였을지라도 그것도 역시 본성의 작용임을 믿고, 안팎의 모든 작용이 본성에 의하여 이루어짐을 믿는 것이 필요하다. 이처럼 알거나 모르거나에 상관이 없이 오로지 본성이 본래의 자신이자 언행의 주체이고, 삶의 근원으로 여김이 존양이다. 그러면 억음과 존양이 둘인가?

그렇지 않다. 우리가 시간성에서 시간으로, 시간에서 물건으로의 변화를 고정하여 형이상과 형이하의 두 관점에서 대상화하여 나타낸 개념이 본성과 육신이다. 그러므로 본성과 육신, 물리적 생명, 본능을 중심으로 이루어지는 억음과 존양은 둘이 아니다. 억음이 되려면 존양이 되어야 하고, 존양이 되려면 억음이 되어야 한다. 그러면 도학을 어떻게 이해할 것인가?

우리는 앞에서 물건적 관점에서 양자를 구분하여 이해하면 도에 이름을 목적으로 하여 학문을 하는 것이 도학임을 살펴보았다. 그것은 우리가 억음존양의 심법의 학문을 통하여 성리의 도에 이름을 뜻한다. 이는 도학을 역생도성의 관점에서 고찰하는 점에서 학도가 그 내용이라고 할 수 있다. 그러면 억음존양의 구체적인 방법이 무엇인가?

역방향에서 억음존양을 제시하고 있는 주역에서는 궁리, 진성, 지명으로 나타내고 있다. 궁리도 앎의 문제이며, 진성도 앎의 문제이고, 지명도 앎의 문제이다.

그것은 성명의 이치를 연구하는 궁리도 앎이 중심이며, 성품에 이르는 것도 앎의 문제이고, 군자가 살아가야 할 이상적인 삶에 이르는 것도 앎의 문제임을 뜻한다.

중천건괘의 이효의 효사에서는 "대인의 도를 아는 것이 이롭다"[192]라고 하여 앎을 중심으로 언급되고 있으며, 육효를 종합적으로 나타내는 부분에서도 "뭇 용을 보지만 머리가 없다고 여기면 길하다"[193]라고 하여 앎을 중심으로 논하고 있을 뿐만 아니라 중지곤괘의 핵심을 나타내는 오효의 효사에 대한 문언에서도 "황중통리黃中通理"[194]라고 하여 이치를 아는 문제를 중심으로 논하고 있다.

중천건괘와 중지곤괘의 내용이 앎의 문제가 중심임을 단적으로 나타내는 것은 상효의 효사이다. 중천건괘와 중지곤괘의 상효가 모두 "과항한 용이니 후회함이 있다"[195], "용이 들판에서 싸우니 그 피가 검고 누렇다"[196]라고 하여 상효를 길吉로 나타내지 않고 있다.

그런데 상효는 천天의 세계를 나타낸다. 따라서 성명합일을 통하여 천인합일을 추구하는 입장에서 보면 상효가 가장 좋은 효라고 하지 않을 수 없다. 그럼에도 불구하고 상효를 후회함이 있다고 판정하는 것은 상효를 넘어서 도달해야 할 것이 있음을 뜻한다. 그러면 그것이 무엇인가?

그것은 바로 군자로 살아감의 문제이다. 아무리 상효에 이르러서 앎이 지극하다고 할지라도 삶의 가운데서 실천하지 않으면 그 앎은 진정한 의미의 앎이라고 할 수 없다.

---

192 『周易』重天乾卦 二爻 爻辭, "見龍在田하니 利見大人이니라."

193 『周易』重天乾卦 爻辭, "用九는 見群龍호대 无首하면 吉하리라."

194 『周易』重地坤卦 五爻 文言, "君子 黃中通理하야 正位居體하야."

195 『周易』重天乾卦 上九 爻辭, "上九는 亢龍이니 有悔리라."

196 『周易』重地坤卦 上六 爻辭, "上六은 龍戰于野하니 其血이 玄黃이로다."

그것은 실천이 따르지 않는 앎은 단순한 정보일 뿐으로 지혜라고 할 수 없음을 뜻한다. 그렇기 때문에 주역의 상효에서 머물지 말고 실천해야 함을 나타내기 위하여 상효를 '후회함이 있음'으로 나타내고 있다.

상효의 내용은 다시 초효의 시위로 내려가서 실천을 할 때 비로소 이상적인 삶이 이루어짐을 나타낸다. 그것은 무엇을 의미하는가?

실천은 순방향의 문제이다. 그것은 주역이 물건적 관점에서 우리의 삶을 순과 역으로 둘로 나누어 앎과 행을 구분하여 나타내었기 때문에 순역이 합일된 차원에서 실천을 논하는 것이 앎의 완성임을 뜻한다. 그러면 순역이 합일된 차원에서의 억음존양은 어떻게 이해할 것인가?

우리는 앞에서 주역이 앎을 중심으로 역방향에서 도학을 이해하였음을 살펴보았다. 그 과정에서 앎과 실천이 서로 나누어지는 결과를 초래함을 알 수 있다. 따라서 우리는 정역에서 제시하고 있는 도학의 관점, 곧 도생역성을 바탕으로 한 역생도성의 관점에서 도학을 이해하는 것이 필요하다.

도역생성의 관점에서는 성리의 도가 억음존양의 심법으로 나타난다. 그러므로 우리는 역방향의 억음과 순방향에서의 존양을 함께 실천해야 한다. 그것은 조율된 성리가 그대로 억음존양으로 드러남이 바로 도생역성을 바탕으로 이루어지는 역생도성의 심신의 운용임을 뜻한다. 그러면 도학의 관점에서 심신의 운용은 어떻게 할 것인가?

성리의 도가 음양이 조율된 상태라는 것은 음양을 넘어선 상태임을 뜻한다. 그렇기 때문에 성리性理는 본성과 물리적 생명을 나타내는 성명性命이 하나가 됨으로써 형이상의 도道, 이理와 하나가 되어 분별할 수 없는 경계를 나타낸다. 그것은 성리가 주역에서 제시된 성명의 이치임을 뜻한다. 따라서 성명이 그대로 드러난 것이 억음존양의 심법임을 알 수 있다.

성리, 성품이 그대로 드러난 억음존양은 육신과 마음, 곧 심신이 하나가 되어 드러남을 뜻한다. 그것은 억음이 육신을 자신으로 여기는 마음을 버리고 본성을 주체로 하는 역생도성을 나타내는 동시에 존양은 본성을 주체로 이루어지는 도생역성을 가리킨다.

우리가 수도修道와 제도濟度를 구분하여 논하는 중국사상의 관점에서 보면 역생도성은 육신을 자신으로 여기는 마음을 놓아 버리는 지止라면 도생역성은 본성이 물리적 생명으로 드러나는 것을 지켜보는 관觀이다. 따라서 억음존양의 심법은 지관止觀을 함께 언급한 것이라고 할 수 있다.

육신을 자신으로 여기는 의식을 놓아 버리고 본성을 자신으로 여기는 마음은 바로 본성이라는 주재적主宰的 존재, 근원적 존재에게 모든 것을 맡기는 일이다. 그와 달리 본성에 의하여 이루어지는 작용과 그 결과를 지켜보는 일은 모든 것을 근본에 맡기면서 심신을 운용하여 일상의 모든 일을 하면서 살아가는 일이다. 그러면 도학과 우리의 삶이 어떤 관계인가?

도학은 그대로 우리의 일상의 삶을 나타낸다. 지금 여기의 나의 삶이 그대로 성리의 드러남으로서의 억음존양의 심법에 의하여 이루어진다.

억음존양의 심법은 매 순간에 다양한 언행으로 나타난다. 그러므로 지금 여기의 나의 언행은 남과 구분되는 나, 자연과 구분되는 내가 있어서 한 것이 아니라 그대로 온 우주의 모든 존재와 하나가 되어 나타나는 언행이다.

지금 여기의 나와 천지가 둘이 아니기 때문에 천지의 말을 지금 여기의 내가 말하고, 만물을 말을 지금 여기의 내가 말한다. 일부는 천지와 자신의 관계를 통하여 천지인이 합일된 경계에서 이루어지는 도학의 삶을 다음과 같이 밝히고 있다.

천지天地는 일부一夫의 말을 하고, 일부一夫는 천지의 말을 말한다.[197]

천지의 말을 일부가 말하고, 일부의 말을 천지가 말함은 천지와 일부가 둘이 아니기 때문이다. 이때의 일부는 특정한 시대의 특정한 사람을 가리키는 것이 아니라 모든 사람을 가리키는 하나의 개념일 뿐이다.

천지와 만물의 말을 지금 여기의 내가 말함은 지금 여기의 나의 언행이 무심無心하게 이루어짐을 뜻한다. 무심은 마음이 없음이 아니라 모든 것이 마음이어서 나의 마음과 천지의 마음, 사물의 마음과 구분이 없음을 나타낸다.

무심의 상태는 바로 무극과 황극이 하나가 된 십오十五의 상태이다. 그것은 십오라는 하도의 중심 수가 상징하는 세계를 마음을 통하여 나타내면 바로 무심無心의 경계임을 뜻한다.

무심은 언제나 그대로 머무는 것이 아니라 하나의 상태로 모여서 일심一心으로 드러난다. 무심이 일심의 상태로 드러나는 것은 무심의 관점에서는 스스로 그러하는 자연自然이지만 일심의 상태에서 보면 인연에 따라서 이루어지는 것이다. 인연에 따라서 무심이 변하여 일심으로 화함으로써 수많은 다양한 마음으로 드러난다.

하도가 나타내는 내 안의 나와 세계가 하나가 된 무심의 상태는 일부와 천지가 하나가 되어 천지도 없고, 일부도 없는 세계이다. 그러나

197　金恒,『正易』第九張, "天地는 言一夫言하고 一夫는 言天地言이니라."

천지와 일부가 하나라고 하여 천지와 일부가 없는 것이 아니다.

무심의 상태에서 일심에 의하여 한 생각을 일으키면 낙서가 나타내는 세계가 된다. 그것은 천지가 일부에게 와서 일부와 하나가 되어 일부가 천지의 말을 말하고, 천지가 하는 일을 일부가 함을 뜻한다.

일부가 천지로 돌아가서 천지와 하나가 되는 하도의 상태와 천지가 일부에게로 와서 일부와 하나가 되어 낙서가 나타내는 사상수의 분화에 의하여 천지가 분생하고, 시간에 의한 사건이 이루어지고, 만물이 생성된다.

그것은 시간성이 시의성이 되면서 과거와 미래 그리고 현재의 삼심 三心으로 드러남을 뜻한다. 이 삼심을 다시 대상화하여 다시 말하면 물건화하여 나타내면 수많은 마음으로 표현된다.

과거의 수많은 마음을 인격화하여 나타내면 석가모니, 단군, 일부, 공자가 되고, 현재화하면 지금 여기의 나이며, 미래화하면 장차 나타날 수많은 생명들과 대인, 성인, 부처, 군자, 보살로 나타낼 수 있다.

지금 여기의 나를 통하여 매 순간 다양하게 드러나는 감각 지각, 사고에 의한 분별, 주체적 판단, 판단에 의한 의지작용은 모두 천지, 만물, 온 우주의 모든 존재와 하나가 되어 이루어진다.

그것은 마음이라는 실체가 있어서 각각의 마음이 지정의知情意의 여러 작용으로 드러나는 것이 아니라 매 순간 나타났다가 사라지는 사건들이 있을 뿐임을 뜻한다.

일부가 정역을 저작하여 시간성의 원리를 밝힌 것도 성리의 드러남이다. 그것은 비록 그때 일부를 통하여 드러났다가 사라졌지만 그것이 언어를 통하여 고정됨으로써 오늘날 우리가 볼 수 있는 한 권으로 책으로 남아 있음을 뜻한다.

그러나 정역이라는 책의 내용은 다양한 관점에서 다양하게 이해된다. 그것은 책이라는 물질도 역시 고정된 것이 아니라 지금 여기의 나를 통하여 다양하게 드러나고 끊임없이 변화하여 고정되지 않음을 뜻한다.

도생역성의 관점에서 도학道學을 이해하면 매 순간의 삶은 성리의 드러남이기 때문에 그대로 도이다. 그리고 역생도성의 관점에서 보면 매 순간의 삶은 근원, 본체로 귀체歸體, 귀공歸空하는 용심(抑陰)과 본래성을 주체로 언행을 하는 운신(尊陽)이다.

도학의 도는 천도를 나타내는 도생역성이며, 도학의 학은 지도를 나타내는 역생도성이다. 따라서 천도와 지도가 하나가 된 삶으로서의 신도적神道的 삶이다.

우리가 지도적 측면을 중심으로 인간의 삶을 논하면 끊임없이 형이하적 존재인 육신을 자신으로 여기는 마음을 버리고, 본래의 자신으로서의 본성, 형이상적 도, 자성, 인성을 찾아서 그것으로 돌아가서 하나가 되고자 하는 수행, 수양, 수기, 수심의 수도를 논하게 된다.

천도적天道的 측면에서 인간의 삶은 상제上帝, 제帝, 천天, 천도天道에 의하여 인간의 생명이 주어지기 때문에 천도에 근거하여 천도를 천명天命으로 자각하여 받들어 실천하는 것이 이상적인 삶으로 여기고 그것을 도제천하, 제도, 실천, 하화중생의 삶으로 이해한다.

그러나 역생도성은 도생역성을 바탕으로 이루어지고, 도생역성은 역생도성을 바탕으로 이루어진다. 왜냐하면 도역의 생성은 본래 하나인 것을 둘로 나누어서 나타내었기 때문이다. 그러므로 수도를 통하여 제도가 이루어지기도 하지만 방향을 바꾸어 나타내면 제도를 통하여 수도가 드러난다.

또한 하나의 관점에서 나타내면 도생역성, 곧 매 순간에 드러나는 인간의 마음과 육신의 모든 것들은 본성의 작용이기 때문에 없는 것은 아니지만 역생도성의 관점에서 보면 나타났다가 다시 화하여 돌아가기 때문에 있다고 할 수 없다.

도의 관점에서 보면 매 순간 억음존양하는 심법의 학學이 드러나지만 학學의 관점에서 보면 심법이 그대로 성리로 돌아가기 때문에 드러남이 없다.

학이라는 개념이 나타내는 배움은 그 가르침을 베풀어 주는 주체로서의 스승의 가르침이라는 점에서 스승으로 돌아간다고 할 수 있다. 그러면 배움의 내용인 가르침이 스승으로 돌아간다는 것은 무엇을 뜻하는가?

스승은 일종의 인격적 개념일 뿐으로 진정한 스승은 본성, 자성自性, 인성人性, 성리이다. 그렇기 때문에 성리가 베풀어 준 것은 본성, 자성, 인성, 성리로 귀결된다.

또한 학의 내용인 억음존양의 심법을 용심하는 주체는 마음이다. 마음은 그 주체가 본성, 자성, 인성, 성리이기 때문에 역시 성리의 작용이라는 점에서 성리로 귀결된다.

천도와 지도가 집약되어 이루어지는 도역의 생성으로서의 도학은 개 치적 존재의 삶의 방법뿐만 아니라 인간의 삶의 내용으로서의 학문과도 관련된다.

일부는 도학을 통하여 형이하의 도道 자체의 차원에서 그것이 그대로 유불도儒佛道로 나누어지고, 형이상의 도道와 형이하의 기器로 드러남을 밝히고 있다.

현대적 관점에서 보면 도학은 인간학으로서의 인문학人文學과 자연에 관한 학문으로서의 과학科學이 도道로부터 드러나는 다양한 학문이라는 점에서 도를 대상으로 하는 도학을 바탕으로 하여 이루어지는 과학, 성품, 본래성이 주체가 되어 이루어지는 심성과학[198]이 오늘날에 과학이 지향해야 할 방향임을 알 수 있다. 그러면 심성과학이란 무엇인가?

예나 지금이나 과학자들은 과학을 통하여 모든 학문을 통합하려는 시도를 끊임없이 하여 왔다. 한때 어느 진화생물학자의 과학을 통하여 인문학과 사회학을 통합하자는 주장에 이끌려서 한바탕 통섭의 광풍에 휘말린 적이 있었다.

그런데 인문학과 과학, 사회학을 구분하여 셋을 통합하려는 것은 실체적 관점이다. 그것은 육신의 차원에서 마음, 본성, 그리고 자유자재의 경계를 통합하겠다는 것과 같다.

과학이 형이하의 물질적 차원에 머무는 순간 마음과 본성이라는 형이상의 세계는 결코 도달할 수 없다. 그렇기 때문에 과학을 통하여 인문학과 사회학 더 나아가서 종교와 통섭은 일종의 하향평준화下向平準化인 동시에 본질적 세계를 말살하는 결과를 초래한다.

우리가 정역을 통하여 고찰하였듯이 인간과 자연의 구분이 없는 시간성의 차원에서는 실체적인 것이 없기 때문에 통섭 자체가 필요가 없다.

통섭해야 할 대상으로서의 실체적인 학문이 없을 뿐만 아니라 통섭을 하는 주체인 인간도 역시 실체적 존재가 아니다. 그러면 어떻게 통섭을 할 것인가?

통섭을 하고자 하는 자신의 차원을 고양시켜야 한다. 의식의 차원을 벗어나서 마음에 이르고, 마음을 벗어나서 본성에 이르며, 본성마저

---

198 (재)한마음선원 출판부, 『한마음 요전』, (재)한마음선원, 2016, 312쪽.

도 벗어나서 자유자재할 때 비로소 본래 세계가 고정되지 않아서 하나이거나 여럿이 없기 때문에 세계 자체 그대로 실상이어서 따로 통섭을 할 필요가 없음을 알게 된다.

그것은 억음존양의 심법을 통하여 성리의 도가 드러나는 우리의 삶이 그대로 통섭의 세계의 나타남임을 뜻한다. 그렇기 때문에 굳이 인위적으로 또 하나의 이론 체계를 세워서 인문학과 과학, 사회학, 종교를 통섭할 필요가 없다.

만약 인지과학과 같은 하나의 학문으로 모든 학문을 통합하려고 하면 할수록 마치 물에 뜬 달을 손가락으로 움켜쥐려고 하면 할수록 빠져나가듯이 지금 여기의 나의 자유로운 삶은 사라질 것이다. 그러면 심성과학은 어떻게 하는가?

영원한 현재의 관점에서 보면 우리의 일상의 삶이 그대로 과학이다. 그것은 성리가 우리의 삶을 통하여 그대로 심법으로 드러나고, 심법이 드러나 삶이 그대로 과학임을 뜻한다.

우리가 삶을 오로지 현상을 중심으로 나타내면 인과의 세계, 물리의 세계, 물질의 세계라는 점에서 오늘날 과학이 대상으로 하는 세계라고 할 수 있다.

그러나 드러난 현상의 세계는 시간성, 신성, 훈님, 자성, 본성, 내 안의 나가 드러난 현상인 점에서 결코 과학의 대상으로의 자연은 아니다.

시간성의 시간화를 통하여 드러나는 사건의 세계 그리고 사건을 고정화하여 나타낸 물건의 세계로서의 현상의 세계는 나타난 시간성이라는 점에서 과학과 인문학, 종교를 넘어서 있다. 따라서 우리가 과학의 학문 방법인 탐구적 방법을 그대로 사용하면서도 그것을 운용하는 주체가 무엇인지를 항상 놓치지 않고 그 자리에서 이루어지도록 하는 것이 심성과학의 방법이다. 그러면 심성과학의 방법에 대하여 좀 더 구체적으로 살펴보자.

우리는 일상의 삶을 살아가는 주체가 표면의 나인 육신이나 육신의 기능인 의식이라고 여기고 살아간다. 그러나 우리는 내 안의 나, 심층의 참 나인 본성을 주체로 살아간다.

그리고 내 안의 나는 남과 둘이 아니며, 세계와도 둘이 아니고, 만물과도 둘이 아니다. 그러므로 현상의 사물이 내 안의 나의 측면에서는 일체이다.

내 안의 나의 측면에서 보면 우리의 삶은 나 아닌 나가 끊임없이 새로운 자아로 나타났다가 사라짐으로써 진화하여 다시 새로운 자아로 드러난다. 그렇기 때문에 삶은 매 순간 창조적이면서 진화적이다. 그러면 억음존양의 심법과 어떤 관계인가?

억음존양의 억음은 우리가 삶을 살아가면서 만나는 모든 일들을 본래의 나인 내 안의 나, 참 나, 본성에게 맡기는 것이며, 존양은 표면의 내가 나 아닌 나의 심부름꾼이 되어 살아감을 뜻한다.

우리가 일상의 삶을 억음존양의 심법으로 살아감은 본래 그러하기에 억음존양이 이루어지지 않는 삶과 다른 것은 아니다. 왜냐하면 설사 억음존양이 무엇인지를 모르고 살아가더라도 여전히 삶은 내 안의 나에 의하여 이루어지기 때문이다. 그러면 우리가 왜 억음존양을 해야 하는가?

우리가 억음존양의 심법을 행해야 할 까닭은 만약 억음존양의 심법을 사용하지 않으면 우리의 삶이 그대로 개체적 존재로서의 육신과 의식에 의하여 주도되어 삶의 모든 결과를 스스로 책임을 져야 하는 인과因果에서 벗어나지 못하기 때문이다.

이제 우리는 억음존양의 심법의 측면에서 세계를 이해하면 세계는 오로지 하나의 마음이 끊임없이 변화할 뿐임을 알 수 있다. 마음을 중심으로 인간과 세계를 이해하는 불교에서 용심법用心法을 중요하게 여기는 까닭이 여기에 있다.

현대의 대행 선사는 "우주의 섭리는 시작이자 끝이요, 끝이자 시작인 한마음이 돌고 도는 것이다"[199]라고 하여 우주가 그대로 마음의 변화임을 밝히고 있다.

그는 종교에서 제시하는 창조의 세계와 과학에서 제시하는 진화의 세계가 모두 마음에 의하여 이루어짐[200]을 밝히고 있다. 과학은 현상의 세계만을 대상으로 할 뿐으로 형이상의 세계, 근본의 세계를 대상으로 하지 않는다. 따라서 과학이 밝히는 세계는 본래 세계의 절반에 불과하다. 그러면 나머지 절반은 어디서 찾을 것인가?

우리가 과학을 통하여 밝힐 수 없는 세계는 심법을 통하여 찾아야 한다.[201] 그것은 우리가 심법을 자유자재하게 활용하여 형이상과 형이하, 종교와 과학, 이상과 현실이 둘이 아닌 본래의 세계를 드러낼 수 있음을 뜻한다.

3. 창조적 삶과 진화의 삶

우리는 앞에서 정역을 중심으로 한국사상에서 밝히고 있는 천지인이 합일된 차원, 천지인으로 구분할 수 없는 시간성을 바탕으로 이루어지

---

199 (재)한마음선원 출판부, 『한마음 요전』, (재)한마음선원, 2016, 135쪽.
200 (재)한마음선원 출판부, 『한마음 요전』, (재)한마음선원, 2016, 415쪽.
201 (재)한마음선원, 출판부 『한마음 요전』, (재)한마음선원, 2016, 419~420쪽.

는 신도적 삶으로서의 도학에 대하여 살펴보았다.

도학은 성리가 억음존양抑陰尊陽의 심법心法으로 드러나는 삶이다. 우리는 여기서 비로소 도학道學을 중심으로 심법心法을 넘어서 인간의 삶이 무엇인지를 살펴볼 때가 되었다.

우리가 정역을 고찰한 까닭은 중국과 다르고, 미국과도 다르며, 일본과도 다른 우리나라의 정체성이 무엇인지를 찾고자 함이었다.

그것은 지금 여기의 나, 곧 한국인으로서의 내가 누구이며, 어떻게 사는 것이 가장 한국적인가를 발견하려는 목적을 이루고자 한 먼 여정이었다.

우리가 한국인의 정체성을 발견하고자 한다고 말한 까닭은 지금 여기의 나는 본래 한국인이기 때문이다. 우리는 정역을 통하여 지금 여기의 내가 누구인지 그리고 어떻게 살아가고 있는지를 돌아보는 작업을 진행해 왔던 것이다.

오늘날 우리의 삶은 수많은 종교적 가르침 속에서 과학기술의 발달에 의하여 많은 정보를 운용하면서 살아가고 있고, 생활의 편리함과 더불어 날로 약화되어가는 우리 자신의 존재감 때문에 때로는 불안을 느끼면서 살아가고 있다.

그것은 우리가 수많은 이념과 사상, 정보, 지식에 의하여 자신과 세계를 이해하고, 삶을 이해하면서 삶을 살아갈수록 그리고 자신과 세계에 대하여 관심을 갖고 성찰을 할수록 점점 더 우리 자신과 세계로부터 멀어지게 됨을 뜻한다. 그러면 도학의 관점에서 우리는 어떻게 살아야 하는가?

도학의 관점에서 보면 우리가 찾아서 그것과 하나가 되어야 할 삶의 목표나 가치가 없으며, 목표나 가치가 없기 때문에 그것을 찾아가는 방법도 없다.

그것은 지금까지의 우리의 작업이 이미 있음에도 불구하고 우리가 알지 못하는 하나의 정답을 찾거나 이미 정역을 통하여 제시된 정답을 제시하기 위하여 달려온 것이 아님을 뜻한다.

지금까지 이루어진 정역에 관한 고찰은 그대로 시간성이라는 내 안의 나 아닌 내가 지금 여기의 나를 통하여 정역에 관한 다양한 글로 나타나는 시간성의 자기 현현이다.

그것은 현상의 측면에서는 정역이라는 저작과 저자인 일부 그리고 정역에 관한 많은 기존의 연구 성과, 컴퓨터와 자판, 그것을 두드리는 손을 비롯하여 다양한 현상이 어울려서 나타나는 공체共體, 공심共心의 공식共食, 공용共用에 의한 공생共生의 결과이다.

그럼에도 불구하고 우리가 남과 구분되고 세계와 구분되는 내가 있고, 정역을 통하여 드러나는 시간성이라는 실체가 있어서 내가 정역에서 밝히고 있는 시간성의 원리를 밝혔다고 한다면 그것은 시간성, 정역, 일부와 나를 둘로 나누고, 남과 나, 세계와 나를 둘로 나누어서 실체화하는 작업일 뿐이다.

만약 우리가 기존의 모든 종교, 사상에서 제시되어진 가르침, 진리들을 부정하고 새로운 진리를 제시한다면 그것은 우리 스스로 자신에게 채운 족쇄에 또 하나의 족쇄를 채우는 것과 같다. 본래 우리에게 한계를 지우는 그 어떤 종류의 족쇄도 없다. 단지 우리 스스로 자신에게 씌운 족쇄가 있을 뿐이다. 그러면 일부가 정역을 통하여 제시한 도학적 삶은 무엇인가?

그는 성리의 도가 그대로 드러난 것이 바로 억음존양의 심법임을 밝히고 있다. 그것은 지금 여기의 우리의 삶이 그대로 성리의 도가 드러남이기 때문에 억음존양의 심법이 그대로 성리의 드러남을 뜻한다. 따라서 억음존양의 존억尊抑은 가치적인 선악이나 시비를 나타내는 것이 아니다.

단지 매 순간 다양한 심법으로 드러나는 지혜知慧이고, 다양한 언행으로 드러나는 자비慈悲가 억음존양이다. 그러면 아무런 말도 없이 그냥 살아가면 될 것이지 왜 새삼스럽게 하도와 낙서를 말하고, 도역의 생성을 말하며, 도학을 말하는가?

우리가 육신이 없다고 말하는 것은 아무것도 없음을 말하는 것이 아니라 때와 장소에 따라서 다양하게 드러나서 하나의 어떤 것으로 고정되지 않음을 뜻한다.

그것은 우리의 삶이 육신의 측면에서 개체적인 삶만이 있는 것도 아니고 그렇다고 하여 오로지 사회적인 삶, 혹은 우주적인 삶만이 있지 않음을 뜻한다.

육신을 가지고 살아가는 사람은 배고프면 에너지를 충전하는 일인 식사를 해야 하고, 배가 부르면 먹는 일을 그쳐야 하며, 소화가 되면 배설을 하고, 피곤하면 잠을 자야 한다. 그러면 육신에 의하여 이루어지는 모든 행위들이 없는 것인가?

마음과 육신이 둘이 아닐 뿐만 아니라 육신을 통하여 드러나는 마음인 온갖 언행은 나타났다가 사라지고 끊임없이 새로운 언행으로 드러난다. 그렇기 때문에 하나의 어떤 언행이 드러났다고 할 수 없음을 나타내기 위하여 어떤 행위도 없을 뿐만 아니라 행위의 주체인 나도 없고 세계도 없다고 말한다. 그러면 우리가 도학적 관점에서 삶을 어떻게 살 것인가?

매 순간 다양하게 드러나는 언행은 마음에 의하여 이루어진다. 그렇기 때문에 우리가 마음을 어떻게 사용하느냐에 따라서 현상에서 다양한 언행으로 드러났다가 사라진다. 이때 성리가 주체가 되어 그것이 억음존양의 심법으로 나타나고(道), 심법은 다양한 언행(學)으로 나타난다.

억음존양의 용심用心에 의하여 끊임없이 다양한 언행으로 드러나는 점에서 보면 삶은 창조의 연속이며, 하나의 언행으로 나타났다가 사라지고 새로운 언행으로 드러나는 점에서 보면 진화의 연속이다.

우리는 끊임없이 새롭게 나타났다가 사라지고 다시 다른 언행으로 드러나는 삶을 고정하여 하나의 언행으로 나타낼 수 없다. 하물며 하나의 언행에 대하여 시비, 선악, 미추의 사실판단, 가치판단을 내리는 것은 이미 흘러가 버린 과거를 붙들고 집착하는 것이다.

그렇다고 하여 아직 오지 않은 상태로 미래화하여 신이나, 상제上帝, 도, 지혜, 깨달음, 성인, 대인과 같은 다양한 개념으로 나타내고, 그와 대응하여 과거적인 만물, 기器, 자비, 중생, 무명, 소인과 같은 개념을 사용하여 나타내지만 그것도 역시 개념일 뿐으로 실재하는 것은 아니다.

정토와 예토, 천국과 지옥, 성인과 속인, 대인과 소인, 원각과 무명과 같은 모든 개념들이 실재하지 않는 것을 나타내는 언어일 뿐이다. 그렇기 때문에 실재하지 않는 언어에 집착하여 삶을 살아가는 것은 참으로 어리석은 것이다.

내가 고정되게 어떤 것으로 있지 않고, 세계 역시 고정된 어떤 것으로 있지 않는데 천국과 지옥이 있을 수 없으며, 선악, 미추, 시비가 있을 수 없다.

우리가 삶의 과정에서 방편상 사용하는 수많은 개념들은 실체적 대상을 전제로 한다. 그러나 세계는 실체적 존재가 아니라 끊임없이 변화하여 고정되지 않는다.

그럼에도 불구하고 마치 계룡산을 나타낸 지도를 대상으로 가치를 부여하고 집착하다 보니 마침내 지도를 계룡산과 같은 것으로 여기고 계룡산 자체는 버려둔 채 오로지 지도만을 실재로 여기고 그것을 소유하고자 하는 것과 같다. 그러면 비록 언어가 계룡산을 나타나는 지도와 같다고 하여 아무런 의미가 없는가?

지도는 실지를 답사할 때 필요한 보조적인 자료일 뿐이다. 그렇기 때문에 탐사가 전제가 되지 않으면 아무런 가치가 없다. 그것은 언어를 통하여 표현된 삶에 관한 온갖 이론이나 사상은 모두 삶의 보조적인 자료는 될 수 있지만 삶 자체를 아님을 뜻한다.

우리가 삶에 대한 성현들의 말씀들을 나타내는 경전들을 읽는 것은 그것이 나를 깨닫게 해 주거나 삶에 대한 지혜를 얻게 해 주기 때문이 아니라 내가 그것으로 인하여 스스로 지혜를 얻고, 깨달음을 얻기 때문이다.

우리는 정역이라는 저작이 여러 종교 단체들에 의하여 이용됨을 본다. 그러나 일부一夫 자신은 종교 단체를 조직한 적이 없을 뿐만 아니라 스스로 어느 종교를 표방한 적이 없다. 따라서 정역은 그 어떤 특정한 종교 단체와도 아무런 관련이 없을 뿐만 아니라 그 내용 역시 단순하게 한국이라는 한 나라의 미래에 발생할 길흉을 나타낸 예언서도 아니다.

만약 정역의 내용이 현상적인 일월의 원리를 나타내고 있을 뿐이라면 태양과 달이 하나인 지구와 달리 여러 개의 달을 가진 행성에는 통용되지 않는다.

그것은 정역에서 밝힌 내용은 오로지 태양계의 한 행성인 지구에 관한 내용일 뿐이어서 다른 천체에는 적용할 수 없기 때문에 진리라고 할 수 없음을 뜻한다.

그럼에도 불구하고 정역을 이용하는 종교 단체나 특정한 사람에 의하여 다양하게 이해되는 것은 마치 원통형의 물체를 상하와 좌우에서 보고 각각 원이라고 말하고, 직사각형이라고 말하는 것과 같다.

원통형을 원이나 직사각형이라고 말하는 것은 옳지만 직사각형이나 원이 그대로 원통형의 물체는 아니다. 그러면 우리는 정역이라는 저작을 어떻게 이해해야 하는가?

어떤 사람은 정역正易을 글자 그대로 바른 역易이라고 부르기도 한다. 그러나 도학의 관점, 곧 영원한 현재의 관점에서 정역은 변화 그 자체를 가리킨다. 그것은 정正이 일치하다의 의미로 '변화 그것이 됨'이 정역이다. 그러면 정역은 구체적으로 무엇을 의미하는가?

바로 우리 자신과 세계가 고정되지 않아서 끊임없이 새로운 모습으로 나타났다가 사라지고, 다음 순간에는 더욱 발전한 모습으로 나타났다가 사라지는 변화 아닌 변화임을 뜻한다.

정역正易에는 과거와 미래의 구분이 없고, 이것과 저것이라는 구분이 없으며, 나와 남이라는 구분이 없다. 따라서 정역의 내용은 그 어떤 종교나 사상, 이념도 포함하고 있지만 그 어떤 종교나 사상, 이념도 아니다.

고정되지 않아서 끊임없이 변화함의 의미로서의 정역正易을 인간의 관점에서 나타낸 도학道學은 성리의 도가 매 순간 억음존양의 다양한 심법으로 드러남을 뜻한다. 심법으로 드러난 성리의 도는 공간적 측면에서는 다양한 언행으로 나타난다.

그러나 매 순간 나타난 다양한 언행은 다음 순간에 사라지고 새로운 심법에 의하여 다른 언행으로 드러난다. 그렇기 때문에 심법과 언행은 드러나도 드러남이 없다. 그렇다고 하여 심법과 언행이 없는 것은 아니기 때문에 매 순간의 삶이 이루어진다.

매 순간 나타났다가 사라지는 심법과 언행은 둘이 아니다. 그것은 모두 성리의 도가 드러났다가 사라지는 현상이다. 그렇다고 하여 성리가 변화하는 심법, 언행과 달리 영원한 것이 아니다. 그렇다면 성리는 고정된 실체적 존재로 전락하게 된다.

성리가 영원한 것은 심법, 언행과 다른 별개의 것이 아니라 성리가 매 순간 다양한 심법, 언행으로 드러나기 때문이다. 따라서 지금 여기의 나는 고정된 실체적 존재가 아닐 뿐만 아니라 삶도 고정되지 않아서 시비是非, 선악善惡이 없다.

우리는 물질적 차원에서 과학적 접근 방법에 의하여 겉으로 드러난 언행을 중심으로 한 사람의 삶을 평가하기도 하고, 형이상의 차원에서 그 사람이 본성과 일치되는 삶, 본성을 주체로 하는 삶, 지혜로운 삶, 자비로운 삶을 살았는지를 평가하기도 하며, 그 사람이 스스로의 삶의 주인이 되어 자유자재한 삶을 살았는지를 평가하기도 한다.

그러나 세계도 고정되지 않을 뿐만 아니라 삶을 살아가는 우리도 고정되지 않기 때문에 언어를 통하여 삶을 고정화하고, 그것을 대상으로 평가를 하는 것은 삶 자체는 아니다. 왜냐하면 삶 자체도 고정되지 않아서 어떤 것이라고 할 수 없기 때문이다.

어떤 사람들은 정역을 회통적 관점에서 이해하기도 한다. 정역이 천도와 지도 그리고 인도를 회통적 관점에서 나타내고 있다는 것이다.

물론 정역을 그렇게 이해할 수도 있다. 정역의 내용이 역법이라는 과학적 측면과 시간성이라는 형이상적 측면을 함께 갖고 있기 때문이다.

그러나 시간성의 세계는 이것과 저것으로 구분할 수 있는 물건의 세계가 아닐 뿐만 아니라 시종으로 구분하여 나타낼 수 있는 사건의 세계도 아니다.

본래 이것과 저것, 이 사건과 저 사건이라는 구분이 없는데 어찌 여러 요소가 서로 만나서 하나로 통하는 회통이 있을 수 있겠는가!

그것은 모두 사람의 차원이 의식에 머물러서 분별을 하기 때문이다. 스스로 자신의 차원을 의식에서 마음으로 그리고 마음에서 본성으로 본성마저도 놓아 버리고 자유로울 때 본래 삶 자체가 회통이고, 통섭임을 알게 된다.

어떤 사람은 정역의 삼극三極을 기독교의 삼위일체三位一體와 관련하여 이해하기도 한다. 우리는 삼극을 고조선사상의 환웅, 단군 그리고 웅호와 관련하여 이해할 수 있다. 그것은 반고盤古와 환인桓因의 내용을 나타내는 삼극의 도가 바로 환인을 통하여 나타내는 고조선사상의 핵심임을 뜻한다.

우리가 기독교의 신앙의 대상인 하느님과 성령 그리고 예수를 각각 성부聖父와 성신聖神 그리고 성자聖子로 나타내어 삼자가 각각 무극無極과 태극太極 그리고 황극皇極으로 이해할 수 있다는 것이다. 물론 이처럼 삼극이라는 개념을 대상화하여 물건적 관점에서 이해하면 삼위일체사상이라고 할 수도 있다.

그러나 삼극은 물건적 관점에서 어떤 실체적 존재를 나타내는 것이 아니다. 시간성의 본성에 의하여 이루어지는 시간으로의 변화와 시간의 시간성화라는 사건을 고정화하여 나타낸 개념이 삼극이다. 그렇기 때문에 본래 셋이 아니기 때문에 셋이 하나라고 말할 수 없다.

환인의 내용을 나타내는 환웅과 단군, 웅호도 셋이 아니다. 오히려 환인을 하나의 사건으로 나타내어 그것을 세 단계로 구분한 것일 뿐이다. 그러므로 셋이 아니기 때문에 셋이 하나라고 할 수 없다.

그러나 시간성이 시간으로 화하고, 시간을 다시 대상화함으로써 물건이 전개된다. 그렇기 때문에 물건적 관점에서는 셋이 하나라고 할 수 있다. 이를 통하여 삼위일체를 주장하는 기독교의 관점이 물질적 차원, 과학적 차원에서 이루어지고 있음을 알 수 있다.

시간성과 시간 그리고 공간, 곧 물건이라는 세 차원, 경계를 실체적 관점에서 이해하면 신과 인간이 있고, 신의 세계인 천국과 인간의 세계 그리고 지옥이 있다고 하지 않을 수 없다. 이처럼 분별의 세계에서 비로소 선악, 미추, 시비가 존재할 뿐이다.

선악과 시비가 없는 세계에서는 천국과 지옥이라는 구분이 있을 수 없다. 물질적 차원에서는 모든 개념을 실재하는 것으로 여긴다. 왜냐하면 실재하는 것은 오로지 물질적 존재뿐이기 때문이다. 그렇기 때문에 선과 악을 실체적 존재로 여긴다.

그러나 마음의 차원에서 보면 선과 악은 실재하지 않는다. 왜냐하면 선이 악으로 변하고, 악이 선으로 변하여 고정되지 않기 때문이다. 그것은 마음은 고정되지 않아서 때로는 선으로 때로는 악으로 다양하게 변화할 뿐이라고 말할 수 있음을 뜻한다.

마음의 차원에서 보면 악은 불선不善이다. 그렇기 때문에 악은 선과 다른 것이 아니라 아직은 선이 아니지만 장차 선으로 변할 것이다. 따라서 선과 불선이 있을 뿐으로 악이라는 실체는 없다.

본성의 차원에 이르면 오로지 선뿐이어서 지선至善이라고 할 수 있다. 불선도 선이고, 선도 선이어서 선이 아님이 없기 때문이다. 따라서 굳이 선을 악과 대응하여 나타낼 필요가 없기 때문에 지선이라고 한다.

그러나 본성도 고정되지 않아서 실체적 존재가 아니다. 그렇기 때문에 지선도 고정되지 않아서 매 순간 끊임없이 다양하게 드러날 뿐이다.

선과 악이 고정되지 않기 때문에 죄인도 없고, 죄인이 없기 때문에 구원을 받은 사람도 없으며, 죄인이 가는 지옥이나 구원을 받은 사람이 가는 천국도 없다. 그러면 우리가 아무렇게 살아도 되는가?

그것은 종교가 무용한가의 문제이기도 하다. 종교로 보면 세계가 그대로 종교이고, 사상으로 보면 세계 자체가 그대로 사상이며, 이념으로 보면 세계 자체가 하나의 이념이다.

그것은 세계가 고정된 물건이 아니기 때문에 끊임없이 새롭게 현현됨을 뜻한다. 따라서 우리 자신과 세계를 여러 관점에서 다양하게 나타낼 수 있다.

다양한 종교에서 여러 가지로 나타내는 진리도 인간에 의하여 때와 장소에 따라서 다양하게 표현되었을 뿐으로 참된 이치라는 고정된 것이 없다.

사람에 의하여 때와 장소에 따라서 다양하게 표현된 진리는 그때와 그곳에서 유용할 뿐으로 다른 시간, 다른 장소에서는 때와 장소에 맞게 변화해야 한다.

그것은 진리마저도 고정되지 않아서 매 순간 그리고 어디서나 다양하게 드러나기 때문에 어느 한순간에 어느 곳에서 드러난 진리에 집착하여 그것만이 옳다고 집착하지 않아야 함을 뜻한다.

어떤 종교를 막론하고 공통적으로 선善을 행하고, 악惡을 행하지 말라고 말한다. 그렇기 때문에 육신을 자신으로 여기고 본능에 따라서 자신의 이익을 추구하면서 선악을 구분하지 못하고 악을 행하며 살아가는 사람에게는 종교가 필요하다.

어떤 사람은 믿음을 바탕으로 종교의 교리를 따르는 것에 만족하지 못한다. 그는 종교적 교리를 따르기보다는 교리를 연구하고, 선이 무엇인지를 찾아서 지식을 추구한다. 이러한 사람에게는 다양한 사상이 필요하다.

어떤 사람은 이론적인 앎으로 만족하지 못한다. 그는 과학적인 지식이나 정보에 만족하지 못하고, 그 근원을 파고든다. 그런 사람에게는 수도의 과정을 필요로 한다. 지식보다는 근원적인 지혜를 추구하는 사람에게는 수증修證의 과정이 필요하다.

어떤 사람은 지혜를 얻는 것에 만족하지 못한다. 그는 지혜를 삶 가운데서 활용하면서 살아가는 자유로운 삶을 원한다. 이러한 사람에게는 종교, 사상, 수도를 넘어서 삶 자체를 즐기면서 살아가기를 원한다. 그러면 앞의 다양한 삶이 여럿인가?

어떤 형태의 삶도 모두 도학적인 삶이다. 그것은 지금 여기의 내가 고정되지 않을 뿐만 아니라 나의 삶이 고정되지 않아서 끊임없이 새롭게 창조하면서 진화하는 것이 사람의 삶임을 뜻한다.

음양이 조율된 조양율음調陽律陰의 성리가 그대로 드러난 도가 바로 억음존양의 심법이고, 억음존양의 심법이 그대로 다양한 언행으로 드러나면서 수많은 다양한 삶이 매 순간 나타난다.

그러면 우리가 지금까지 하도와 낙서, 삼역팔괘도, 십이월이십사절기후도수, 십간원도수와 같은 도상을 중심으로 살펴본 정역의 내용을 집약하여 나타내면 무엇인가?

그것은 시간성을 중심으로 도역생성을 논하고, 그것을 다시 대상화하여 천지인의 삼재의 도로 나타내기 이전의 세계를 나타내는 것은 무엇인가의 문제이다. 사실 세계 자체를 굳이 하나의 도상이나 수와 같은 매개를 통하여 나타낼 필요는 없다.

그러나 앞에서 살펴보았듯이 일부는 하도와 낙서를 통하여 시간성의 차원에서 세계를 나타내었고, 삼역팔괘도를 통하여 공간성의 차원에서 세계를 나타내었다.

  그리고 도학道學을 통하여 인간의 삶에 대하여 나타내었기 때문에 이처럼 분석하여 나타내기 이전의 세계를 나타내지 않을 수 없었다. 그러면 시간성이라는 실체적 존재가 있을 뿐만 아니라 하도와 낙서, 삼역팔괘도, 금화정역도와 같은 도상에 시간성이 담겨 있는가?

  일부가 하도와 낙서를 통하여 시간성을 도역의 두 측면에서 생성으로 나타내고, 다시 삼역팔괘도를 통하여 물건화하여 나타내었으며, 그것을 다시 금화정역도, 십이월이십사절기후도수를 통하여 시간성과 시간이 둘이 아님을 밝힌 것은 시간성과 시간이라는 분별하여 나타낼 수 있는 실체가 없음을 나타낸다.

  시간성과 시간을 분별하여 나타낼 수 없는 영원한 현재는 시간과 그것을 대상화하여 나타낸 물건의 세계와 같은 유有의 세계도 아닐 뿐만 아니라 시간성이라는 무無의 세계도 아니어서 중中, 공空으로 나타낸다.

  그러나 중中, 공空도 하나의 개념일 뿐으로 중中, 공空이 가리키는 실체적 세계가 없다. 그것은 지금 여기의 나를 통하여 지각되고, 인식되는 매 순간 다양하게 드러났다가 사라지는 현상은 나와 무관하게 홀로 서서 스스로 존재하는 실체적 존재가 아님을 뜻한다.

  내 안의 나는 나 아닌 나이기에 고정된 어떤 것이라고 규정할 수 없다. 그렇기 때문에 매 순간 다양한 나로 드러났다가 사라진다. 그러므로 매 순간에 나타나는 측면에서 보면 없지는 않지만 사라지는 측면에서 보면 있다고 할 수 없다.

  우리의 일상의 삶도 살아도 살아감이 없다. 그렇기 때문에 생사를 떠나서 열반이나 자유가 없으며, 지금 여기의 나를 떠나서 대인과 소인, 부처와 중생이 없고, 지금 여기의 우리의 삶을 떠나서 도와 기의 세계,

정토와 예토가 없다. 그러면 도학적 삶은 우리와 어떤 관계인가?

도학이 나타내는 삶은 지금 여기의 우리의 삶을 나타낸다. 항상 다양하게 드러나는 창조의 삶, 끝없이 새로운 진화의 삶이 바로 지금 여기의 우리의 삶이다.

나와 세상이 고정되지 않기 때문에 고정된 삶이 없어서 어떻게 사는가의 문제 자체가 없다. 그렇다고 하여 삶이 죽음과 다르지 않아서 아무런 의미가 없는 허무虛無가 아니다.

죽음은 새롭게 창조되는 점에서 진화이기 때문에 단순한 소멸이 아니며, 삶은 매 순간 다양하게 드러나기 때문에 단조로운 반복이 아니다.

우리는 창조하고 진화하는 삶을 대상화하여 물건적 관점에서 형이상의 도道와 형이하의 기器로 구분하여 양자를 각각 공空과 색色으로 나타내기도 한다.

역생도성의 관점에서 보면 현상이 도의 드러남이기 때문에 색色이 공空이라고 말하고, 무無, 무위無爲, 무념無念, 무상無相, 무지無知를 강조한다.

그러나 도생역성의 관점에서 보면 공은 색으로 드러나기 위한 공이기 때문에 허무虛無하지 않으며, 색은 공으로 귀체歸體되는 색이기 때문에 항상 하지 않는다.

색과 공이 둘이 아니어서 없지만 양자가 하나라고 할 수 없는 중도의 세계를 나타내는 것이 바로 시간성의 도역생성이다. 그리고 시간성의 도역생성이 도학적 삶이다.

도학적 삶은 창조와 진화를 내용으로 하는 영원한 현재적 삶이다. 그리고 영원한 현재적 삶은 유有와 무無 그리고 양자를 넘어선 중도中道의 어느 것에도 머묾이 없어서 자유롭고 평등하다.

제6부

정역사상과 한국사상

　우리는 앞에서 정역을 통하여 한국역학이 무엇인지를 일부一夫가 제시한 금화정역도, 하도와 낙서, 삼역팔괘도, 십이월이십사절기후도수를 중심으로 살펴보았다. 우리는 그 과정에서 그가 제시한 삶의 방법이 억음존양의 심법으로 드러나는 성리의 도 곧 도학임을 알 수 있었다.

　그런데 일부가 제시한 억음존양의 심법은 구체적으로 무엇을 어떻게 해야 할 것인지를 제시하지는 않고 있다. 우리는 이를 통하여 그가 제시한 도학이라는 학문의 방법이자 삶의 방법이 하나의 고정된 방법이 아님을 알 수 있다.

　일부가 제시한 도학은 결코 성리학자들이 대학의 격물치지格物致知를 중심으로 제시한 거경궁리居敬窮理에 국한되지 않을 뿐만 아니라 하학이상달의 학문이나 수기修己와 안인安人의 어느 일면에 국한되지 않는다.

　그것은 억음존양의 심법이 그대로 삶의 방법임을 통하여 삶으로 드러나는 일상의 심법이 모두 도학임을 나타낸 것이다.

　우리는 삶 자체가 그대로 도의 현현임을 나타낼 때 대도무문大道無門이라고 말한다. 그것은 도가 있음을 전제로 하여 도의 세계에 들어가는 문이 없음을 나타내지 않는다.

　대도무문은 도라는 실체가 없기 때문에 도에 들어가는 방법인 문이 따로 없음을 뜻한다. 삶이 그대로 대도大道의 현현顯現이기에 그 어떤 것도 도에 들어가는 문이 아님이 없다.[202] 그러면 우리가 정역을 통하여 살펴본 한국사상과 중국사상을 구분할 수 있는가?

한국사상이나 중국사상을 막론하고 그 어떤 현상의 사물도 내 안의 나 아닌 나, 본성, 자성, 주인공, 한마음의 드러남이기 때문에 둘이 아니다.

그러나 현상적 측면에서 보면 내 안의 나 아닌 나를 드러내는 방식에 따라서 한국사상과 중국사상을 구분하지 않을 수 없다. 우리가 한국사상과 중국사상을 구분하는 것은 내 안의 참 나, 대아大我, 자성, 주인공이 현현顯現하는 방식이 때와 장소에 따라서 다양하게 이루어짐을 뜻한다. 그러면 우리가 왜 한국사상과 중국사상을 비교하여 그 차이와 특성을 논하는가?

우리가 한국사상과 중국사상을 구분하여 그 특성을 논하는 까닭은 양자를 구분하여 가치상의 우열을 밝히거나 더 나아가서 양자의 옳고 그름을 판단하여 어느 하나를 배척하려는 것이 아니다.

우리가 한국사상과 중국사상의 특성과 동이점을 밝히는 학문적 활동의 의미를 파악하기 위해서는 먼저 한국과 중국 그리고 한국사상과 중국사상을 어떻게 이해할 것인가에 대한 이해가 필요하다.

만약 우리가 한국과 중국이라는 고정하여 변하지 않는 실체적인 국가가 있고, 그 국가의 변함이 없는 고정된 사상인 한국사상과 중국사상이 있다고 여길 때 현재의 중국이 저지르는 어리석은 행위를 하게 된다.

그들은 고조선의 영토에서 발견되는 고조선의 유물을 자신들의 유물

---

202 普雨, 『太古和尙語錄上』(ABC, H0102 v6, p.673a12-a14), "大道無門 諸人擬向何處 入 咄 圓通普門 八字打開."

이라고 주장하고, 고조선의 역사와 사상을 자신들의 것이라고 억지 주장을 한다.

사실 지금의 중국의 영토는 예전의 영토가 아니다. 그렇기 때문에 과거의 고조선의 역사와 사상을 현재의 영토를 중심으로 자신들의 역사와 사상이라고 주장해서는 안 될 뿐만 아니라 그럴 필요가 없다.

우리나라와 중국을 막론하고 영토는 끊임없이 변화해 왔고, 앞으로도 변할 것이다. 그리고 한국사상과 중국사상 역시 시대에 따라서 다양한 모습으로 변화해 왔다.

우리가 한국사상과 중국사상을 논하는 것은 한국사상과 중국사상이라는 다른 사상이 있다는 실체적 세계관을 바탕으로 논하는 것이 아니다.

선사시대 이후 인류는 학자들이 샤머니즘으로 부르는 동일한 사상을 각각 서로 다른 관점에서 발전시켜 옴으로써 오늘날의 한국사상, 중국사상을 형성하였다. 따라서 한국사상과 중국사상은 인류사상의 각각 서로 다른 표현이라고 할 수 있다. 그러면 중국사상과 한국사상이 서로 다름은 어떤 의미를 갖는가?

우리는 세계와 인간 그리고 가치에 대한 사고를 통하여 얻은 결과를 체계적으로 정리한 이론 체계를 사상이라고 말한다. 그렇기 때문에 한 나라가 지향하고, 그 나라를 구성하는 국민이 공유하는 사상은 그 나라의 본성, 특성을 나타낸다. 그러면 우리가 왜 한국사상을 고찰하는 과정에서 중국사상과 비교하려고 하는가?

동아시아의 여러 나라 가운데 중국은 고조선 이후 우리나라와 국경을 마주하면서 정치, 경제, 문화, 사상, 종교를 비롯하여 여러 분야에서 서로 영향을 주고받으면서 발전해 왔을 뿐만 아니라 지금도 우리나라와 중요한 관계를 맺고 있는 이웃 국가이다. 따라서 중국의 전통사상이 무엇인지 그리고 그것이 오늘날의 중국에게 어떤 영향을 미쳤는지를 파악할 때 비로소 그들과 우리가 어떤 관계를 맺으면서 살아야 하는지를 파악할 수 있다.

그러나 우리가 한국사상과 중국사상을 비교하여 차이와 특성을 중심으로 한국사상을 이해하려는 근본적인 목적은 하나의 사상이 현상에서 어떤 결과를 낳는지를 파악하려는 것이다.

우리는 그것을 통하여 한국사상의 미래, 한국의 미래, 한국인의 미래의 방향을 설정할 수 있을 뿐만 아니라 인류의 미래의 방향을 설정할 수 있다.

우리가 중국사상의 연원인 주역을 살펴보면 중국사상은 세계를 물건적 관점에서 세계를 이해한다. 그들은 세계를 형상을 바탕으로 형이상과 형이하로 구분하여 각각 도道와 기器로 나타낸다. 그리고 형이하의 기器를 천지인天地人의 삼재三才로 나타낸다. 그러므로 도는 천도와 지도, 인도로 구분하게 된다.

그리고 도와 기가 본말의 관계일 뿐만 아니라 천도와 지도, 천도와 인도를 체용의 관계로 이해한다. 따라서 주역의 이론 체계에 의하면 천도, 신도 중심의 한국사상을 근거로 하여 지도, 인도 중심의 중국사상이 형성된다.

우리는 오늘날의 중국의 위정자들이 자국을 세계의 중심으로 여기고 세계를 지배하고자 하는 중화주의中華主義라는 국가 이기주의에 빠져 있음을 본다.

오늘날의 중국이 보여 주는 행태는 맹자가 이미 염려했듯이 물건적 관점에서 세계를 이해하는 그들의 전통사상이 안고 있는 문제가 그대로 나타난 것이다.

맹자는 실체적 관점에서 나와 남을 구분하여 나와 남이 모여서 가정을 이루고, 가정이 모여서 국가를 이루며, 국가와 국가가 모여서 천하를 형성한다는 사고만을 고집할 때 나타나는 폐단을 양주楊朱의 위아주의 爲我主義와 묵적墨翟의 사회주의, 전제주의에 의하여 비판[203]하였다.

우리는 오늘날의 중국이 넓은 영토와 많은 인구에 의하여 갖게 되는 세계 2위의 경제력, 군사력을 바탕으로 오로지 자국의 이익을 위하여 마치 어린아이가 날카롭고 무거운 큰 칼을 들고 힘겹게 주위의 사람들을 향하여 휘둘러 대다가 자신도 다치고 주변도 다치게 하는 것과 같은 위험한 상황을 본다.

지금 중국에게 가장 절실한 일은 외적인 힘을 키우는 것이 아니라 이미 갖고 있는 힘을 자국은 물론 모든 인류에게 이롭게 쓸 수 있는 통제력을 기르는 일이다.

그것은 오로지 그들의 전통사상을 바탕을 중국인으로서의 자기 정체성을 파악하여 중국인으로 살아갈 때 비로소 가능하다. 선사시대의 인류의 공통사상을 중국화하여 나타낸 주역에서는 물건적 관점에서 도道와 기器를 구분하고, 그것을 바탕으로 인도를 나타내어 도에 의하여 천하가 화평和平하는 도제천하道濟天下를 논하고, 천지, 일월, 사시, 귀신과 함께하는 사람다운 사람인 대인의 삶으로 제시하고 있다.

주역을 바탕으로 형성된 중국불교인 화엄교학에서는 도道와 기器를 이理와 사事로 나타내어 이사무애理事無礙, 사사무애事事無礙를 통하여 형이상과 형이하는 물론 만물이 모두 존재 가치를 갖고, 서로는 모

---

[203] 孟子,『孟子』滕文公章句下, "聖王不作, 諸侯放恣, 處士橫議, 楊朱 墨翟之言盈天下. 天下之言不歸楊, 則歸墨. 楊氏爲我, 是無君也, 墨氏兼愛, 是無父也. 無父無君, 是禽獸也. 公明儀曰, 庖有肥肉, 廐有肥馬, 民有飢色, 野有餓莩, 此率獸而食人也."

두를 위하여, 모두는 서로를 위하여 함께 살아감을 밝히고 있다.

우리는 그들이 언제라도 자신들의 전통사상을 바탕으로 가장 중국다운 삶이 세계적인 삶임을 알고, 도제천하의 정신으로 살아가기를 바란다. 그리고 중국이 인류와 함께하면서 공생共生하고, 공영共榮하기를 바란다.

그러나 한국사상에서는 시간성을 바탕으로 세계를 변화로 이해한다. 우리가 앞에서 살펴보았듯이 한국사상에서는 도생역성과 역생도성의 생성이 있을 뿐으로 천도와 지도, 인도라는 형이상과 천지인이라는 형이하의 구분이 없다.

한국사상에서는 천지인의 실체적 세계를 인정하지 않을 뿐만 아니라 천도와 지도, 인도라는 실체적 존재로서의 도 역시 존재하지 않는다. 그렇기 때문에 근본과 지말의 본말本末이나 본체와 작용의 체용體用 관계를 형성하는 고정된 국가와 국가, 사람과 사람, 도와 현상과 같은 실체적 존재가 없다. 그러면 한국사상에서는 현상을 부정하는가?

중국사상이 물건적 관점에서 현상을 출발점으로 삼아서 사상적인 이론 체계를 전개하고 있는 것과 달리 형이상과 형이하의 구분 이전의 세계, 이理와 사事의 구분이 없는 세계를 바탕으로 변화의 관점에서 인간과 세계를 이해하는 것이 한국사상이다.

중국사상에서 현상의 부정을 통하여 현상으로 드러나기 이전의 도에 도달하고, 그것을 바탕으로 현상에서 이상적인 삶을 살고자 하기 때문에 유有로부터 출발하여 유를 벗어난 무無에 이르고자 한다. 그러므로 그들은 유를 벗어나기 위하여 무위無爲, 무념無念, 무상無相, 무주無住와 같은 무無를 중요하게 여긴다.

그러나 한국사상에서는 유무를 넘어선 그들이 말하는 중도, 실상의 측면에서 출발하기 때문에 무無가 변하여 유有로 화하여 현상으로 드러나는 나툼, 생성에서 출발한다.

도 자체의 현현顯現, 불성의 드러남으로서의 성기적性起的 관점, 본래성불적 관점을 바탕으로 한다. 그렇기 때문에 현상이 그대로 나타나도 나타남이 없어서, 성기性起와 연기緣起가 둘이 아니며, 성불成佛과 불성불不成佛이 둘이 아니다.

지금부터는 앞에서 살펴본 정역에 담긴 사상을 바탕으로 한국사상의 특성이 무엇인지를 고찰하고자 한다. 먼저 한국사상의 세계관이 무엇인지를 살펴보고, 이어서 세계관을 바탕으로 한국사상의 인간관이 무엇인지를 살펴본 후에 마지막으로 한국사상에서 제시하고 있는 인간의 삶이 무엇인지를 고찰하고자 한다.

1. 영원한 현재와 변화의 세계관

정역을 통하여 밝혀진 한국사상의 특징은 시간성의 차원에서 세계를 이해하는 점이다. 그것은 중국사상이 공간성 곧 지도地道를 중심으로 세계와 인간을 이해하는 것과 다른 특징이다. 물건적 관점에서 세계를 이해하는 중국사상의 연원인 주역에서는 세계를 천天과 지地 그리고 인人의 삼재로 나타낸다.

삼재三才를 구성하는 천天은 시간의 세계이고, 지地는 공간의 세계이며, 인人은 인간의 세계이다. 그러므로 시간의 존재근거인 시간성을 천도天道로 나타내고, 공간의 존재근거인 공간성을 지도地道로 나타내며, 인간의 존재근거인 인간성을 인도人道로 나타낸다.

그런데 천지인의 삼재의 세계, 곧 형이하의 현상의 세계는 지말支末

이며, 천도, 지도, 인도의 세계는 형이상의 근본根本이다. 그러므로 인간은 반드시 지말인 현상으로부터 출발하여 근본인 도의 세계에 도달하는 과정을 거쳐야 한다.

맹자는 "마음을 다하면 성품을 알고, 성품을 알면 하늘을 안다"[204]라고 하여 물리적 생명으로부터 출발하여 성품을 알고 성품을 알아서 세계를 아는 성명합일性命合一과 천인합일天人合一을 주장하였다.

그러나 한국사상에서는 시간성을 중심으로 세계를 이해한다. 그렇기 때문에 물건적 관점에서 전개되는 천지인이라는 분별이 없다. 한국사상이 시간성이 중심임은 중국의 역사서를 통해서도 확인할 수 있다.

중국의 역사서에서는 우리 민족을 천天을 숭상하는 민족으로 규정하고 있다. 그것은 우리가 천도를 중심으로 살아가는 민족임을 뜻한다. 왜냐하면 천은 시간의 세계를 나타내며, 시간으로 드러나기 이전의 시간성이 천도이기 때문이다.

시간성은 끊임없이 시간으로 화한다. 시간성은 그 본성에 의하여 자신의 상태에서 벗어나서 시간으로 나타난다. 이때 시간의 전개는 사건의 전개로 드러난다.

그리고 사건의 세계는 물건적 세계, 곧 만물의 세계로 나타난다. 따라서 시간성의 차원에서 보면 세계는 고정되지 않고 끊임없이 변화한다. 그러면 시간성과 시간이 있는가?

변화의 세계에는 사건과 물건, 시간과 공간, 시간성과 공간성, 만물이나 세계라는 고정된 실체적 존재가 없다. 그것은 시간성의 세계는

---

204 孟子,『孟子』盡心章句上, "孟子曰 盡其心者, 知其性也. 知其性, 則知天矣. 存其心, 養其性, 所以事天也. 殀壽不貳, 修身以俟之, 所以立命也."

끊임없이 새롭게 자신을 드러내는 동시에 소멸함으로써 그 어떤 것에도 머물지 않음을 뜻한다. 그렇기 때문에 나타나는 현상적 측면에서는 세계는 인간과 자연의 구분이 없을 뿐만 아니라 창조의 연속이다.

현상이 소멸하는 측면에서는 새로운 창조를 위한 소멸이기 때문에 끊임없는 진화의 연속이다. 그러면 시간성과 시간은 어떤 관계인가?

시간성은 본성에 의하여 탈자脫自하여 시간으로 타자화他者化하는 동시에 시간은 다시 시간성으로 귀체歸體, 귀공歸空한다. 그것은 시간성의 시간화가 시간의 시간성화와 함께 이루어짐을 뜻한다. 시간화와 시간성화는 모두 변화이다.

그러나 시간성에 의하여 이루어지는 변화는 사건이나 물건과 같은 실체가 아니기 때문에 변화가 아닌 변화라고 할 수 있다. 우리는 시간성의 시간화를 통하여 시간이 있다고 할 수 있고, 시종始終의 사건이 나타나기 때문에 시간이 있다고 생각할 수 있다.

그러나 사건은 반드시 시초와 종말이 있다. 이때 종말은 사건이 사라짐을 뜻하는 동시에 새로운 사건의 시작을 위하여 시종이 없는 종시終始의 상태로 돌아감을 뜻한다.

매 순간의 사건이 나타나는 점에서는 없는 것은 아니지만 사라지는 측면에서 보면 있다고 할 수 없다. 그러므로 시간성과 시간이 모두 있다거나 없다고 할 수 없어서 유무有無를 넘어서면서도 유무有無로 나타난다. 그러면 중도와 시간성의 시간화, 시간의 시간성화는 어떻게 다른가?

우리는 시간성도 고정되지 않아서 시간으로 드러났다가 사라지고, 시간도 고정되지 않아서 나타났다가 사라지는 변화임을 안다. 이처럼 고정되지 않는 특성을 중심으로 양자를 하나로 나타내어 영원한 현재라고 말한다.

영원한 현재는 일상의 물리적 시간과 비교하여 이해하면 본질적 시간, 본래의 시간이라고 할 수 있다. 영원한 현재는 시간성을 나타내는 영원과 시간을 나타내는 현재가 하나로 결합되어 형성된 개념이다.

영원한 현재는 현재라는 물리적 시간이 끊임없이 이어지거나 영원한 세계가 그대로 존속함을 나타내는 것이 아니다. 영원한 현재는 영원한 시간성이 매 순간 시간으로 화化하는 시간성의 현현인 동시에 시간이 다시 시간성으로 돌아가는 시간의 귀공, 귀체이다.

정역에서는 시간성의 시간화를 도생역성으로 나타내고, 시간의 시간성화를 역생도성으로 나타내고 있다. 따라서 영원한 현재는 도생역성과 역생도성이 일체임을 나타낸다.

영원이 매 순간이라는 시간으로 나타났다가 다시 영원한 세계로 돌아감을 나타내는 것이 영원한 현재이다. 영원한 현재는 물리적 시간의 세계도 아니고, 그렇다고 하여 형이상의 시간성의 세계도 아니다. 그렇기 때문에 시간성에 머물거나 시간에 머물지 않는다.

그것은 시간성의 시간화가 그대로 시간의 시간성화이기 때문에 양자가 서로를 부정함으로써 고정되지 않는 동시에 양자가 서로를 긍정함으로써 서로가 서로를 존재하게 함을 뜻한다.

시간성이 중심인 한국사상에서는 공간성, 물건성이 중심인 중국사상처럼 다양한 물건적 존재가 서로 하나가 되는 합일合一의 문제가 없다.

한국사상에서는 인간과 세계의 분별이 없고, 형이상과 형이하의 분별이 없는 차원, 유무有無를 넘어선 차원이 무無와 유有로 다양하게 드러났다가 다시 유有에서 무無로 그리고 무無에서 시간성의 세계로 돌아간다.

고정되지 않고 매 순간 끊임없이 변하고 화하는 변화의 흐름의 연속인 영원한 현재의 차원에서는 이것과 저것이라는 물건의 세계도 없고, 성불, 평천하와 같은 시종의 사건도 없다.

그것은 인간과 세계라는 분별하여 드러낼 수 있는 고정된 물건적 세계가 없기 때문에 양자가 하나가 되는 합일合一이나 둘로 나타나는 분생分生이라는 고정된 사건, 곧 태어나고 죽음이라는 사건이 없음을 뜻한다.

나와 남이 없고, 세계가 없으며, 나에 의하여 이루어지는 생로병사生老病死와 생주이멸生住異滅의 사건이 없기 때문에 벗어나서 떠나야 할 문제나 평천하, 성불과 같은 이루어야 할 문제가 없다.

2. 도역생성의 용중적 인간관

중국사상에서는 물건적 관점에서 세계를 형상을 중심으로 형상 이상, 형상 이전의 형이상과 형상 이내以內, 형상 이후의 형이하로 구분하여 각각 도道와 기器로 나타낸다.

도와 기는 유가와 불가, 도가의 여러 사상에서 다양한 개념으로 변화하여 나타낸다. 성리학에서는 도와 기를 각각 이理와 기氣로 나타내었고, 화엄교학에서는 이理와 사事로 나타내기도 하고, 성性과 상相으로 나타내기도 하였다.

형이상과 형이하의 구분은 그대로 인간에게도 적용된다. 인간은 형이상의 성품과 형이하의 물리적 생명으로 구분된다. 그것을 주역에서는 성性과 명命으로 나타내었다.

유학에서는 인성, 본성과 육신으로 나타내기도 하고, 대체大體와 소체小體로 나타내기도 하며, 불교에서는 자성自性, 불성과 육신으로 나타내기도 하며, 도교에서는 신기정神氣精으로 나타내기도 하였다.

그런데 도와 기, 성과 명은 근본과 지말의 관계이다. 그렇기 때문에 사람은 누구나 지말인 물리적 생명으로부터 출발하여 근본인 형이상의 본성, 성품에 이르는 과정을 거쳐야 비로소 본래의 자신으로 돌아갈 수 있다.

그것이 수행, 수기, 수양이라는 다양한 개념으로 언급되는 수도修道이다. 수도는 표면의 나, 현상의 나인 육신으로부터 출발하여 내면의 나, 내 안의 나인 자성, 성품과 만나서 하나가 되는 일이다.

중국유학에서는 내 안의 나와 만나는 수도를 성명합일이라고 말하고, 중국불교에서는 육신과 마음을 벗어나서 자성, 성품에 이르는 일을 견성성불이라고 말한다.

그런데 한국사상에서는 인간과 세계를 구분하여 이해하지 않는다. 그것은 한국사상에서는 시간성을 바탕으로 그것이 시간으로 화하고, 시간이 시간성으로 화하는 변화의 관점에서 인간과 세계를 이해함을 뜻한다.

시간성과 시간은 둘이 아니다. 그렇기 때문에 양자를 하나로 나타내어 영원한 현재라고 말한다. 영원한 현재의 관점에서는 인간과 세계의 분별이 없다.

그럼에도 불구하고 영원한 현재를 중심으로 물건화하여 나타낸 것이 인간의 본성이다. 그것은 시간성과 시간을 인간을 중심으로 대상화하여 마치 하나의 물건처럼 나타낸 것이 본성, 자성自性, 인성人性이라는 개념임을 뜻한다.

우리는 우리 자신을 나타낼 때 표면의 나인 육신과 다른 그 안의 심층의 나, 내 안의 나를 구분하여 본성이라고 말하고, 내 안의 나와 표면의 나를 연결하는 요소를 마음이라고 하여 세 요소를 통하여 나타낸다.

내 안의 나는 시공을 초월하여 영원할 뿐만 아니라 온 우주의 모든 존재와 둘이 아니다. 그렇기 때문에 내 안의 나가 분별이 없음을 나타내기 위하여 무아無我라고 말하고, 표면의 나인 육신인 소아小我와 구분하여 대아大我[205]라고 말하며, 가아假我인 표면의 나와 구분하여 진아眞我라고 말하고, 내 안의 나를 나 아닌 나라고 말하기도 한다. 그러면 내 안의 나와 표면의 나는 둘인가?

우리가 내 안의 참 나인 나 아닌 나를 중심으로 나를 이해하면 내 안의 나가 마음으로 드러나고, 마음은 다시 수많은 언행으로 드러난다. 우리는 심층의 나를 본성, 자성으로 그리고 내 안의 나가 드러난 일차적인 단계를 마음으로 그리고 이차적인 단계를 육신으로 나타낸다.

그러나 본성과 마음 그리고 육신이나 표면의 나와 심층의 나라는 고정된 실체적인 어떤 것도 있다고 할 수 없다. 왜냐하면 본성의 현현으로서의 마음과 육신을 통하여 드러나는 사고와 지각, 인식을 비롯한 여러 작용과 수많은 언행은 나타났다가 사라지기 때문이다. 그러면 지각, 사고, 인식을 비롯한 여러 작용과 언행은 없는가?

사고, 인식을 비롯한 여러 작용과 언행이 나타나기 이전에는 있다고 할 수 없지만 나타난 순간에는 없다고 할 수 없다. 영원한 현재의 현재가 나타내는 매 순간의 현현은 과거에 없었던 것이 어느 순간에 갑자기 나타나거나, 있었던 것이 갑자기 사라짐을 뜻하지 않는다.

영원한 현재의 관점에서 보면 인간은 본성이라는 형이상적 존재도 아니고, 마음도 아니며, 물질적 존재로서의 육신도 아니다. 다만 때에

---

205 『大般涅槃經』 23권(ABC, K0105 v9, p.204c18-c21), "一塵身滿於三千大千世界 如來之身實不滿於三千大千世界 何以故 以無礙故 直以自在故 滿於三千大千世界 如是自在 名爲大我."

따라서 육신을 통하여 다양한 언행으로 드러내기도 하고, 마음을 통하여 다양한 존재로 드러내기도 할 뿐이다.

영원한 현재적 관점에서 보면 인간은 인연因緣을 넘어서 스스로 존재하는 자유로운 존재이지만 오로지 독립하여 스스로 존재하는 것이 아니라 인연에 따라서 자신을 드러내는 자연적自然的 존재이다.

인간은 본성이라는 실체적 존재에 의하여 다양하게 자신을 드러내는 성기적性起的 존재도 아닐 뿐만 아니라 그렇다고 하여 인연에 의하여 존재했다가 인연이 다하면 사라지는 연기적緣起的 존재도 아닌 영원한 현재적 존재이다.

영원한 현재적 관점에서 보면 인간은 불성佛性도 아니고, 부처도 아니며, 중생도 아니고, 보살도 아니다. 단지 때에 따라서 다양하게 자신을 드러낼 뿐이다. 그러므로 드러나는 그 어떤 것도 자신이 아니지만 동시에 드러난 모든 것이 자신이 아님이 없다. 그러면 중도와 중용은 무엇인가?

우리가 자신을 영원한 현재적 존재라고 말하는 것은 마음과 육신이라는 개념에 의하여 나타내는 남과 구분되고, 세계와 구분되는 실체적 존재가 있지 않지만 그렇다고 하여 없다고 할 수 없음을 뜻한다.

영원한 현재적 측면에서 보면 우리 자신은 있음과 없음을 넘어서 있지만 양자와 무관하지 않다. 그렇기 때문에 있음과 없음을 넘어서 있음의 측면에서 중도라고 말하고, 있음과 없음의 양자와 무관하지 않음을 중용이라고 말한다.

우리는 중도를 실상이라고 말하기도 한다. 실상은 있음과 없음을 벗어난 별개의 중도가 있거나 있음과 없음을 벗어난 별개의 중용이 있음을 나타내는 것이 아니라 있음과 없음으로 화하여 나투고 돌아가는 도역의 생성 자체가 그대로 중도임을 나타낸다.

중도中道는 고정된 실체가 아니라 무아無我의 상태를 벗어나서 끊임없이 다양한 자아自我로 드러나지만 자아는 고정되지 않아서 있다고 할 수 없어서 무아無我이고, 무아無我는 없다고 할 수 없어서 자아自我이며, 무아와 자아를 넘어서기 때문에 중도이지만 중도는 무아와 자아를 무관한 것이 아니라 무아와 자아가 그대로 중도이다.

한국사상에서는 인간을 고정된 물건적 존재로 나타내어 내 안의 나, 마음, 육신으로 나타내거나, 본성, 마음, 육신으로 나타내고, 부처, 보살, 중생으로 이해하지 않는다.

한국사상에서는 오로지 유와 무를 넘어선 중도의 관점에서 그것을 그대로 활용하는 삶을 중요하게 여긴다. 그렇기 때문에 인간의 삶은 내 안의 나, 본성을 찾아서 그것과 하나가 되어 살아가라고 하지 않는다.

그리고 생로병사의 고통의 삶을 벗어나서 열반의 삶을 살아가라고 하지 않는다. 본래 지금 여기의 내가 고정되지 않아서 매 순간 다양하게 드러날 뿐이기에 삶 그 자체를 즐기라고 말한다.

지금 여기의 나의 삶은 매 순간 중도를 그대로 활용하는 용중用中의 삶이다. 중도가 매 순간 드러나는 용중의 삶은 생사生死를 넘어서 자유로운 세계가 매 순간 다양하게 드러나는 삶이다.

그것은 생사가 없음을 아는 것도 아니고, 생사가 없음에 계합契合하는데 그치는 것도 아니어서 생사가 없음을 자유자재하게 활용하는 삶[206]이다.

---

206 知訥, 『眞心直說』(ABC, H0069 v4, p.720c06-c08), "所以知無生死 不如體無生死 體無生死 不如契無生死 契無生死 不如用無生死."

3. 창조와 진화의 도학적 삶

우리는 물건적 관점에서 세계를 이해하여 이것과 저것으로 구분하고, 이것과 저것은 서로의 존재 근거가 되는 연기적 존재이기 때문에 독립하여 자존自存하는 존재는 없다고 말한다.

우리는 실체적 존재가 아니기 때문에 유무有無를 넘어서 그 어떤 것이라고 규정할 수 있는 고정된 존재가 아니다. 우리는 내 안의 나를 나타내는 본성, 불성, 자성도 아니며, 본성의 작용인 마음도 아니고, 마음이 드러난 언행의 주체인 육신도 아니다.

지금 여기의 내가 고정된 실체적 존재, 남과 구분되고, 세상과 구분되는 불변의 존재가 아니라는 점에서 있다고 할 수 없지만 절대무가 아닌 점에서 없다고 할 수 없다.

우리가 이것과 저것으로 구분하여 나타낼 수 있는 고정된 존재, 실체적 존재가 아니기 때문에 삶도 생生과 사死, 윤회와 해탈, 무명과 원각, 성불과 불성불과 같은 사건으로 구분하여 나타낼 수 없다. 따라서 인간의 삶 역시 고정된 어떤 사건이 아니다. 그러면 한국사상에서는 인간의 삶을 어떻게 나타내는가?

한국사상의 중심 주제인 시간성의 현현에 의하여 이루어지는 삶은 매 순간 나타났다가 사라지고 다시 새롭게 나타났다가 사라지는 영원한 현재이다. 이처럼 매 순간 나타나는 측면에서는 삶은 창조적이지만 나타났다가 사라지고 새롭게 나타나는 측면에서는 진화적이다.

우리의 삶이 진화적임은 깨달음이라는 사건을 통하여 이전의 삶이 다른 삶으로 전환된다고 하여 고정된 삶이 계속되지 않는다. 그렇기 때문에 대인이나 부처의 삶이란 고정된 삶이 없다.

영원한 현재의 관점에서 보면 대인이나 소인, 천도와 인도가 지금 여기의 나의 삶과 둘이 아니라 지금 여기의 삶을 다양하게 구분하여 나타낸 것에 불과하다.

중국사상에서 말하는 중도, 중용은 유무를 중심으로 우리의 삶을 나타낸 것이다. 중도, 중용 그리고 유무는 이것과 저것이라는 상대적 존재의 관계를 통하여 우리의 삶을 상징적으로 나타낸 점에서 보면 물건적物件的이라고 말할 수 있다.

우리의 삶을 나 아닌 나의 드러남인 측면에서는 성기적性起的이지만 나의 측면에서는 수많은 나와 함께하는 공체, 공심, 공식, 공용, 공생이기 때문에 연기적緣起的이다.

그러나 성기적인 것도 아니고, 연기적인 것도 아닌 점에서 보면 중용이다. 그것은 단지 매 순간에 시간성의 시간으로 화하여 사건으로 화하였다가 다시 시간이 변하여 시간성의 화함으로써 사라지는 변화이다.

우리의 삶이 시간성, 곧 본성이 변하여 마음으로 화하여 다양한 언행으로 나타나기 때문에 창조이며, 나타난 언행이 변하여 마음으로 화하여 본성으로 돌아감으로써 새로운 모습으로 창조되기 때문에 진화이다. 그러면 한국사상의 관점에서 중국사상이 가장 중요하게 여기는 앎, 깨달음, 지혜는 무엇인가?

중국사상에서는 불교, 유학, 도가를 막론하고 앎을 중요하게 여긴다. 중국유학에서는 수기修己를 지성知性, 지천知天으로 나타내고, 격물치지格物致知를 통한 거경궁리를 하학이상달의 학문 방법으로 제시하여 앎의 문제를 근본으로 제기한다. 그렇기 때문에 수기와 더불어 안인安人을 말하고, 앎과 실천이 하나가 되는 지행합일知行合一, 언행합일言行合一을 말하지 않을 수 없다.

중국불교에서는 견성성불見性成佛의 조건으로 깨달음을 강조한다. 만약 깨달음이 수행을 하기 이전에 경험하지 못했던 새로운 체험이라면 그것은 유위적有爲的인 것이어서 인과因果를 넘어서지 못한다. 그렇다고 하여 깨달음이 없다면 수행을 하기 이전과 이후의 아무런 차이가 없다.

우리는 중국불교에서 깨달음을 통하여 견성성불을 말하면서도 본래성불을 말함을 본다. 그리고 깨달음의 돈점頓漸을 논하고, 진위眞僞를 논함을 본다. 중국불교, 중국유학을 막론하고 모두 도통道統을 바탕으로 이단과 정통을 논한다. 그러면 도통이 있고, 정사正邪가 있는가?

영원한 현재적 관점에서 보면 시공이 고정되지 않고, 나와 남, 세계가 고정되지 않을 뿐만 아니라 지혜와 깨달음도 고정되지 않는다. 깨달음은 매 순간 인연에 따라서 다양하게 드러날 뿐으로 시비是非, 정사正邪가 없다.

깨달음은 고정된 실체가 아니라 삶의 매 순간에 다양한 지혜로 드러나고, 자비도 매 순간의 다양한 언행으로 드러난다. 삶은 지혜의 드러남, 깨달음의 드러남이기 때문에 그대로 수행의 연속이며, 자비의 드러남의 연속이기 때문에 제도濟度의 연속이다. 그러므로 삶과 수도를 나누거나 수도와 제도를 나누는 것은 우리 자신과 삶을 둘로 보는 것이다.

한국사상의 영원한 현재적 인간관에 의하면 앎과 실천을 둘로 나누었을 때 나타나는 문제가 없다. 삶 자체가 그대로 앎이고 동시에 실천이다.

그것은 본성과 마음 그리고 육신이 둘이 아님을 뜻한다. 오직 마음과 육신을 실체적 관점에서 접근할 때 비로소 육신의 차원에서 실천이 문제가 되고, 마음의 차원에서 앎이 문제가 된다.

그러나 매 순간의 삶은 본성이 마음으로 드러나고 마음이 육신을 통하여 다양한 언행으로 드러남이기 때문에 삶이 그대로 앎의 연속이며,

삶이 그대로 실천의 연속이다. 따라서 지행합일知行合一이나 선지후행先知後行과 같은 문제가 없다.

우리가 물건적 관점에서 세계를 도道와 기器로 나누고, 육신과 본성을 나누기 때문에 소인과 대인, 중생과 부처, 속인과 성인의 구분이 발생한다.

그러나 영원한 현재의 차원에서 보면 도와 기, 소인과 대인, 부처와 중생이 모두 지금 여기의 나를 분별하여 어느 일면을 중심으로 나타낸 것에 불과하기 때문에 그 어떤 것도 둘이 아니다.

우리는 물건적 관점에서 형이상과 형이하, 도道와 기器를 나누고 그것에 의하여 대인과 소인, 중생과 부처를 구분하기 때문에 정통과 이단이라는 정사正邪, 선악善惡, 시비是非의 문제가 일어난다.

그러나 영원한 현재의 관점에서 보면 선악, 시비, 정사가 둘이 아니어서 없다. 영원한 현재의 관점에서 보면 나와 남의 구분이 없고, 자연, 세계의 구분도 없으며, 과거와 미래의 구분이 없고, 정토와 예토의 구분도 없으며, 삶과 죽음의 구분이 없기 때문에 분별하여 가치를 부여하고 집착할 것이 없다. 단지 모든 존재를 자신으로 아는 지혜와 모든 존재를 자신으로 대하는 자비가 있을 뿐이다.

영원한 현재적 관점에서 살아가는 삶의 태도는 대긍정大肯定이다. 그것은 영원한 현재의 관점에서 나와 남, 이것과 저것을 구분하여 가치를 부여함으로써 발생하는 긍정과 부정을 넘어서 있음을 뜻한다.

대긍정의 관점에서 보면 자신을 부정하여 남과 하나가 되어 주는 자비慈悲로 살아가고, 남을 긍정하여 자신으로 대하는 지혜智慧로 살아간다. 이처럼 지혜와 자비로 살아가는 삶은 긍정과 부정을 넘어서 있지만 긍정과 부정의 어느 일면도 배척하지 않기 때문에 대긍정이다.

영원한 현재의 차원에서 보면 현상의 모든 존재는 평등할 뿐만 아니라 자유롭고, 모든 존재가 서로의 존재근거가 되어 살아가는 공심共心, 공체共體, 공용共用, 공식共食의 공생共生이다.

현상의 측면에서는 나와 남, 나와 세계, 나와 만물이 둘이 아니어서 모두가 하나의 몸인 공체共體이며, 하나의 마음인 공심共心이기 때문에 서로가 서로를 먹여서 살리는 공식共食이면서 서로가 서로를 끊임없이 진화시키는 공용共用이고, 서로가 서로를 새롭게 창조하여 주는 공생共生이다.

그것은 모든 존재가 그대로 세계의 중심이자 우주의 중심이 되어 서로가 서로를 살려 주고, 발전시키면서, 서로를 존재하게 하고, 서로를 새롭게 창조하여 주기 때문에 함께 살아가면서 자유자재한 삶을 살아감을 뜻한다.

오늘날 한국인들은 자각하지 못하고 살아가지만 한국을 연구하는 외국인들은 우리가 전통 정신과 현대적 과학기술이 조화를 이루는 삶을 살아가고 있다고 말한다.

그것은 세계의 다른 나라 사람들이 장점으로 제기하고 있는 우리 자신들의 모습이다. 처음 한국에 온 외국인들은 우리나라의 도시가 전통과 현대가 조화를 이루어서 인상적이라고 말한다. 그러면 과거와 현재, 도와 기가 하나가 된 세계를 나타내는 한국사상이 어떤 것이 있는가?

한국사상은 한국인을 통하여 드러나는 진리, 한국 사람들에 의하여 매 순간 새롭게 창조되어 나타나는 사상, 한국 사람의 삶으로 나타나는 세계를 가리킨다.

한국사상은 과학이나 중국사상, 인문학과 종교, 철학이 추구하는 진리, 세계, 사상과 다른 것이 아니라 한국인에 의하여 드러나는 진리,

사상이다.

　만약 우리가 오로지 한국사상만이 진리라고 주장한다면 그것은 역설적으로 진리일 수 없음을 나타낸다. 왜냐하면 미국이나 중국, 일본에서 작용하지 않는 이치, 다른 종교, 다른 사상, 다른 학문에 통용되지 않는 이치는 진리라고 할 수 없기 때문이다. 그러면 왜 한국사상을 강조하고, 정역사상을 주역사상과 구분하여 나타내는가?

　진리가 한국사상으로 드러나는 것은 한국인으로서의 지금 여기의 나를 통하여 이루어진다. 그렇기 때문에 지금 여기의 나를 떠나서 다른 시대, 다른 사람에 의하여 창조된 진리를 그대로 수용할 필요가 없다.

　그것은 어떤 종교의 가르침이나 어떤 가르침을 담은 경전을 막론하고 오로지 지금 여기의 나의 삶을 살아가는 보조적인 역할을 할 수 있지만 그것이 나를 깨닫게 하거나 나의 삶을 창조하고, 나를 진화시켜 주지 않음을 뜻한다. 그러면 우리가 정역을 연구하는 것이 어떤 의미를 갖는가?

　우리는 정역이라는 하나의 대상을 연구하는 사건을 통하여 우리 자신을 새롭게 창조하면서 진화한다. 그것은 우리의 세계를 새롭게 창조하고 진화하는 삶이 정역의 연구로 나타났을 뿐임을 뜻한다.

　정역이나 그 내용이 나를 창조하고, 진화시키는 것이 아니라 정역의 연구를 통하여 지금 여기의 나의 삶을 창조하고, 세계를 창조하며, 주역을 통하여 지금 여기의 나의 삶을 새롭게 창조하고, 나의 세계를 진화한다.

　우리는 내 안의 나, 나 아닌 나의 측면과 더불어 마음이라고 말하는 측면 그리고 남과 구분되는 가장 전방, 곧 밖으로 드러나는 측면의 나, 곧 육신이라고 부르는 측면이 고정되지 않아서 공空하다고 말한다.

　그것은 지금 여기의 나는 한국인으로 살아가지만 인류의 구성원으로 살아가고, 동시에 우주의 구성원으로 살아가지만 한편으로는 그 어디에도 얽매임이 없이 자유롭게 살아가기 때문에 한국인이나 인류, 태양계의 존재, 우주 안의 존재라고만 할 수 없음을 뜻한다.

그럼에도 불구하고 오늘날의 우리 국민들 가운데 많은 사람이 여전히 자신의 중심을 세우지 못하고 밖에서 일어나는 현상에 끌려다니면서 살아가고 있다.

그들은 정치인들이 자신이나 자신이 속한 집단의 이익을 추구하기 위하여 내세우는 거짓된 이념에 끌려서 진실을 왜곡하면서도 오히려 그것이 진실이라고 억지스러운 주장을 한다.

어떤 이념이나 어떤 종교, 사상이나 지역적인 인연, 핏줄에 의한 인연, 학교와 관련된 인연과 같은 어떤 인연을 막론하고 모두 육신과 관련된 것이다. 그러나 육신은 내가 아니며 내 안의 내가 매 순간 드러난 일시적인 모습에 불과할 뿐이다.

한 사람의 삶이나 한 국가의 미래의 방향은 육신의 측면, 곧 물질적 차원에서 결정해서는 안 된다. 우리는 오로지 내 안의 나, 본성이라는 모든 국민이 하나이고, 온 인류가 하나이며, 온 세계와 하나인 차원에서 한 사람의 미래나 국가의 미래의 방향을 결정해야 한다.

한국 사람에게 가장 세계적이고 이상적인 삶은 바로 한국적인 삶이다. 우리나라는 오랜 역사를 거치면서 항상 홍익인간弘益人間으로 나타낸 온 인류가 하나가 되어 평화롭게 살아가는 이상理想을 추구해 왔다.

온 인류가 하나가 되어 살아가는 홍익인간의 삶은 불교의 요익중생饒益衆生의 삶이며, 보살의 삶이고, 유학의 군자의 삶이다. 그리고 기독교의 구제주의 삶이다. 구세주는 예수만을 가리키는 것이 아니라 사람마다 본유한 내 안의 나를 가리키는 개념이다.

훈님, 환인은 세계의 근원으로서의 비로자나불이다. 그리고 유교에서 말하는 천天, 상제上帝이며, 기독교의 하느님이다. 이는 개체적 관점에서 본성, 불성, 자성을 총체적 측면, 세계의 측면에서 나타낸 개념이다.

지금 여기의 나는 영원한 현재적 관점에서 나를 나타낸 것이다. 지금 여기의 나는 흔님, 하느님, 비로자나불의 드러남이며, 나의 삶은 흔님, 하나님, 비로자나불, 천의 자기 전개이다. 따라서 지금 여기의 나는 부족함이 없으며, 완전하고, 충만充滿하여 어떤 존재라고 한정하여 나타낼 수 없다.

지금 여기의 나의 내면, 곧 내 안의 나를 불성, 자성, 인성, 본성이라고 말하고, 다양하게 드러나서 고정되지 않는 나를 육신, 몸, 중생, 소인이라고 말한다. 내 안의 나는 나 아닌 나이기 때문에 내 안의 나를 나 아닌 나의 측면에서 신, 상제, 천도天道라고 말한다.

우리는 지금 여기의 나를 과거적 측면에서 물건화하여 이해하기도 하고, 미래적 측면에서 이치화, 원리화하여 도, 부처, 대인, 성인이라고 말하고, 세계화, 공간화하여 정토와 예토, 천국과 지옥이라고 말한다.

우리는 필요에 따라서 자신과 세계를 구분하여 둘로 나타내기도 하며, 표면의 나와 내 안의 나, 본성과 마음 그리고 육신으로 구분하여 셋으로 나타내기도 하고, 아공我空, 법공法空, 아법구공我法俱空으로 나타내기도 하며, 천인합일天人合一이라고 말하기도 한다.

우리는 자신을 성품도 아니고, 마음도 아니며, 육신도 아닌 그 무엇이라고 말하거나 부처도 아니고, 보살도 아니며, 중생도 아니라고 말하기도 하지만 모든 것이 일어나는 그 자리는 고정되지 않아서 다양하게 드러나기 때문에 공空이라고 말하고, 중中이라고 말한다.

우리는 때로는 유有와 무無를 구분하여 나타내기도 하고, 색色과 공空을 구분하여 나타내기도 하며, 분별과 무분별로 나타내기도 하고, 분별과 무분별을 넘어선 중도, 실상으로 나타내기도 한다.

그러나 말이 아무리 아름답고 고상하며, 가치가 있을지라도 그저 말일 뿐으로 삶 자체는 아니다. 그럼에도 불구하고 우리는 언어를 통하여 사고를 하고 소통을 하면서 삶을 살아간다. 그렇기 때문에 우리는 언어를 사용하고, 삶을 살아가면서 어떤 개념이나 이론, 학술, 경전이나 언어에 얽매임이 없이 사용하고, 살아감이 없이 살아야 한다.

우리가 어떤 것에도 얽매이지 않고 살아감은 장차 이루어야 할 일이 아니라 본래 지금 여기의 내가 살아가는 삶 그 자체이다. 내 안의 나는 매 순간 다양한 나로 드러나지만 드러남이 없으며, 내 안의 나는 세계와 둘이 아니어서 매 순간은 삶은 수도修道와 제도濟度, 양변兩邊과 중도中道, 생사生死와 열반涅槃, 윤회輪廻와 해탈解脫의 어느 것에도 걸림이 없다.

삶은 지금 여기의 나를 끊임없이 창조하고, 항상 새롭게 진화하는 자유로움의 현현顯現이다. 삶은 끊임없이 창조하면서 진화할 뿐으로 어떤 사건이나 물건을 막론하고 대상화하고(分), 실체화하여(別) 시비와 선악을 논하여 고정화하지 않는다.

삶은 마치 물이 스스로 자신을 낮추어 언제나 아래로 흐르다가 구덩이를 만나면 자신의 몸으로 메꾸어 주고, 더러운 물질을 만나면 자신의 몸으로 깨끗하게 해 주어서 함께 흐르듯이 그저 흐를 뿐이다.

우리가 물건적 관점에서 영원한 현재를 실체화하여 나타낼 때 비로소 대인과 소인, 부처와 중생, 윤회와 해탈, 무명과 원각, 깨달음과 깨닫지 못함, 앎과 실천, 말과 행동의 괴리와 같은 모든 문제가 발생한다. 그러면 물건적 관점에서 언급하는 중도中道, 중용中庸은 무엇인가?

우리는 정역에서 제시한 하도와 낙서에 대한 이해를 통하여 그 답을 얻을 수 있다. 하도와 낙서는 각각 내 안의 나를 중심으로 중도를 나타 내고 있다.

하도의 중심에는 내 안의 나를 나타내는 오五와 나 아닌 나를 나타 내는 십十이 함께 있다. 십은 본성을 상징하는 오와 오가 결합된 수로 세계의 본성을 상징한다. 그리고 낙서의 중심에는 오가 있다. 이 오五 는 내 안의 나를 나타낸다.

하도는 내 안의 나, 본성과 나 아닌 나, 세계의 본성이 하나가 된 상 터를 나타내고, 낙서는 내 안의 나를 중심으로 나 아닌 나가 시공에서 현현하는 상태를 나타낸다.

그것은 오가 십으로 가서 하나가 되어 십오가 되었다가(하도) 십이 오로 와서 오와 하나가 되어 오를 중심으로 십이 현상화하는(낙서) 도 역의 생성을 나타낸다. 그러면 심법의 측면에서 우리는 이것을 어떻게 이해할 수 있는가?

마음을 중심으로 인간과 세계를 나타내고 있는 사상은 불교이다. 우리는 하도와 낙서를 통하여 표현된 정역의 심법과 간화선의 화두를 비교하여 한국사상을 일관하는 특성을 파악할 수 있다.

현대를 살다 간 선지식인 대행 선사[207]는 "순간이 영원이다"[208]라고

---

207 대행(妙空堂 大行, 1927~2012) 禪師는 우리 국민들이 나라를 잃고 수탈과 고통 속에서 인내의 세월을 보내야 했던 20세기 초기에 태어나 대한민국이 건국되고 세계의 10대 경제대국으로 도약한 21세기 초기를 살다간 선지식이다. 그는 출가하여 漢巖 스님을 스승으로 수행하였지만 내면의 나 아닌 나를 주인공으로 삼아서 구경의 경계에 이르렀 다. 그리고 안양에 한마음선원을 개원하여 주석하면서 국내와 해외에 지원을 개설하여 많은 제자들을 이끌었다. 그의 가르침은 영원한 오늘을 바탕으로 전개된다. 그는 삶이 그대로 불교이며, 불교는 진리 자체라고 하여 대긍정의 관점에서 불교를 제시하였다.

208 (재)한마음선원 출판부, 『한마음 요전』, (재)한마음선원, 2016, 367쪽.

하여 시간성과 시간이 하나임을 밝히고 있다. 우리가 실체적 존재로 여기는 물리적 시간은 실재하지 않는 환상이며, 시간성과 시간이 하나가 된 영원한 현재가 본래의 시간이다.

영원한 현재의 관점에서는 과거와 미래가 둘이 아니어서 하나일 뿐만 아니라 과거와 미래 그리고 현재가 모두 현재일 뿐이다.[209] 영원한 현재적 관점에서 보면 현재불인 석가모니와 미래불인 미륵불도 하나이다.[210]

대행은 영원한 현재를 중심으로 불교를 논하여 우리의 삶이 그대로 불교이며, 삶이 그대로 수행이자 제도라고 하였다.[211] 대행은 부처와 중생을 물건적 관점에서 둘로 보지 않고, 성불成佛과 불성불不成佛을 사건적 관점에서 둘로 보지 않는다.

대행 선사가 제시한 불교의 특성은 그가 내면의 나 아닌 나의 지도를 따라서 자생의 화두를 타파했던 다음과 같은 경험을 통하여 확인할 수 있다.

> 하루는 아주 큼직한 묘지 한 쌍이 있는 곳에서 쉬려는데 불현듯 하나는 아비 묘이고 하나는 자식 묘라는 말이 떠오르더니 "거기 구멍이 뚫렸는데 아비가 이쪽으로 오면 자식이 되어 버리고, 자식이 저쪽으로 가면 아비가 되니 이것이 무슨 까닭인가?"라고 했다.[212]

위의 인용문에서 두 개의 무덤은 산 자의 세계, 곧 현상을 나타내는

---

209 (재)한마음선원 출판부, 『한마음 요전』, (재)한마음선원, 2016, 367쪽.
210 (재)한마음선원 출판부, 『한마음 요전』, (재)한마음선원, 2016, 367쪽.
211 (재)한마음선원 출판부, 『한마음 요전』, (재)한마음선원, 2016, 246쪽.
212 (재)한마음선원 출판부, 『한마음 요전』, (재)한마음선원, 2016, 78쪽.

것이 아니라 죽은 자의 세계, 공空의 세계, 중도의 세계를 상징한다.

그리고 아비의 무덤과 자식의 무덤은 각각 형이상과 형이하, 공空과 색色, 내 안의 나와 표면의 나를 상징한다. 따라서 인용문의 내용은 중도의 세계를 아비의 무덤과 자식의 무덤이라는 두 차원, 곧 공과 색의 관점에서 나타낸 것이라고 할 수 있다.

우리는 시간성의 차원에서 세계를 나타내는 하도와 낙서가 대행에 의하여 지금 여기의 나를 중심으로 두 개의 무덤의 관계를 통하여 둘이 아니게 이해되고 있음을 본다.

자식이 아비에게 가서 하나가 되는 것은 하도가 나타내는 내용과 상응하며, 아비가 자식으로 가서 자식과 하나가 됨은 낙서의 내용과 상응한다. 그러면 두 무덤의 관계가 우리의 삶과는 어떤 관계인가?

우리는 대행이 제시한 일종의 화두를 통하여 하도와 낙서가 나타내는 도역생성, 곧 영원한 현재가 지금 여기의 나의 심법으로 제시되고 있음을 볼 수 있다. 그는 두 무덤에 대하여 다음과 같이 말한다.

> 우리가 그냥 평소에 생각을 하면 아비가, 즉 주인공이 내 지금 마음으로 그냥 하나가 돼 줘요. 그리고 마음이 가만히 있으면 이 자구가 그냥 거기에 한데 합쳐져 버리고요. 아버지로 하나가 돼 버린단 말입니다.[213]

우리는 위의 내용이 바로 마음의 문제임을 알 수 있다. 주인공은 대행이 내 안의 나인 본성과 마음 그리고 육신을 함께 나타내기 위하여 사용하는 개념이다.

주인공이라는 것은 하나의 개념일 뿐으로 고정되지 않는다. 자성, 본

---

213 (재)한마음선원 출판부, 『허공을 걷는 길(법형제법회2)』, (재)한마음선원, 2007, 1163쪽.

성과 일어나는 생각이 둘이 아니어서 생각이 없고, 행위가 없어서 적연부동할 때는 부처와 하나가 된다.

그러나 자성, 본성은 고요하기만 한 것이 아니라 한 생각을 일으키면 작용을 한다. 대행은 하도와 낙서, 언어를 비롯한 도구들이 하나의 고정된 실체적 존재를 가리키는 것이 아니라 고정되지 않는 일종의 흐름, 곧 변화를 나타냄을 다음과 같이 밝히고 있다.

> 지금 부르는 건 이름입니다. 가만히 있으면 그냥 아비 부처가 돼 버리고, 생각을 했다 하면 그 아비가 자식한테로 하나가 돼 버리는 거예요. 생각을 했다 하면 자식으로 돼 가지고…, 그러면 또 보현보살이 되죠. 그게 이름이죠.[214]

우리는 인용문의 내용을 통하여 대행이 부처와 보살 그리고 중생을 이해하는 관점을 확인할 수 있다. 그는 물건적 관점에서 부처와 보살, 중생을 셋으로 보는 것이 아니라 매 순간에 일어나는 변화의 사태로 이해한다.

그가 세계를 고정되지 않고 끊임없이 변화하는 흐름으로 이해함은 시간성을 바탕으로 시간으로 화하였다가 다시 시간성으로 돌아가는 나툼과 회향의 관점에서 세계를 이해하였음을 뜻한다.

시간성의 시간화로서의 나툼과 시간의 시간성화로서의 회향을 통하여 세계를 이해하는 그는 과거와 현재 그리고 미래가 모두 오늘이라고 하여 영원한 오늘만이 있다고 말한다.

대행은 영원한 현재의 관점에서 석가모니와 미륵 그리고 지금 여기의 나의 주인공을 둘로 보지 않을 뿐만 아니라 지금 여기의 우리의 삶

---

[214] (재)한마음선원 출판부, 『허공을 걷는 길(법형제법회2)』, (재)한마음선원, 2007, 1164쪽.

이 그대로 부처의 삶이라고 말한다.

그것은 우리가 지금 여기의 나의 삶을 대상화하여 부처와 보살 그리고 중생이라는 개념으로 나타내지만 삼자는 고정된 셋이 아니라 하나의 사건일 뿐임을 뜻한다. 대행은 삼자에 대하여 다음과 같이 말한다.

> 가만히 있으면 생각을 내기 이전 부처이고, 한 생각을 냈다 하면 법신, 문수이고, 움직였다 하면 보신, 화신이요 보현이다.[215]

인용문의 내용을 보면 우리의 삶이 그대로 부처가 보살로 화하여 여러 생명의 현상인 중생으로 나타남을 밝히고 있다.

우리는 대행의 법문과 하도와 낙서를 비롯하여 정역에서 제시하고 있는 여러 도상, 언사를 통하여 나타내는 영원한 현재가 그대로 지금 여기의 우리의 삶을 나타내고 있으며, 그것이 한국사상을 일관하는 내용임을 알 수 있다.

우리는 중국유학에서 말하는 대인과 소인, 성인과 속인 역시 내 안의 나와 표면의 나를 구분하여 나타낸 것일 뿐으로 오로지 지금 여기의 우리의 삶을 대상화하여 하나의 실체적 존재로서의 물건으로 나타내었음을 알 수 있다. 그러면 우리 자신은 어떤가?

표면에 나타나는 나와 내 안의 나 그리고 마음이 둘 아닐 뿐만 아니라 고정되지 않아서 무아의 상태에서 여러 보살로 불리는 다양한 작용으로 드러나서 자아自我라고 말하는 여러 모습으로 나타난다. 그러나 나타난 모습은 다시 무아無我의 상태로 돌아간다. 그러므로 우리의 삶은 고정됨이 없어서 자유롭다.

---

215 (재)한마음선원 출판부, 『한마음 요전』, (재)한마음선원, 2016, 389쪽.

중국사상이 유불도儒佛道 사상을 막론하고 형이상과 형이하를 구분하여 형이하의 현상에서 근본인 형이상, 도, 본성을 찾아서 그것과 하나가 되는 성명합일, 성불, 천인합일을 추구하는 것은 물건적 사고의 결과이다.

그것은 중국사상이 비록 과학이 부정하는 형이상의 세계를 제시하고 있지만 여전히 유물론적 세계관, 유물론적 인간관, 유물론적 가치관을 바탕으로 전개되고 있음을 뜻한다.

그러나 한국사상은 시간성을 바탕으로 세계관, 인간관, 가치관이 전개된다. 그것은 한국사상이 물리적 시간의 세계를 바탕으로 하지 않고, 형이상과 형이하를 넘어선 영원한 현재의 관점에서 전개됨을 뜻한다.

영원한 현재의 관점에서 인간은 본성과 마음, 육신이라는 고정된 실체적 존재가 아니라 매 순간에 다양하고 새롭게 드러날 뿐으로 고정되지 않아서 오로지 끊임없는 변화의 흐름이 있을 뿐이다.

영원한 현재의 관점에서 우리 자신을 이해하면 성불成佛, 성인成人을 해야 할 주체인 내가 없고, 나의 삶이 없으며, 나와 하나가 되어야 할 대상으로서의 부처, 성인, 세계, 천天, 정토淨土가 없다.

시비, 선악, 정통과 이단으로 구분할 고정된 인간과 세계가 있는 것이 아니라 매 순간 끊임없이 다양한 나로 드러나고. 매 순간 세계를 새롭게 하는 창조와 진화의 연속인 삶이 있을 뿐이다.